À plus ! 2

Französisch
für Gymnasien

Cornelsen

À plus! 2
Lehrwerk für den Französischunterricht an Gymnasien

Im Auftrag des Verlages erarbeitet von
Hans Bächle, Gertraud Gregor, Catherine Jorißen, Sylvie Schenk

und der Redaktion Moderne Fremdsprachen
Dr. Yvonne Petter (Projektleitung), Marie-France Lavielle,
Sophie Ortiz-Vobis und Gabriela Alonso (Assistenz)

Beratende Mitwirkung: Dr. Richard Best (Harxheim), Rita Beyer (Illingen), Otto-Michael Blume (Düsseldorf), Dr. Martin Braun (Nürnberg), Hermann Demharter (Heidelberg), Anette Fritsch (Dillenburg), Maria Gaksch (Wien), Aneta Glavier (Leipzig), Michèle Héloury (Berlin), Brigitte Jescheck-Schellander (Wien), Annemarie Kordecki (Rimbach), Bernd Kracklauer (Ingolstadt), Dr. Hans-Ludwig Krechel (Königswinter), Barbara Lechner-Gay (Freiburg), Wolfgang Marek (Marburg), Dr. Sigrid Melchert (Potsdam), Klaus Mengler (Gießen), Prof. Dr. Christian Minuth (Heidelberg), Thomas Mößer-Wolf (Bad Kreuznach), Axel Polleti (Passau), Dr. Astrid Scheuerer-Willmar (Traunreut), Peter Schmachtel (Lübeck), Joachim Sendzik (Hannover), Dr. Armin V. Wernsing (Krefeld), Dr. Hanno Werry (Saarbrücken), Daniela Wieners (Durmersheim), Dr. Christine Wlasak-Feik (Selb), Stefanie Wölz (Sinsheim)

Gesamtgestaltung: Regelindis Westphal
Technische Umsetzung: Satzinform, Berlin
Illustrationen: Laurent Lalo
Umschlagfotos: © Cornelsen, Schulz (oben), © Andia (unten)

Begleitmaterialien zu **À plus! 2**:

ISBN 978-3-464-22100-6	Vokabeltaschenbuch
ISBN 978-3-464-22078-8	Carnet d'activités
ISBN 978-3-464-22079-5	Grammatikheft
ISBN 978-3-464-22083-2	CD
ISBN 978-3-464-22081-8	Handreichungen für den Unterricht
ISBN 978-3-464-22082-5	Folien

www.cornelsen.de

1. Auflage, 7. Druck 2010 / 06

Alle Drucke dieser Auflage sind inhaltlich unverändert und können im Unterricht nebeneinander verwendet werden.

Druck: CS-Druck CornelsenStürtz, Berlin

ISBN broschiert: 978-3-464-22077-1
ISBN gebunden: 978-3-464-22068-9

Inhalt gedruckt auf säurefreiem Papier aus nachhaltiger Forstwirtschaft.

Inhaltsverzeichnis

Die grün gedruckten Überschriften bezeichnen fakultative Elemente.

UNITÉ 3 *Un mercredi*

Erläuterung der Symbole und Verweise

- 🎧 Hörtext auf der CD
- ►◄ Partnerarbeit
- ►► Kettenübung
- Gruppenarbeit oder Diskussion
- Schriftliche Übung
- Differenzierung: anspruchsvolle Aufgabe
- Bewegungslernen
- Die Lösungen zu den Aufgaben befinden sich im Grammatikheft.
- C 6/8 Hier passt Carnet d'activités, S. 6/8.
- (→ Repères, p. 20/3) Verweis auf die Repères
- (→ GH, p. 9/4.1) Verweis auf das Grammatikheft
- DELF Diese Übung eignet sich ganz besonders für die Vorbereitung auf die DELF-Prüfung.
- → Portfolio Dossier Besonders gelungene Texte kannst du in deine Portfoliomappe ablegen.

Bonjour, tout le monde!

Choisissez «vos» exercices et révisez.

SICH VERSTÄNDIGEN

1 Julia arrive en France

Est-ce qu'il fait très froid en Allemagne?

Tu comprends?

Tu es de Jena?

Est-ce que je parle trop vite?

Pourquoi est-ce que tu ne réponds pas?

Est-ce que tu as des rollers?

C'est toi, Julia Kahn?

Qu'est-ce qu'il y a dans ton sac?

À quelle heure est-ce que tu vas au lit?

Est-ce que tu parles français?

Ça va?

Est-ce que tu as des frères et sœurs?

Qu'est-ce que tu aimes?

Tu es en cinquième?

Où est-ce que tu habites?

Tu as quel âge?

a ►◄ *Posez les questions à vos camarades. Ils/Elles répondent.*

b *Préparez cinq questions et posez-les à un/e camarade. Il/Elle répond.*

WISSENSSPIEL

2 Le test des connaissances

C 3/1
C 3/2
C 4/3
C 5/5
C 5/6

Jouez à trois. A regarde p. 223 et contrôle les réponses. B et C jouent.

Jeder Spieler braucht neun Spielsteine, z.B. Münzen.
Wählt abwechselnd eine Aufgabe und legt für jede richtige Antwort eine Münze auf das Feld.
Wer zuerst drei Felder in einer Reihe belegt, hat gewonnen.

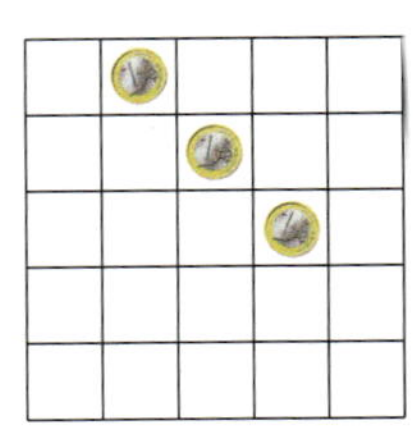

Qu'est-ce qu'on dit quand on arrive et quand on part?	*Conjugue le verbe* être *et le verbe* avoir *au présent.*	*Qu'est-ce que tu aimes? (cinq mots)*	*Il est quelle heure?* 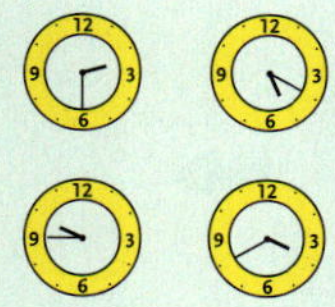	Du sagst, dass dich etwas nicht interessiert.
Les jours de la semaine 	*Conjugue le verbe* répondre *au futur composé.*	*Les deux fleuves de Lyon* 	*Qu'est-ce que tu fais le samedi? (trois activités)*	*Complète:* Je vais [?] ciné-ma. Julia va [?] gare. Nous allons [?] école ensemble.
En français: 24 86 13 75 65 97	*Quatre animaux:* 	*Cinq fruits et légumes:* 	*Conjugue le verbe* vouloir *au présent.*	*Complète:* Paul cherche ses disquettes. Il [?] trouve sur ses étagères.
Clément Marot est a *aviateur.* b *cuisinier.* c *poète.*	*Qui travaille dans une école? (trois person-nes)*	*Ton emploi du temps aujour-d'hui à l'école*	être en retard ≠ ?	Léa est [?]. Léo est [?]. 
Qu'est-ce qu'il y a au CDI? (cinq objets)	*Tu achètes un livre. Demande le prix.*	à droite ≠ ?	Je fais des truffes. J'achète 	Du fragst jemanden, wie es ihm geht. 

3 Bonjour

a *Écoutez et notez le nom des personnes, leur âge et leur ville. Cherchez les villes sur la carte de France.*

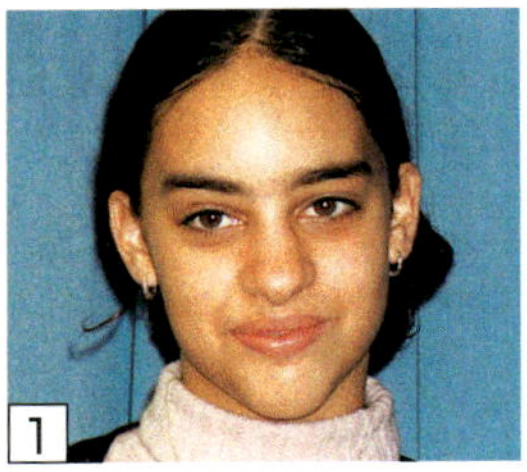

1

2

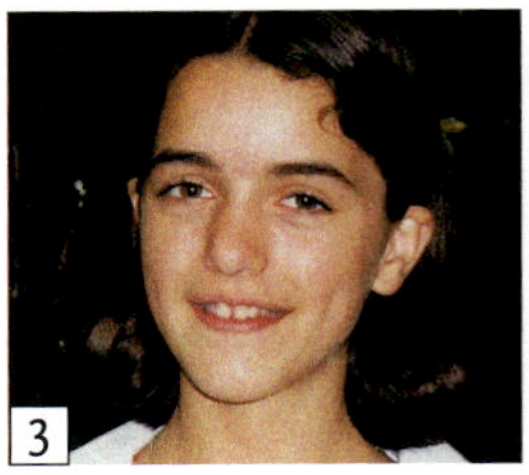

3

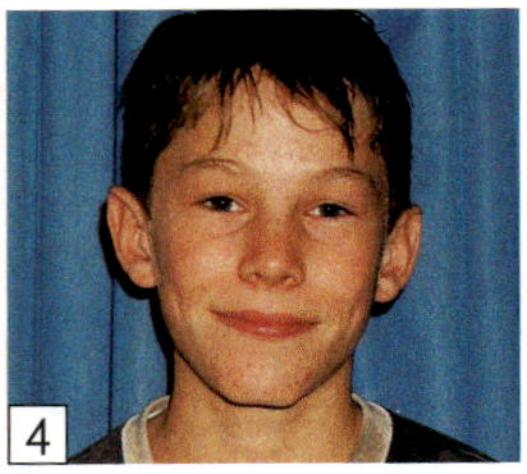

4

b *Écoutez encore une fois. Choisissez un/e de ces enfants comme correspondant/e et écrivez-lui.*

4 Le jeu des lettres

C 4/4
C 5/7

Avec les lettres d'un mot, on peut former d'autres mots.

Exemple: c o r r e s p o n d a n t e → d a n s e p o n t t e s

a *Jouez à deux. Trouvez les mots dans les mots.*
(→ Liste des mots, p. 152)

b *Formez des phrases avec «vos» mots. Exemple:* J'aime la danse.

supermarché   toujours   restaurant   magazine

ordinateur   professeur   famille   copain   photographier   correspondant/e   ville

5 Possible? Pas possible?

a *Jouez à trois. A lit*, B et C écoutent.* B und C müssen nach jeder Aussage entscheiden, ob diese möglich ist (possible) oder nicht (pas possible). Manchmal ist etwas möglich, aber nicht realistisch (possible, mais pas réaliste). Wer zuerst die passende Antwort gibt, bekommt einen Punkt.

Possible!

Pas possible!

Possible, mais pas réaliste!

1. Il y a des poissons dans la piscine.
2. Aujourd'hui, les élèves font une interro d'anglais.
3. J'achète des pommes de terre au cinéma.
4. Pendant la récréation, nous allons à la campagne.
5. L'éléphant parle à la souris.
6. Mon copain a vingt-six chiens.
7. Je suis dans la rue et je fais les courses.
8. Il y a une colline sous la gare.
9. Le documentaliste a une souris sur sa table.
10. Dans mon sac, j'ai un plan de la ville, des pains au chocolat et mon frère.
11. Les livres respirent quand on les écoute.
12. Quand j'ai faim, il fait froid.

b *À vous. Imaginez des phrases pour vos camarades.*

* **A lit** A liest

UNITÉ 1 *Charlotte et ses copains*

Approches

Charlotte, Mehdi et les autres

Mon nom : Charlotte Bouvier
Mon adresse : 25, rue de Dijon, Saint Herblain.
Mon âge : douze ans et demi. Je suis née le 24 février. Je suis « poisson ».
J'adore nager. J'aime la musique de Sinsemilia, les animaux, les maths, les livres, le soleil et les vacances. Je n'aime pas les films d'horreur, les tomates, la géographie, je déteste être en retard.
Je voudrais parler trois ou quatre langues et jouer dans un film… avec Brad Pitt.
Je sais : ce n'est pas réaliste.

Yann Noguez

Mon nom : Mehdi Dalache
Mon âge : je vais avoir bientôt treize ans je suis né en novembre. Mon signe, c'est « Scorpion ».
Ma classe : La cinquième A au collège Saint Dominique.
J'aime les frites, le skate, le vélo, le mercredi après-midi, le hip-hop, les voyages. J'aime aussi aller au cinéma. Je n'aime pas les cours d'histoire, la cantine du collège, garder mon frère.
Un jour, je voudrais être champion de foot et être célèbre comme Zidane.

Clémence Perret

DELF *Écoutez et faites une fiche pour Clémence et pour Yann.*

S'entraîner

C 6/1 C 6/2 C 7/3 C 7/4 **1** ►► *Qu'est-ce que tu aimes? Qu'est-ce que tu détestes? Racontez.*

J'adore / J'aime / Je n'aime pas / Je déteste

- la musique de ___ / les chansons de ___ / les films de ___ .
- les chiens / les chats / les animaux / ___ .
- la danse / le skate / les rollers / la gym / les livres / le dessin / ___ .
- regarder la télé / regarder des films d'horreur.
- être en avance / être en retard.
- chanter / nager / ___ .
- faire des voyages / faire des promenades / sortir avec mes copains/copines.
- discuter avec mes copains / jouer sur mon ordinateur.
- aller à / au / à la / en ___ .

SÉQUENCE 1

Préparer l'écoute

DELF **1** *Écoutez. Qui parle? Où? De quoi?* Pourquoi est-ce que Yann et Mehdi ne sont pas contents?* *Worüber?

L'échange

Les correspondants vont arriver et rester une semaine. Les élèves de la cinquième A préparent le programme avec leur professeur d'allemand, Mme Lecoq.

Charlotte: Est-ce qu'on a cours quand les corres sont là?
Mme Lecoq: Oui. Mais vos correspondants aussi ont cours le matin.
Mehdi: Mais pas l'après-midi. Ce n'est pas juste!
Mme Lecoq: Tu dis toujours que ceci ou cela n'est pas juste. Mais vous allez faire aussi deux excursions ensemble. Bon alors, qu'est-ce que vous proposez?
Yann: Pas de devoirs après l'école.
Mme Lecoq: Hm ... en allemand, c'est d'accord. Va au tableau, s'il te plaît et écris le programme ... Enfin, tu notes d'abord les idées.
Yann: J'écris comme un chat, Madame. Prenez une fille, elles écrivent bien!
Mme Lecoq: Eh bien, tu vas faire un effort pour écrire comme il faut!
Charlotte: Il faut d'abord aller à Nantes.
Claire: Oui, on pourrait visiter le Jardin des plantes.
Clémence: D'accord pour Nantes, mais pas pour le Jardin des plantes. On fait un rallye ...
Yann: Encore! Moi, je suis pour une excursion à la mer!
Charlotte: Pour quoi faire?
Yann: Ben, pour faire un tour! Et puis, ils n'ont pas l'océan Atlantique à Sankt Ingbert[1].
Charlotte: Très drôle. Mais en octobre, il fait trop froid pour nager ... et il pleut souvent. Je trouve que ce n'est pas génial.
Mehdi: J'ai une idée pour le soir, Madame, il y a un festival de hip-hop à Nantes.
Clémence: Je suis contre. Ça ne m'intéresse pas, le hip-hop ... Ça t'intéresse, Yann?
Yann: Pourquoi pas?
Mehdi: Ah! Vous n'êtes pas seules, les filles. C'est cool, le hip-hop! Je pense que les Allemands adorent ça.
Une heure après, on est d'accord sur le programme ... Enfin, presque.
Yann: Attendez, est-ce qu'on ne pourrait pas aller à Noirmoutier? Ils ne prennent pas souvent le bateau à Sankt Ingbert! ... Ben, Madame, pourquoi est-ce que vous me regardez comme ça?

le Jardin des plantes

l'île[2] de Noirmoutier

1 Sankt Ingbert *Stadt im Saarland*
2 **une île** eine Insel

Comprendre

DELF C 8/1 C 9/3 C 10/7 **2** Vrai ou faux? Qu'est-ce que les élèves de la cinquième A proposent? Notez.

1 visiter Nantes
2 visiter le Jardin des plantes
3 aller au musée
4 faire un rallye à Nantes
5 faire une excursion à Noirmoutier
6 faire une promenade à vélo
7 aller à un festival de hip-hop
8 aller à la piscine
9 aller à Paris
10 faire une excursion à la mer
11 manger au restaurant
12 aller au cinéma

S'entraîner

C 9/4 C 10/8 **3** **a** *Écoutez les devinettes et répondez.*

le bus · le plan · l'assiette
le stylo · l'album · le CD

b *À vous. Faites des devinettes. Utilisez* pour + *infinitif.* (→ Repères, p. 22/6)

le cahier de textes · le vélo · l'ordinateur
l'atlas · le carton · le DVD · ___

C 8/2 **4** *Le soir, Charlotte raconte. Qu'est-ce qu'ils disent?* (→ Repères, p. 22/8)

Charlotte M. Bouvier Mme Bouvier Le frère de Charlotte La sœur de Charlotte	dit pense raconte trouve répond	que ___ .

5 *Formez six phrases avec le verbe* écrire.
Utilisez:
je, tu, il/elle/on,
nous, vous, ils/elles.
(→ Les verbes, p. 145)

Activités

DELF C 10/6

6 *Vos correspondants vont bientôt arriver. Qu'est-ce qu'il faut faire dans votre ville/région? Faites des propositions pour le programme de l'échange. Utilisez* il faut / on pourrait + *infinitif. Notez les propositions au tableau.* (→ Repères, p. 21/1)

visiter ___

aller à la piscine / au cinéma / au musée / ___

aller à un festival de ___

faire une promenade à vélo / une excursion à ___

faire un rallye à ___

DELF C 9/5

7 **a** *Vos correspondants arrivent lundi et restent jusqu'à vendredi. Vous n'avez pas cours mercredi et jeudi. Discutez de vos propositions.* (→ Exercice 6)

Moi, je suis d'accord pour une excursion à ___ .

Une excursion à ___ , Aller à ___ , Un rallye,	ce n'est pas intéressant. c'est génial. c'est l'horreur.
Je suis pour ___ / contre ___	parce que c'est intéressant. parce que c'est trop cher. parce qu'il pleut trop souvent.
Je pense que	les Français aiment ___ . n'aiment pas ___ . adorent ___ .
Je trouve que/qu'	ce n'est pas réaliste. on n'a pas assez de temps. c'est une idée super.

b *Faites une affiche pour votre programme.*

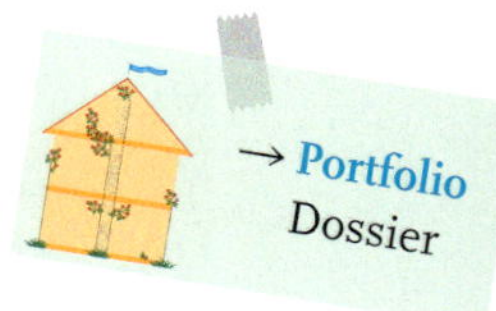

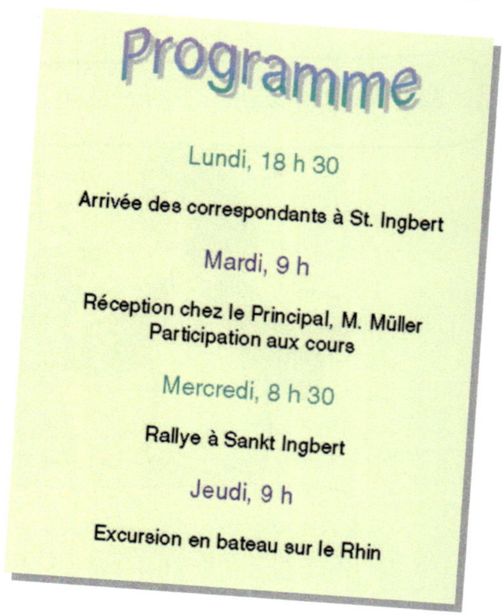

La lettre de Charlotte

le 25 septembre

Chère Julia,

Merci de ta lettre. Moi, je préfère écrire en français parce que j'écris encore assez mal l'allemand. Je réponds à tes questions: Tu demandes si j'ai des frères et sœurs et si j'aime les animaux. Mon frère Loïc a 15 ans, ma sœur Isabelle a 11 ans. Moi, avec mes presque treize ans, je suis entre les deux. Je trouve que c'est dur, dur.

Nous avons une chienne, Aspirine. Elle est drôle mais elle n'est pas facile: elle a un caractère de chien! Et nous avons un cochon d'Inde, Nestor. Il dort et mange du matin au soir. Je ne sais pas comment on dit «cochon d'Inde» en allemand. Ce n'est pas dans mon dictionnaire.

Ma mère travaille dans une librairie et mon père chez Auchan. C'est un supermarché.

Tu veux savoir si je pratique un sport et si je joue d'un instrument. J'ai des rollers et je vais souvent en rollers à l'école. Je joue de l'accordéon. Et j'aime bien chanter. Je voudrais jouer du piano mais ma mère dit que notre appartement est trop petit pour un piano. L'accordéon est un cadeau de mon père. Et toi? Est-ce que tu joues d'un instrument? Mon copain Yann joue de la guitare. On chante et on joue ensemble.

Quand il fait beau et chaud, nous allons à La Baule. J'aime bien nager. Et toi? Le mercredi après-midi, avec mes amis Mehdi et Clémence, nous jouons aussi au tennis de table et aux cartes ensemble. Nous écrivons aussi des articles pour le magazine de notre école, «As de Cœur». Je lis beaucoup. Avec le prof de français, nous lisons un livre de Tahar Ben Jelloun. Et toi? Tu aimes lire?

Tu demandes où est notre ville. Saint Herblain est près de Nantes. Nantes est une ville sur la Loire, près de la mer. Je suis sûre que tu vas l'aimer. Tu vas bientôt arriver et je suis très contente. Mon frère et ma sœur aussi. Loïc veut savoir si tu aimes le foot et le handball.

Écris vite! (Charl1@yahoo.fr) Donne le bonjour à tes parents.

Bises,

Charlotte.

Comprendre

C 11/1 C 11/2 **1** ►◄ *Lisez la lettre de Charlotte et retrouvez les mots.*

1. Charlotte ne **l'**écrit pas en allemand.
2. Les élèves **le** lisent avec leur prof.
3. **Il** a 15 ans.
4. **Ils** chantent ensemble.
5. C'est **un cadeau** de son père.
6. **Il** est trop grand pour l'appartement des Bouvier.
7. Charlotte **les** écrit avec ses amis.

Vocabulaire

2 **a** ►◄ *Qu'est-ce qui va ensemble?*

b ►◄ *Traduisez les expressions en allemand.*

Quand le chat n'est pas là, les souris dansent.	La vie n'est pas facile.
Il fait un temps de chien.	Il n'y a pas beaucoup de gens, ici.
Ils sont comme chien et chat.	Ils ne sont pas souvent d'accord.
C'est une vie de chien.	Il écrit mal.
Il écrit comme un chat.	Il pleut beaucoup.
Il n'y a pas un chat.	Les élèves font les clowns quand le prof n'est pas dans la classe.

S'entraîner

3 **a** ►◄ *Posez des questions à vos camarades. Ils/Elles répondent.* (→ Repères, p. 22/5)

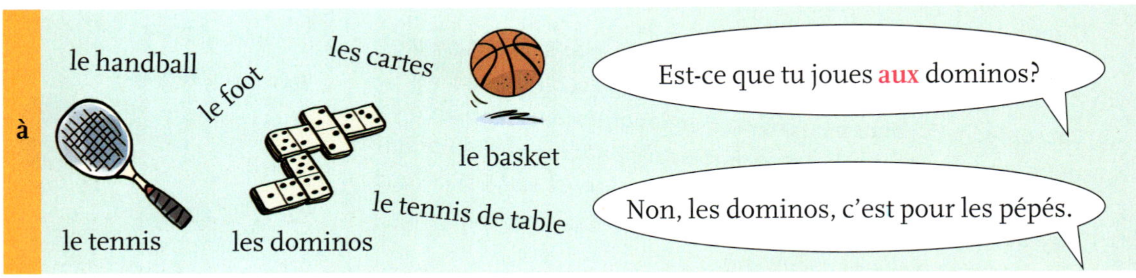

b *Mimez quelqu'un qui joue aux cartes, au foot, etc. ou qui joue d'un instrument. Vos camarades devinent.*

C 11/3 **4** *Complétez par les formes des verbes entre parenthèses.* (→ Les verbes, p. 145)

Aspirine: Et il (dormir) encore. Nestor!!! Tu (dormir) trop, Nestor.
Nestor: Ne me bouscule pas! Je (dormir). C'est parce que je ne (sortir) pas assez. Je voudrais (sortir) mais je reste toujours ici. Ce n'est pas juste. Toi, tu (sortir) beaucoup avec Charlotte.
Aspirine: Quand nous (partir) en vacances à la mer, tu (dormir) aussi là-bas.
Nestor: Et alors? Les enfants et leurs parents (dormir) aussi beaucoup en vacances. Pendant les vacances, on (dormir), c'est comme ça. Et à la mer aussi, je reste toujours à la maison. Je ne (sortir) pas. C'est une vie de chien!

5 ►► *A demande à B de poser une question. B pose la question et C répond.* (→ Repères, p.22/8)

est-ce que / jouer au tennis de table / au foot / ___
est-ce que / aimer la mer / la campagne / la ville / ___
comment / parler anglais / français / ___
est-ce que / jouer d'un instrument
quand / être né/e
quand / aller au cinéma
combien de frères et sœurs / avoir
où est-ce que / aimer aller avec ses copains

C 12/4 C 12/5 **6** *Les touristes allemands ne parlent pas français. Traduisez pour eux.* (→ Repères, p. 22/8)

Utilisez:

Ils veulent savoir | si ___ . / comment ___ . / où ___ . / quand ___ . / pourquoi ___ .

Activité

DELF C 12/7 **7** **a** *Lisez l'annonce.*

b *Écrivez à Élodie ou choisissez un/e autre correspondant/e et écrivez une lettre.* (→ p. 15)

www.okapi.bayardpresse.fr (cliquez sur: corres)

«Coucou, je cherche des correspondant(e)s entre 11 et 13 ans. J'aime le sport, les animaux (surtout les chats), j'aime lire, écrire et aller au cinéma. J'attends vos lettres!»
Élodie, 12 ans, Gironde Référence 05-749-03

Ce sont eux!

1 À la gare, il y a un groupe de jeunes sur le quai numéro 8. Ces garçons et ces filles sont des élèves du collège Saint Dominique. Ils attendent leurs correspondants de Sankt Ingbert.
SNCF
2 Ils vont arriver.

3 Oh, là, là! Cet embouteillage! Tout est bloqué!
4 Il est quelle heure?

5 Ce train là-bas, ce n'est pas le TGV de Paris?
6 Si! Ce sont eux! Ils arrivent!
7 Où est Charlotte? Ce n'est pas elle, là-bas?
8 Cette fille, là? Mais non ...

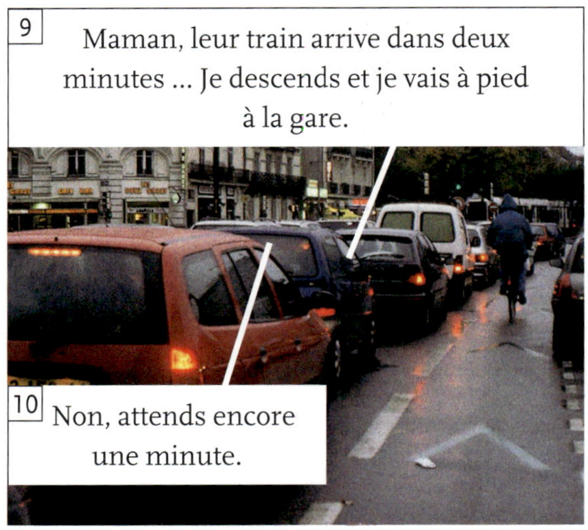
9 Maman, leur train arrive dans deux minutes ... Je descends et je vais à pied à la gare.
10 Non, attends encore une minute.

11 Cet homme, là-bas, ce n'est pas Monsieur Hellmann?
12 Si, c'est lui!
13 Ce blond, là-bas, c'est mon correspondant.

14 Descends, Charlotte, moi, je gare la voiture, je vous retrouve devant la gare.

Gare de Nantes - Accès Sud
15 Le train est sur la voie 8.

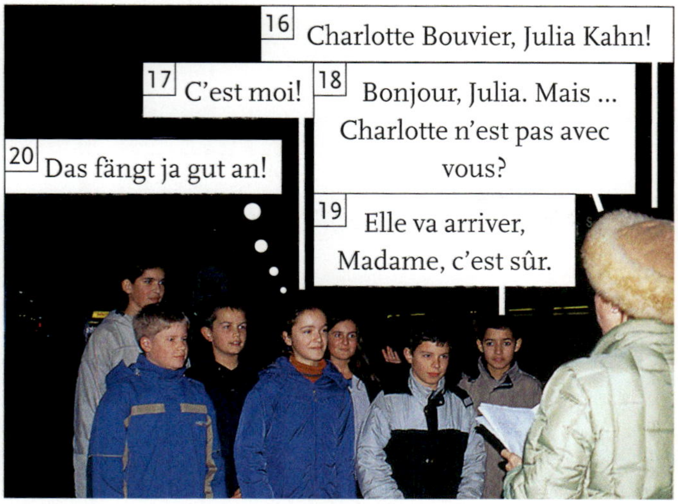

Comprendre

C 14/1 **1** *Résumez l'histoire du roman-photo.*

1. Les élèves sont à ___ avec ___ . Ils ___ .
2. Charlotte n'est pas ___ . Elle ___ .
3. Le train ___ .
4. Mais Charlotte ___ .
5. Maintenant, les correspondants ___ .
6. Mehdi dit ___ .
7. Enfin ___ .

Écouter

DELF **2** **a** *Écoutez les annonces et complétez.*

Le train entre en gare à ___ .

Il arrive de ___ .

Il va à ___ .

Le train arrive voie ___ .

C 16/8 **b** *Regardez la photo et posez des questions à vos camarades.*

Exemple:
Le train pour Lille part à quelle heure?

Découvrir

3 **a** *Cherchez d'autres exemples dans le texte (p. 18–19) et notez-les dans votre cahier.*

ce	cet	cette	ces
			garçons

b *Complétez votre tableau avec* atlas, bédés, piano, animal, horloge, hôpital, ordinateurs, tables, fruits, étagère.

S'entraîner

C 16/7 **4** *Qu'est-ce qu'ils disent? Formez les phrases. Utilisez:* Je voudrais ce/cet/cette/ces ___ .
(→ Repères, p. 21/2)

C 14/2
C 15/3
C 15/4 **5** ►► *Regardez les photos. Posez des questions. Vos camarades répondent.*
(→ Repères, p. 21/3)

– Regarde la photo numéro 5: est-ce que c'est ___ ?
– Regarde les photos numéro 3 et 4: est-ce que ce sont ___ ?

– Oui,	c'est ce n'est pas	lui. elle.
– Non,	ce sont ce ne sont pas	eux. elles.

Activité

6 *Choisissez ou écrivez un mini-poème et apprenez-le par cœur. Utilisez les pronoms personnels disjoints.* (→ Repères, p. 21/3)

Je suis pour toi, pour elle, pour lui.
Je suis pour le soleil et la vie.

Mais qu'est-ce que tu as contre moi?
Tu parles toujours de toi, toi, toi.

Avec eux, je travaille un peu.
Je travaille un peu avec eux.

Repères

Qu'est-ce qu'on dit?

C 9/5 **1** **a**

Du sagst, wann du geboren bist:	Je suis né(e) le (24 février) / en (novembre).
Du sagst, dass du ein Instrument spielst:	Je joue (d'un instrument) / (du piano) / (de l'accordéon).
Du sagst, dass du ein Spiel (Sport) spielst:	Je joue (au tennis de table) / (aux cartes) / (au handball).
Du sagst, wie du zu einem Ort gehst/fährst:	Je vais (à l'école) à pied / à vélo / en rollers / en bus / en voiture.
Du schlägst etwas vor:	On pourrait (aller à un concert).
Du fragst, wozu eine Sache gut ist:	Pour quoi faire?
Du findest etwas notwendig:	Il faut (aller à Nantes) / (faire un programme).
Du drückst deine Meinung aus:	Je trouve que ___ . / Je pense que ___ .
Du willst etwas wissen:	Je veux savoir si ___ .
Du bist für/gegen etwas:	Je suis pour/contre ___ .
Du findest etwas ungerecht:	Ce n'est pas juste.

b Suche weitere Ausdrücke (→ Petit dictionnaire, p. 212)
- um dich vorzustellen.
- um zu sagen, dass du mit etwas (nicht) einverstanden bist.

c Hinweise zum Verfassen eines Briefes findest du im Annexe, auf S. 141.

Grammaire

2 **Der Demonstrativbegleiter** Le déterminant démonstratif (→ GH, p. 19)

♂			♀
ce garçon	**ce**	**cette**	**cette** fille
cet ami	**cet**		**cette** amie
ces garçons	**ces**		**ces** filles
ces amis			**ces** amies

Merke: „Cet" steht nur vor ___ .

3 **Die unverbundenen Personalpronomen** Les pronoms personnels disjoints (→ GH, p. 20)

Julia, c'est qui? C'est **moi**.
Et Yann? C'est **toi**?
Non, c'est **lui**.
C'est Charlotte? Oui, c'est **elle**.
Tu joues avec **nous**?
Oui, je joue avec **vous**.
Tu rentres avec **eux**?
Tu vas chez Charlotte et Isabelle? Oui, je vais chez **elles**.

a Übersetze die Beispielsätze.

b Übersetze:
mit mir – ohne sie – Das ist er. – mit uns – bei dir – ohne euch

4 **Die Verben** Les verbes (→ GH, p. 20)

écrire und **lire** **nager** wie: **manger** **dormir** wie: **sortir** **descendre** wie: **attendre**

⚠ Die Konjugation der Verben findest du im Verbverzeichnis. (→ Les verbes, p. 145–147)

5 📖 Die Ergänzungen von „jouer" Les compléments de «jouer» (→ GH, p. 21)

Charlotte **joue au** tennis de table.
Les copains **jouent aux** cartes.

Est-ce que tu **joues d'**un instrument ?
Oui, je **joue de** la guitare / **du** piano.

Wann verwendest du „jouer à" und wann verwendest du „jouer de"?

6 📖 „Pour" mit Infinitiv «Pour» avec l'infinitif (→ GH, p. 22)

Ils vont à Saint Herblain **pour apprendre le français**.
Il fait trop froid **pour nager**.

Übersetze die Sätze.
Vergleiche mit dem Deutschen.

7 📖 „Il faut" mit Infinitiv «Il faut» avec l'infinitif (→ GH, p. 21)

Il faut faire un programme pour les correspondants.
Yann: Charlotte est en retard. **Il faut** l'attendre.

a Wie übersetzt du „il faut" in den beiden Sätzen?

b Übersetze:
1. Wir müssen mit den Austauschpartnern nach Nantes fahren.
2. Um Französisch zu lernen, muss man oft nach Frankreich fahren.

8 📖 Die indirekte Rede Le discours indirect (→ GH, p. 22–23)

Yann: Le hip-hop, c'est cool.
Charlotte: J'écris mal l'allemand.

Yann **trouve que** le hip-hop, c'est cool.
Charlotte **dit qu'**elle écrit mal l'allemand.

Julia: Charlotte, quand est-ce que tu as cours?
Julia: Charlotte, tu aimes les animaux?
Tu écoutes souvent des CD?

Julia **veut savoir quand** Charlotte a cours.
Julia **veut savoir si** Charlotte aime les animaux.
Elle **demande** aussi **à Charlotte si** elle écoute souvent des CD.

Julia: Yann, tu pratiques un sport?

Julia **demande à Yann s'**il pratique un sport.

a An welche Veränderungen musst du bei der Umwandlung von direkter in indirekte Rede denken?

b Setze die Sätze in indirekte Rede um.
Verwende: penser que / dire que / demander si / vouloir savoir si.

1. *Charlotte:* Nestor dort toujours.
2. *Yann:* Je cherche mon cahier de textes.
3. *Julia:* Charlotte, tu joues du piano?
4. *Clémence:* Où est notre prof?

Pratiques et révisions

Écouter

DELF **1** **a** *Regardez les deux photos et décrivez la situation.*

b *Écoutez. Deux des cinq dialogues correspondent aux photos. Retrouvez-les. Expliquez votre stratégie (en allemand).*

Vocabulaire

C 15/5 **2** **a** *Corrigez les phrases.*

Exemple:

1. Vous gardez la mer, le mercredi. → Vous gardez **votre frère**, le mercredi. / **Vous allez à** la mer, le mercredi.

1. Vous gardez la mer, le mercredi.
2. Ils écrivent des frites aujourd'hui.
3. Nous chantons nos propositions sur l'ordinateur.
4. Vous lisez un rallye à Nantes.
5. Nous mangeons dans la piscine.
6. Ils font une excursion au tableau.

b *À vous. Imaginez cinq phrases comme en* **a** *pour vos camarades.*

3 *Qu'est-ce qui va ensemble? Trouvez les expressions.*

jouer lire écrire	au des au	rallye voiture tableau
avoir garer faire	du un la un	livre foot idées piano

S'entraîner

C 16/6 **4** *Comment est-ce que vous allez à l'école? Répondez.* (→ Repères, p. 21/1)

en

à

C 12/6 **5** *Qu'est-ce qu'ils disent? Utilisez le discours indirect.*

6 ►◄ *Je suis comme … Faites des dialogues.* (→ Approches, p. 11)

Exemples:

– Je suis comme Clémence.
– Pourquoi est-ce que tu es comme elle?
– J'aime aussi la danse.

– Je suis comme Yann.
– Pourquoi est-ce que tu es comme lui?
– Je déteste aussi les promenades.

Réviser

7 ►◄ *Répondez. Utilisez* le, la, les. (→ GH, p. 10)

Qu'est-ce qu'on fait …?

visiter chanter
regarder lire faire
manger fermer

1. … dans une ville?
2. … avec des chansons?
3. … avec un film vidéo?
4. … avec les devoirs?
5. … avec une porte?
6. … avec une pomme?
7. … avec un livre?

Exemple:
1. Qu'est-ce qu'on fait dans une ville? → On **la** visite.

C 17/9 **8** *Racontez. Utilisez le futur composé.* (→ GH, p. 14)

C'est dimanche. Il pleut. Qu'est-ce que tu vas faire? Et tes parents? Et tes frères et sœurs? Et ton copain / ta copine?

Projet: Bienvenue à ___ !

9 Schreibt im Laufe des Schuljahres ein kleines Theaterstück oder dreht einen Videofilm. Die Rahmenhandlung: Eine französische Schulklasse kommt zu euch zu Besuch. Schreibt zunächst die Begrüßungsszene. Verteilt die Rollen:

- Wer spielt mit? Welche deutschen und französischen Schüler/innen treten auf?
- Aus welcher Stadt kommen sie? Sollen auch Eltern, Geschwister und Großeltern auftreten? Oder Lehrer/innen?
- Was passiert? Sind alle da? Sind zu wenige da? Vielleicht ist eine Schülerin unterwegs verloren gegangen? Vielleicht gibt es einen Schüler, den niemand kennt?

Eurer Phantasie sind keine Grenzen gesetzt …

→ Portfolio
Dossier

La France en direct: Le TGV, réseau grande vitesse

DELF **10** C 17/10 *Regardez la carte et répondez.*

1. Les correspondants vont de Sankt Ingbert à Nantes. Par où est-ce qu'ils passent[1]?
2. Comment est-ce qu'on va de Biarritz à Metz, de Marseille à Rennes?
3. Où est-ce qu'il faut toujours changer[2]?
4. Par où est-ce qu'on passe pour aller de Paris à Cologne?
5. Trouve des informations sur ce pays. (http: //fr.wikipedia.org/ wiki/Belgique)

1 **passer par** vorbeikommen
2 **changer à** umsteigen in

Apprendre à apprendre

C 13/9 **11** **Wie du Gespräche verstehen kannst**

Bei vielen Gesprächen im Alltag kann man sich leicht vorstellen, wie sie ablaufen werden. Wenn du dich darauf einstellst, hilft dir das zu verstehen, was jemand sagt. Probier dies gleich aus. Du bist im Bahnhof von Nantes und möchtest eine einfache Fahrkarte (2. Klasse) nach Hause kaufen. Du möchtest morgen Vormittag fahren und einen Platz reservieren. Überlege nun: Was würdest du auf Deutsch sagen? In welcher Reihenfolge? Was würde dich der/die Angestellte wohl fragen? In welcher Reihenfolge?

Écoute le dialogue. Qu'est-ce que tu comprends?

Nantes et sa région

1 *Faites le quiz.*

1. Le monsieur à la page 26, c'est qui?
2. Trouvez Nantes sur la carte de France.
3. Donnez le nom d'un fleuve à Nantes.
4. Trouvez le nom d'une place à Nantes.
5. Qu'est-ce qu'on peut visiter à Nantes?
6. Trouvez le nom d'une ville au bord de la mer près de Nantes.

Die Antworten findet ihr auf dieser Seite oder wenn ihr in eurem Buch blättert.

La Baule

2 **a** *Écrivez un message à l'office de tourisme de Nantes pour demander le catalogue de «Découvrir Nantes, c'est un jeu d'enfant!»*

groupes@nantes-tourisme.com

le tram

b *Visitez le site de l'office de tourisme de Nantes.*

www.nantes-tourisme.com

1. Trouvez et imprimez le plan de la ville.
2. Écrivez une «carte de Nantes» à un/e ami/e.

la place du Commerce

une spécialité de Nantes

le port de Saint-Nazaire

la tour Lu

le port de la Turballe

UNITÉ 2 À Nantes

Approches

Un rallye à Nantes

1 **le duc** der Herzog
2 **l'Édit** (→ Petit dictionnaire de civilisation, p. 151)

Comprendre

DELF C 20/1 **1** **a** *Regardez page 28. Quel sous-titre va avec quelle image? Trouvez l'intrus. Justifiez votre réponse.*

Julia dans la cabine téléphonique | Au château | Beaucoup d'argent! | Ils sont contents | L'histoire de Nantes | Il faut faire vite! | Au restaurant du château | Un écrivain de Nantes

b *À votre avis, qu'est-ce que le garçon va faire? Imaginez.*

Découvrir

2 **a** *Trouvez d'autres exemples dans le texte.*

vous avez commencé

b Um welche Zeitform handelt es sich?

Tipp: Übersetzen hilft euch dabei.

Écouter

3 *Est-ce qu'ils parlent du futur ou du passé? Écoutez et complétez le tableau dans votre cahier.*

	passé	futur
1.		
2.		
3.		

S'entraîner

C 20/2 C 20/3 **4** ►► *Qu'est-ce qu'ils ont fait pendant le week-end? Utilisez le passé composé.* (→ Repères, p. 38/3)

Exemple:
1. Les profs ont visité Nantes.

1. Les profs / *visiter* / Nantes.
2. Charlotte / *téléphoner à* / Yann et Mehdi.
3. Mehdi / *jouer* / de la guitare.
4. Charlotte et Yann / *chanter*.
5. Julia/ *photographier* / les Bouvier.
6. Moi, j' / *regarder* / la télé.
7. Le soir, nous / *manger* / ensemble.
8. Puis, nous / *écouter* / des CD.

Recherche

5 **a** *Trouvez des informations sur «L'Édit de Nantes».* (→ www.hugenotten.de)

b *Où sont partis les protestants français après la révocation* de «l'Édit de Nantes»?*

* **la révocation** die Aufhebung

Préparer l'écoute

1 *Écoutez le texte et répondez: À qui est-ce que les filles parlent? De quoi est-ce qu'elles parlent?*

Elles ont visité Nantes

Les parents de Charlotte rentrent chez eux. Ils ne voient pas les filles.

Mme Bouvier: Où sont les filles? Ah! Les voilà.
M. Bouvier: Bonsoir, les filles, comment allez-vous? Comment vas-tu, Julia?
Julia: Bien, merci. Enfin, je ... Nous sommes un peu fatiguées ...
M. Bouvier: C'est normal! Hier, vous avez écouté des CD jusqu'à minuit! Alors, qu'est-ce que vous avez fait aujourd'hui? Vous avez visité Nantes?
Charlotte: Oui, on a fait un rallye, on a pris le tramway et on a aussi beaucoup marché! Mais ...
Mme Bouvier: Alors, qu'est-ce que tu as vu, Julia?
Julia: La cathédrale, le château, le musée Jules Verne ... On a regardé les vitrines de la rue Cré...
Charlotte: Crébillon. Et alors, Julia a téléphoné, moi, j'ai attendu devant la cabine et ...
Mme Bouvier: Tu as eu des problèmes de langue, Julia?
Julia: Non, enfin pas trop, j'ai compris et appris beaucoup de choses, mais ...
M. Bouvier: Vous avez vu les quais?

le Passage Pommeraye

Charlotte: On a commencé le rallye quai de la Fosse. Ensuite, on a visité le centre et là ...
Julia: On a vu un passage avec des magasins.
Mme Bouvier: Je vois, c'est le passage Pommeraye. Est-ce que tu as acheté des souvenirs, Julia?
Julia: Non, parce que ...
Mme Bouvier: Mais qu'est-ce que tu as, Julia? Pourquoi est-ce que tu pleures?

Comprendre

DELF
C 21/1
C 22/3

2 **a** ►◄ *Vrai ou faux? Corrigez les erreurs.*

1. Julia n'est pas en forme.
2. Hier, les filles ont dormi longtemps.
3. Les filles ont pris le bus, mais elles ont aussi beaucoup marché.
4. Pendant le rallye, Julia a vu beaucoup de choses dans le centre de Nantes.
5. Julia a eu des problèmes de langue.
6. Julia a acheté des souvenirs au passage Pommeraye.
7. Julia pleure parce qu'elle a des problèmes avec Charlotte.

b *Préparez deux phrases sur le texte, comme en* **a** *, pour vos camarades. Ils/Elles corrigent les erreurs.*

Découvrir

C 23/5
C 23/6 **3** *Complétez le tableau dans votre cahier.* (→ Texte, p. 30)

participes en -é	en -u	en -is	autres
elles ont visité → visiter			

Écouter

DELF **4** *Pourquoi est-ce que les élèves sont en retard? Prenez des notes et racontez.*

S'entraîner

C 21/2 **5** *Qu'est-ce qu'ils ont fait hier? Formez des phrases au passé composé.* (→ Repères, p. 38/3 et p. 39/4)

Exemple: Les élèves ont visité la ville.

les élèves Julia Loïc Isabelle ___
les parents de Charlotte Julia et Charlotte

visiter la ville *prendre* le tram
poser des questions à *qn*
regarder le plan de la ville
voir beaucoup de choses
visiter le château *perdre qc*
faire les devoirs *dormir*

6 *Quels adjectifs vont avec quels noms? Notez vos propositions dans votre cahier. Il y a plusieurs possibilités.*

Exemple: **La question** est intéressant**e**.
(→ Apprendre à apprendre, p. 42)

les rues les gens le musée les romans
la question les maisons
les poulets les vendeuses le cuisinier

bloqué triste intéressant
facile dur chaud grand petit
content célèbre fatigué

Activité

7 *Choisissez un personnage de la photo et imaginez: Qu'est-ce qu'il a fait (passé composé)? Qu'est-ce qu'il va faire (futur composé)?*

prendre apprendre faire manger
voir regarder parler jouer bousculer
chercher travailler téléphoner attendre
retrouver trouver photographier ___

Préparer la lecture

1 *Regardez les images: C'est où? Quand? Qui arrive? Qu'est-ce qu'il donne à Julia?*

Elles sont allées au commissariat

Les Bouvier sont à table. Ils discutent du problème de Julia. Après le rallye, les deux filles sont entrées dans un magasin, Julia a cherché son porte-monnaie dans son sac ... Pas de porte-monnaie. Elles sont vite sorties du magasin et elles sont retournées sur les quais, elles sont remontées au château, elles sont redescendues du château, elles ont retrouvé la cabine téléphonique mais pas le porte-monnaie. Elles ont été partout, elles ont regardé partout, puis elles sont rentrées, déprimées.

«– Est-ce que tu es allée au commissariat? demande Loïc.
– Oui, on a été au commissariat.»
Pour Julia, c'est la catastrophe: Elle a perdu cinquante euros. Sa carte d'identité est restée dans sa valise. C'est déjà ça!
Les Bouvier prennent leur dessert quand on sonne.
C'est un garçon de seize ou dix-sept ans.
«– Bonjour. Je m'appelle Anthony Garenne. Je ne veux pas vous déranger, mais j'ai trouvé un porte-monnaie ...
– Entrez, dit Madame Bouvier, Julia va être très contente.»
Oui, Julia est heureuse, très heureuse, mais elle ne comprend pas comment le garçon a pu avoir son adresse à Nantes.
«– Merci beaucoup, dit-elle. Comment est-ce que tu as trouvé mon nom et mon adresse ici?
– J'ai trouvé un papier dans le porte-monnaie avec un numéro de téléphone, répond le garçon. Alors, j'ai fait le numéro ...
– C'est le numéro de Nora, ma copine, dit Julia. Les numéros de téléphone et moi, ça fait deux. Je ne le sais pas par cœur, ce numéro.
– Eh bien, j'ai appelé ta copine, elle a vite compris le problème. Voilà comment j'ai eu ton nom et ton adresse ici.
– Tu parles allemand? demande Julia.
– Un peu, j'ai fait quatre ans d'allemand. Ça a été un peu dur pour expliquer tout ça ... mais ça a marché. Je viens un peu tard parce que je joue au foot le mercredi après-midi, mais je suis venu tout de suite après le match. Ton porte-monnaie est un porte-bonheur. Mon équipe a gagné!»

Comprendre

C 24/1 C 25/5 **2** ►► *Racontez l'histoire au présent.*

1. Julia – ne plus *trouver* – porte-monnaie.
2. Elle – le – *chercher* – partout.
3. Avec Charlotte – elle – *retourner* – château – quais – cabine.
4. Mais – elle – ne pas – le – *retrouver*.
5. Un garçon, Anthony, – *retrouver* – porte-monnaie.
6. porte-monnaie – y *avoir* – papier – numéro – Nora.
7. Anthony – *téléphoner* – copine de Julia.
8. copine – *comprendre* – problème.
9. Anthony – *noter* – adresse – Bouvier.
10. Il – *aller* – chez les Bouvier.

Découvrir

C 24/2 C 24/3 **3** **a** *Notez les verbes au passé composé* (→ Texte, p. 32, ligne 1 à 13). *Traduisez-les et comparez-les avec l'allemand.*

b *Qui a écrit les messages? Expliquez comment vous avez trouvé.*

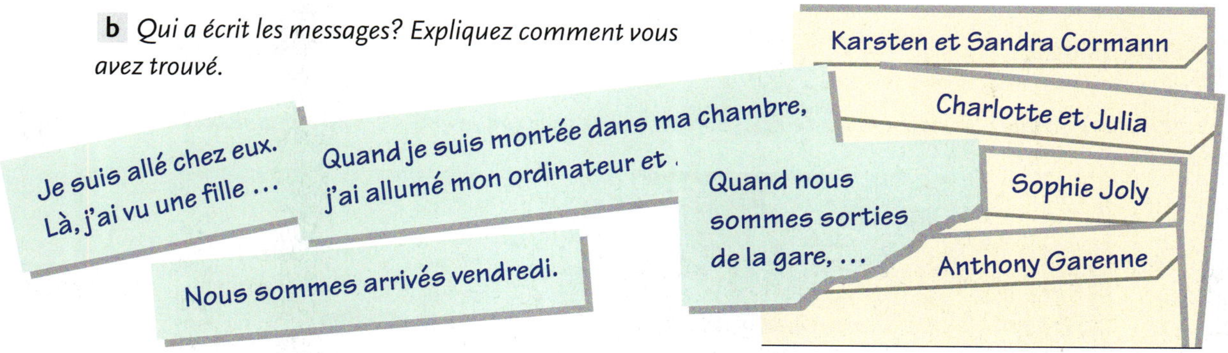

S'entraîner

C 25/4 **4** **a** ►◄ *Julia a déjà fait beaucoup de choses. Quand? Avec qui? Faites les dialogues.*

Exemple:

1. – Va au château.
   – Je suis déjà allée au château, lundi. / pendant le rallye. / avec Charlotte et les autres.

b *À vous. Donnez des idées à Julia.*

C 25/6 **5** ►◄ *Qu'est-ce que tu as fait hier, après les cours? Posez la question à votre camarade. Prenez des notes, puis racontez à la classe.* (→ Repères, p. 38/3; 39/4)

Qu'est-ce que tu as fait hier?

D'abord, je suis rentré à la maison. Puis, j'ai mangé ___ .

Murat est d'abord rentré à la maison. Puis il a mangé ___ .

rentrer
rester à la maison
aller en ville / à la piscine / au cinéma / au lit / ___
sortir avec ___
écrire un SMS à ___
téléphoner à ___
prendre le bus / le tram / ___
faire ses devoirs / un tour en ville / ___
lire
manger
jouer au foot / à l'ordinateur / ___
regarder la télé / un match / un film / ___
nager
___

Écouter

DELF C 26/7 **6** *Écoutez le texte. Qu'est-ce que Julia et ses amis ont fait? Mettez les photos dans l'ordre.*

1

2

3

4

5

Vous devez venir nous voir!

Tout a une fin. Les correspondants ont passé une semaine à Nantes. Mais maintenant, il faut rentrer en Allemagne. Ils ont voulu laisser un souvenir ...

J'ai été malade deux jours et je n'ai pas pu aller à Noirmoutier avec les autres. Maintenant je suis en forme et je voudrais bien* encore un peu, mais ce n'est pas possible. Je dois rentrer. C'est la vie ! À bientôt, Jens * rester

Il a fait beau, il a plu, on a vu beaucoup de choses, je veux, nous voulons revenir, nous voulons vous revoir. JANA

Nous n'avons pas beaucoup dormi parce que le soir, nous avons discuté des heures - en allemand, en français, en anglais et avec les mains. Je ne sais pas si j'ai fait des progrès, mais j'ai appris des expressions... J'ai beaucoup aimé la cantine à midi, mais le petit déjeuner en France, c'est pas le pied!! Stefan

J'ai beaucoup aimé le concert hip-hop (c'était trop cool!) mais pas trop les cours de géo et de maths. Les profs sont trop sévères, on ne doit pas bouger! J'espère bien qu'on va rester en contact. Merci à la famille de Yann, on a passé un week-end super. Felix

J'ai bien aimé Nantes, le port, l'île de Noirmoutier sous le soleil, la famille de Charlotte. L'excursion en bateau a été fantastique. Charlotte, toi et ta famille vous devez venir chez nous! Nous vous invitons! Julia

J'ai pu apprendre beaucoup de choses et j'ai fait la connaissance de Sandrine, Gaël, Yann, Olivier. Ils doivent venir nous voir pendant leurs vacances de février. Je sais que c'est le début d'une amitié Sara

Nous ne sommes pas encore partis et je voudrais déjà revenir. Thomas

Comprendre

1 *Qui parle? Jouez le rôle d'un des élèves allemands. Les autres devinent.*

J'ai été malade.

Tu es Jens.

Découvrir

C 27/2 C 27/3 **2** **a** Sucht im Text (→ p. 35) nach verneinten Sätzen im „passé composé". Formuliert dann die Regel über die Stellung der Verneinungswörter.

b Übt zu dritt. A nennt ein Verb. B stellt eine Frage im „passé composé". C verneint. Vorsicht bei der Wahl des Hilfsverbs.

1. partir → Est-ce que tu es parti(e)?
   → Non, je ne suis pas parti(e).

dormir écrire apprendre revenir
pleuvoir discuter chanter
comprendre commencer sortir
monter descendre partir

C 28/4 **3** Das Verb „devoir" kann im Deutschen verschiedene Bedeutungen haben. Sucht im Text die Entsprechungen für folgende Übersetzungen:

- Man **darf** sich nicht bewegen.
- Ich **muss** heimfahren.
- Sie **haben vor** uns zu besuchen.

S'entraîner

C 28/4 **4** **a** ►◄ *Aujourd'hui, Julia doit faire beaucoup de choses. Mais elle ne peut pas. Formez les phrases.* (→ Les verbes, p. 145)

Exemple: 1. Elle doit prendre le bus, mais elle ne peut pas parce qu'elle n'a pas de ticket.

* **le ticket** die Fahrkarte

1. *prendre* le bus / pas de ticket*
2. *acheter* une baguette / pas d'argent
3. *écrire* une lettre / pas de papier
4. *téléphoner* à Nora / pas le numéro
5. *jouer* aux cartes avec Yann / pas de cartes
6. *faire* un gâteau pour le dîner / pas de farine
7. *aller* à l'office de tourisme / pas l'adresse

b *Faites l'exercice encore une fois. Remplacez Julia par Julia et Charlotte.*

c *Toi et ton copain / ta copine, vous devez faire beaucoup de choses, mais vous ne pouvez pas. Écrivez au moins deux phrases.*

C 27/1 **5** *Charlotte est partie avec sa classe. Elle raconte son voyage. Complétez le texte par les verbes au passé composé.*
(→ Repères, p. 38/3 et p. 39/4/5)

Nous *(partir)* trois jours et nous *(aller)* à Paris. Nous *(monter)* sur la Tour Eiffel. Puis, nous *(aller)* sur les quais de la Seine et nous *(faire)* une promenade. Un soir, nous *(sortir)* avec le groupe.
Nous (ne pas / *être*) au concert, parce que notre prof (ne pas / *vouloir*).
Il (ne pas / *faire* beau), il *(pleuvoir)* deux jours.
Mais nous *(passer)* trois jours super.

6 ►► *Qu'est-que vous avez fait en classe? Formez des phrases.*

Exemple:
On a beaucoup travaillé.

beaucoup	souvent
trop peu	trop
n'___ pas assez	

apprendre	*travailler*
discuter	*écrire*
parler français	*lire*

C 27/2 **7** ►◄ *Jens a été malade. Il est resté dans sa chambre. Alors, qu'est-ce qu'il n'a pas fait? Et qu'est-ce qu'il a fait? Imaginez.*

1
faire / excursion à vélo

2
manger / restaurant

3
jouer / cartes

4
aller / Noirmoutier

5
téléphoner / ses parents

6
jouer / foot

7
écrire / lettre

8
lire / roman

9
aller / l'école

10
beaucoup *dormir*

Vocabulaire

8 *Complétez.*

Jeu de rôle

9 ►◄ *Julia est revenue à Sankt Ingbert et elle téléphone à Charlotte. Préparez le dialogue et jouez-le en classe.*

Charlotte meldet sich. → Julia meldet sich auch.
↙
Charlotte will wissen, ob Julia gut nach Hause gekommen ist. → Julia antwortet:
Der Zug ist mit Verspätung in Paris angekommen.
Sie mussten zwei Stunden auf den Zug nach Saarbrücken warten und sind mit ihren Lehrern etwas essen gegangen.
Julia fragt Charlotte, was sie heute gemacht hat.

↙
Charlotte erzählt.

Repères

Qu'est-ce qu'on dit?

C 22/4 C 28/5 **1**

Du fragst jemanden, wie es ihm geht:	Comment allez-vous? Comment vas-tu?
Du willst wissen, was mit jemandem los ist:	Qu'est-ce que tu as?
Du fühlst dich (nicht) gut:	Je (ne) suis (pas) en forme. / Je suis fatigué(e)/ malade.
Du sagst, wie lange du etwas gelernt hast:	J'ai fait (deux) ans de (français).
Du sagst, dass dir eine Sprache Schwierigkeiten bereitet:	J'ai des problèmes de langue en français / en anglais.
Du kannst etwas (nicht) auswendig:	Je (ne) le sais (pas) par cœur.
Du sagst, dass jemand beim Essen sitzt:	(Ils sont) à table.
Du sagst, dass etwas nicht das Wahre ist:	C'est pas le pied.
Du sagst, dass du mit etwas große Schwierigkeiten hast:	___ et moi, ça fait deux!
Du sagst, dass du jemanden kennen gelernt hast:	J'ai fait la connaissance de ___ .
Du sagst, dass man etwas nicht darf:	On ne doit pas (bouger) / (parler à son voisin).
Du drückst Hoffnung aus:	J'espère que ___ .
Du sprichst über das Wetter:	Il pleut. / Il fait beau. / Il fait froid. / Il fait chaud.

Grammaire

2 **Die Verben** Les verbes (→ GH, p. 24)

commencer ⚠ nous commençons (→ p. 145)
bouger, déranger wie: **manger** ⚠ (→ p. 145)
devoir (→ p. 146)
voir (→ p. 146)
revenir wie: **venir** (→ p. 147)
perdre, descendre wie: **attendre** (→ p. 147)

Konjugiere die Verben „déranger" und „descendre" in deinem Heft.

3 **Die Bildung des „passé composé"** La formation du «passé composé» (→ GH, p. 25–26)

j'	ai	mangé	je	suis	allé/allée
tu	as	mangé	tu	es	allé/allée
il	a	mangé	il	est	allé
elle	a	mangé	elle	est	allée
on	a	mangé	on	est	allées
nous	avons	mangé	nous	sommes	allés/allées
vous	avez	mangé	vous	êtes	allé/allée/allés/allées
ils	ont	mangé	ils	sont	allés
elles	ont	mangé	elles	sont	allées

a Die zwei Hilfsverben im Französischen sind: ___ und ___ .

b Worauf musst du achten, wenn ein Verb im „passé composé" das Hilfsverb „être" hat?

Die meisten Verben bilden das „passé composé“ mit „avoir“. Nur wenige Verben bilden das „passé composé“ mit „être“. Schau dir die Zeichnung an.

4 Das Partizip Perfekt Le participe passé (→ GH, p. 26)

Verben auf „-er“	Verben auf „-dre“	Verben auf „-ir“
regard**er** → regard**é**	descen**dre** → descend**u**	sort**ir** → sort**i**
parl**er** → parl**é**	per**dre** → perd**u**	dorm**ir** → dorm**i**
achet**er** → achet**é**	répon**dre** → répond**u**	part**ir** → part**i**
all**er** → all**é**		

unregelmäßige Verben

être → **été**	dire → **dit**	lire → **lu**
avoir → **eu** [y]	écrire → **écrit**	voir → **vu**
faire → **fait**	prendre → **pris**	venir → **venu**
	apprendre → **appris**	pouvoir → **pu**
	comprendre → **compris**	devoir → **dû**
	mettre → **mis**	vouloir → **voulu**
		pleuvoir → **plu**

5 Die Verneinung im Satz mit dem „passé composé“ La négation avec le «passé composé» (→ GH, p. 27)

Ils sont allés à Noirmoutier. Ils **ne** sont **pas** allés à Noirmoutier.
Il a téléphoné. Il **n'** a **pas** téléphoné.

Die Verneinungswörter „ne“ und „pas“ umschließen ___ .

6 Die Vorsilbe „re-“ Le préfixe «re-» (→ GH, p. 27)

Julia cherche son porte-monnaie: elle **remonte** au château, elle **redescend** du château, elle **retrouve** la cabine téléphonique mais pas son porte-monnaie.

a Übersetze die Sätze. Wie übersetzt du „remonter, redescendre, retrouver“?

b Finde das entsprechende Verb mit „re-“ und übersetze.

1. Felix lit un texte, mais il ne le comprend pas. Alors, il le [?].
2. Le prof dit et [?] toujours la même chose.
3. Les correspondants sont venus à Saint Herblain. Ils vont [?] dans un an.

Pratiques et révisions facultatif

Écouter

C 28/6 **1** *Regardez les photos. Quel dialogue correspond à quelle photo?*

au château

La France en direct: Téléphoner

2 Mit deinem Handy von Frankreich aus zu telefonieren ist zu teuer. Deshalb solltest du in eine Telefonzelle gehen. Schau dir folgende Tafel an und finde die notwendigen Informationen heraus.

1. Funktioniert dieses Telefon mit Karte oder mit Geld?
2. Wie lautet die Vorwahl nach Deutschland/Österreich?
3. Du willst Verwandte in der Schweiz anrufen, wie lautet die Vorwahl?
4. Was sind „DOM TOM“? (→ Enzyklopädie; www.google.de)
5. Finde die deutschen Bezeichnungen für die angegebenen europäischen Länder.

Téléphonez plus facilement

Phone more easily

Décrochez, introduisez la carte, numérotez, parlez

Lift handset, insert card, dial number, speak

Pour téléphoner en dehors de la France métropolitaine

To call outside metropolitan France

- Vers l'étranger / *Calls abroad :*
  00 + indicatif pays (voir tableau) + indicatif de zone + numéro de votre correspondant / *00 + country code (see table) + area code + your correspondent's number*
- Vers les DOM / *Calls to French Overseas Territories :*
  0 + indicatif DOM + numéro de votre correspondant
  0 + DOM code + your correspondent's number

Principaux indicatifs *Main country codes*

DOM TOM		AFRIQUE		RESTE DU MONDE		EUROPE	
Guadeloupe	590	Algérie	213	Argentine	54	Allemagne	49
Guyane Française	594	Cameroun	237	Australie	61	Autriche	43
Martinique	595	Côte d'Ivoire	225	Brésil	55	Belgique	32
Réunion	262	Égypte	20	Canada	1	Danemark	45
Nouvelle Calédonie	687	Mali	223	Chine	86	Espagne	34
Polynésie Française	689	Maroc	212	Israël	972	Finlande	358
Wallis et Futuna	681	Sénégal	221	Japon	81	Grèce	30
		Togo	228	Liban	961	Irlande	353
		Tunisie	216	Mexique	52	Italie	39
				Turquie	90	Monaco	377
				USA	1	Norvège	47
						Pays-Bas	31
						Portugal	351
						Royaume-Uni	44
						Suède	46
						Suisse	41

Indicatif autres pays: contactez le 12

Vocabulaire

3 *Qu'est-ce qu'il y a sur le dessin? Regardez l'image deux minutes, fermez le livre, puis notez le maximum d'objets.*

4 *Trouvez les contraires.* (→ Liste des mots, p. 152–197)

Il pleut. | C'est le début du voyage. | Il n'y a pas assez de jus. | Vous partez. | Je descends. | Tu es fatigué. | C'est dur. | Nous sommes contents. | Il a perdu ses papiers. | Il est minuit. | Il fait froid. | Vous êtes en retard.

S'entraîner

5 **a** *Qu'est-ce qu'ils ont fait? Racontez. Utilisez le passé composé.* (→ Repères, p. 38/3; p. 39/4)

1. téléphoner à

2. aller à

3. regarder

4. rester

5. partir à

6. jouer à

7. perdre

8. écouter

b *Écrivez les phrases dans votre cahier.*

Réviser

6 **Les pronoms**

►◄ *Faites des dialogues.* Où est Julia? Où est Anthony? Où sont mes copines ? Où est Charlotte? Où sont Nestor et Aspirine? Où est Mme Bouvier? Où sont nos profs? ___

Exemple:
– Où est Julia? Ah! La voilà ...
– Mais non, ce n'est pas elle!
– Si, c'est elle!

le la les

lui elle eux elles

Activité

7 *Qu'est-ce qu'il faut faire/visiter dans votre ville ou votre village*? Préparez un rallye pour vos correspondants.*

* **le village** das Dorf

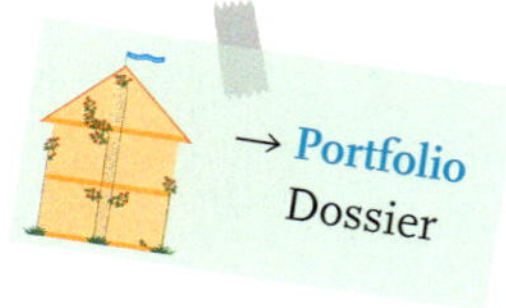

Projet: Bienvenue à ___ !

8 Eure französischen Gäste sind angekommen. Ihr fahrt mit ihnen nach Hause und stellt ihnen eure Familie vor. Dann führt ihr sie durch die Wohnung. Vielleicht habt ihr Haustiere, die euer Gast gern oder gar nicht mag? Schreibt die Szene.

Recherche

9 *Trouvez le titre de trois romans de Jules Verne.*
http://ecbaill.free.fr/dossiers/verne/verne.htm

Apprendre à apprendre

C 29/7 **10** **Wie du Fehler selbst korrigieren kannst**

Sicher hast du Folgendes schon erlebt: Du hast eine Arbeit geschrieben und dich über einige Fehler geärgert, denn du hättest sie vermeiden können. Beim nächsten Mal kannst du diesen Fehlern selbst auf die Spur kommen. Lies deine Arbeit durch und kontrolliere, ob du auf alle Angleichungen geachtet hast:

- Stimmt der Begleiter mit dem Nomen überein? Ist das Nomen männlich oder weiblich? Steht es im Plural?

la table les filles des frites mes amis …

- Gehört zu dem Nomen ein Adjektiv? Dann musst du das Adjektiv an dieses Nomen angleichen.

l'idée est intéressante
les devoirs sont faciles
les photos sont marrantes

- Hat das Verb im „passé composé" das Hilfsverb „être"? Dann musst du ebenfalls das Partizip an das Subjekt angleichen.

Charlotte est allée au cinéma avec ses copains.

Tipp:
Deine Chance Fehler zu finden ist größer, wenn du deine Arbeit mehrmals durchliest und dich dabei immer nur auf eine Sache konzentrierst. Probiere das mit Übung 8 und lies den Text durch, den du geschrieben hast. Hast du Fehler gefunden?

La vie de Jules Verne (1828–1905)

1. L'enfant

C'est un garçon!

Nantes, 8 février 1828. Monsieur Pierre Verne, magistrat de la ville de Nantes, est très content. Il a un fils: Jules, son premier enfant. Un an après, Jules a un frère: Paul. Les deux garçons vont avoir trois sœurs, Anna, Mathilde et Marie.

Jules et ses parents habitent sur l'île Feydeau. Jules aime l'eau, le fleuve, la mer, les bateaux. Il rêve déjà de voyages ...

Mais, Jules n'est pas toujours dans la lune. Il regarde le monde, observe, note, travaille. Tout l'intéresse: la Loire, la ville, les bateaux, les gens, les filles ... Ses parents ont une maison de campagne à Chantenay. Là, il y a une usine. Jules adore aller là-bas. Il regarde les machines pendant des heures. Il imagine des machines extraordinaires. À son frère Paul, il parle de son amour pour sa cousine Caroline ... Oui, Jules a dix ans, mais il est déjà amoureux. Caroline habite aux Indes. Elle est venue à Nantes pour les vacances. Elle a oublié son collier.

Un soir, à table, on attend Jules. Il ne rentre pas. On va chez ses amis: Jules n'est pas là. Le père interroge Paul, le menace et Paul, alors, dit la vérité: Jules est parti sur un bateau ... pour les Indes. Le bateau fait escale à Paimbœuf. Là, Pierre Verne retrouve son fils ... la punition va être dure.

2 **le magistrat** der Staatsbeamte 3 **premier/-ière** erster, erste 7 **être dans la lune** mit seinen Gedanken woanders sein, *wörtlich:* auf dem Mond sein 9 **le monde** die Welt; **observer qc/qn** etw./jdn beobachten 15 **une usine** eine Fabrik 16 **la machine** die Maschine 17 **imaginer qc** sich etwas vorstellen, ausdenken 18 **extraordinaire** besonders, außergewöhnlich 19 **l'amour** *m.* die Liebe 20 **être amoureux/-euse de qn** in jdn verliebt sein 21 **les Indes** Indien 21 **le collier** die Kette 23 **si joli/e** so schön, so hübsch 25 **interroger qn** jdn befragen 26 **menacer qn** jdm drohen 29 **faire escale** anlegen, Station machen 29 **Paimbœuf** kleine Hafenstadt am Atlantik in der Nähe von Saint-Nazaire 31 **la punition** die Strafe

Faites une fiche d'identité pour Jules Verne.
(→ Texte, p. 11)

→ Portfolio Dossier

UNITÉ 3 Un mercredi

Approches

Préparer la lecture

C 32/3 **1** *Cherchez Grenoble, Brest, Clermont-Ferrand, Besançon, Paris et Lyon sur la carte de France et expliquez.*

Exemple: Grenoble est dans les Alpes.

dans les Alpes / dans le massif Central
en Bretagne / près de la mer
sur le Doubs / sur le Rhône / sur la Seine

Faire du sport

1. Sébastien habite à Grenoble. Il fait du ski et du surf à Val d'Isère.

2. Amélie habite à Brest. Elle fait de la voile avec ses parents.

3. Maryline de Clermont-Ferrand fait du VTT en Auvergne avec ses copains.

4. Paul et Tarik habitent à Lyon. Ils font du foot avec l'équipe de leur école.

5. Nourdine est Parisien. Il fait de l'athlétisme dans un stade de son quartier.

6. Fabienne est à l'école du cirque de Nantes. Elle fait de l'acrobatie.

7. Fatou est de Besançon. Elle fait du kayak sur le Doubs.

Découvrir

2 **a** Betrachte die Bildunterschriften und finde die französischen Ausdrücke für: segeln – Ski fahren – Fußball spielen – Leichtathletik betreiben – Kajak fahren

b Wie werden diese Ausdrücke gebildet? Vergleiche mit den entsprechenden deutschen Ausdrücken.

c Übersetze nach dem gleichen Modell: boxen – tanzen – Gymnastik machen – Fahrrad fahren

S'entraîner

C 32/1
C 32/2

3 **a** *Qu'est-ce qu'ils font? Utilisez* de la, du, de l'.

b *À vous. Posez des questions à vos camarades.*

Qu'est-ce que tu fais?

Est-ce que tu pratiques un sport?

la gymnastique la danse le kayak
le handball le foot le surf le vélo
le tennis le volley le basket
le judo la boxe l'athlétisme
le cheval[1] la natation[2]

1 **le cheval** das Pferd; **faire** [?] **cheval** reiten 2 **la natation** das Schwimmen

On ne peut pas tout faire

Un après-midi sans école, ça passe très vite.
Charlotte doit préparer son exposé d'histoire pour demain, téléphoner à une copine, lire «Okapi» et travailler un peu son accordéon: elle a cours à 18 heures au conservatoire. Son prof est gentil mais assez sévère.

Sa sœur Isabelle n'a pas trop de devoirs. Elle prépare un dessert pour ce soir. Elle adore ça. Charlotte aussi. Alors, elle va à la cuisine ...

Isabelle: Tu ne travailles pas à ton exposé?
Charlotte: Si, mais j'ai soif. Je prends un verre de lait ... Quel dessert est-ce que tu fais? Une mousse au chocolat?
Isabelle: Non, on n'a plus d'œufs. Je fais un dessert avec des fruits. Hm ... Est-ce que j'ai tout? Il faut trois mangues, deux citrons, du sucre, de la crème, des oranges, des bananes ...
Charlotte: Je peux t'aider?
Isabelle: Tu peux regarder dans la recette combien de sucre il faut.
Charlotte: Hm ... 150 grammes de sucre. Je pèle les mangues?
Isabelle: Tu es bien gentille, mais moi, j'ai le temps ...
Charlotte: Euh, moi aussi, enfin un peu ...

Quatre heures moins dix ... Charlotte est enfin dans sa chambre. Sur sa table, il y a le magazine «Okapi», des livres d'histoire ... et une radio. À 16 heures sur NRJ, il y a «Planète Hit». Charlotte adore cette émission.

Dans «Okapi», il y a un test pour savoir si on a du caractère.

Comprendre

C 33/1 **1** **a** *Trouvez le bon résumé. Justifiez votre réponse.*

1. Mercredi après-midi, Charlotte et Isabelle n'ont pas cours. Charlotte doit faire ses devoirs. Isabelle aussi, mais elle préfère préparer un dessert. Alors, Charlotte l'aide. Ensemble, elles font un dessert avec des fruits et une mousse au chocolat.
2. C'est mercredi après-midi. Charlotte et sa sœur n'ont pas cours. Charlotte doit faire ses devoirs, mais elle préfère préparer un dessert avec Isabelle. Ensemble, elles font un dessert avec des fruits.
3. Charlotte et Isabelle adorent préparer des desserts. C'est mercredi et les deux filles sont libres. Elles n'ont pas beaucoup de devoirs, alors elles font un dessert avec des fruits pour le soir.

b *Quatre heures moins dix. Charlotte est dans sa chambre. Continuez l'histoire.*
Utilisez d'abord, après, enfin.

Écouter

DELF **2** 🎧 *Répondez aux questions.*

1. Qu'est-ce que Clémence et ses amis veulent préparer?
2. Qu'est-ce qu'ils doivent acheter? Faites une liste dans votre cahier.

S'entraîner

C 33/2
C 34/3 **3** *Qu'est-ce qu'il faut pour faire ... Utilisez:* Il faut du / de la / de l' / des. (→ Repères, p. 55/3)

1. ... des truffes au chocolat?

2. ... un gâteau aux pommes?

3. ... une salade de fruits?

C 35/6 **4** ►◄ *Faites les dialogues.*
Utilisez: beurre, fruits, légumes, eau, jus, carottes, lait, œufs, oranges, farine, crème, chocolat.

C 34/5 **5** **a** *Préparez des questions pour vos camarades. Utilisez* quel, quelle, quels, quelles. (Repères, p. 55/2)

1. sport / *pratiquer*
2. légumes / *aimer*
3. livre / *lire*
4. musique / *écouter*
5. films / *regarder*
6. animaux / *avoir*
7. langues / *parler*
8. émissions à la radio / *préférer*
9. fruits / ne pas / *manger*

b ►◄ *Posez ces questions à vos camarades. Ils/Elles répondent.*

c *Imaginez encore deux autres questions comme en* **a** .

Jeu de rôle

6 ►◄ *Isabelle et Charlotte veulent préparer un gâteau. Elles regardent si elles ont tout. Faites le dialogue.*

Activité

C 35/7 **7** **a** *Lisez la recette de la crème de mangue.* Wie lautet die französische Entsprechung für: im Mixer pürieren – in den Kühlschrank stellen – mit Limonensaft begießen?

b *Traduisez la recette pour quelqu'un qui ne comprend pas le français et essayez-la.*

Crème de mangue

Préparation: 20 minutes / Réfrigération: 3 heures

HAWAI

Pour 4 personnes
6 mangues
150 g de sucre
2 citrons verts
20 cl de crème fraîche

¬ Pèle les mangues et retire la pulpe. Passe-la au robot avec le sucre et la crème fraîche.
¬ Verse la crème de mangue dans des coupes individuelles. Mets-les au réfrigérateur pendant 3 heures.
¬ Au moment de servir, arrose les coupes de jus de citron vert.

c *Trouvez une recette intéressante. www.cuisineaz.com*

L'école du cirque

Yann ne passe pas son après-midi à la maison. Il a rendez-vous avec Fabienne. Elle est en quatrième et elle va depuis un an à l'école du cirque. C'est un endroit où on peut apprendre les disciplines du cirque. Yann n'aime pas les sports que ses copains de classe pratiquent mais cette école du cirque l'intéresse. Elle est dans un quartier que Yann ne connaît pas. Il doit demander son chemin à quelqu'un:

Yann: Pardon, vous savez où est l'école du cirque?

La dame: Oui. Tu traverses la place et après tu vas tout droit jusqu'au deuxième feu rouge, tu prends la première rue à droite et au premier carrefour, tu tournes à gauche. Et là, tu redemandes ...

Yann prend la deuxième rue à droite et la première à gauche et, bien sûr, il doit redemander son chemin. Il arrive en retard. Fabienne a déjà commencé.

Fabienne fait du trapèze. C'est une discipline où il faut faire attention. Quand on tombe dans le filet, il ne faut pas tomber sur la tête mais sur le dos. «Sinon ça fait très mal», dit Fabienne. «Ah bon», dit Yann et il pense: «Le trapèze, ce n'est pas mon truc.»

Dans la salle, il y a aussi une fille et un garçon. Ils jonglent avec des assiettes et des cuillères. «Ils savent bien jongler», pense Yann. «C'est intéressant pour mettre le couvert, mais faire ça pendant des heures ... non merci.»

Alors, il va voir les clowns. Ils sont drôles, mais ...

Non, Yann ne peut pas faire le clown, on est trop vite ridicule. Enfin, il voit un garçon de quinze ou seize ans: il fait de l'acrobatie sur un vélo. Ça, c'est peut-être possible ...

Fabienne arrive:
«Alors, il y a quelque chose que tu voudrais faire? Du trapèze?
– Je ne sais pas ... Non ... mais l'acrobatie avec un vélo, c'est peut-être une chose que je voudrais faire ...
– Super. Enfin ... dommage pour le trapèze.»

Comprendre

DELF C 36/1 C 36/2 **1** **a** *Répondez aux questions.*

1. De qui parle ce texte?
2. Quand est-ce que l'histoire se passe[1]?
3. Où est-ce que le personnage[2] va?
4. Pourquoi?
5. Qu'est-ce qu'il fait là-bas?
6. Quelle est la fin de l'histoire?

b *Maintenant racontez l'histoire.*

1 **se passer** spielen
2 **le personnage** die Person (im Text)

Découvrir

2 **a** les sports **que** ses copains de classe pratiquent – un quartier **que** Yann ne connaît pas
Trouvez d'autres exemples avec que *dans le texte et notez-les.*

b *Traduisez les exemples.*
Welche deutschen Entsprechungen hat „que"?

S'entraîner

C 37/5 **3** *Qu'est-ce qui va ensemble?*
Il y a plusieurs possibilités.
(→ Repères, p. 56/5)

Voilà une recette	où	je trouve fantastique.
C'est un endroit	que	je connais bien.
C'est la maison		je vais souvent.
		j'habite.
		on peut faire de l'athlétisme.
		mes parents veulent acheter.

4 *Donnez des explications. Utilisez:*
C'est un endroit où ___ .
(→ Apprendre à apprendre, p. 59)

1. une cabine téléphonique?
2. une gare?
3. un marché?
4. une librairie?
5. une cantine?
6. un cinéma?
7. un conservatoire?
8. un stade?

C 36/4 **5** ►◄ *Qu'est-ce qu'ils ne peuvent pas faire? Qu'est-ce qu'ils ne savent pas faire?*
(→ Liste des mots, p. 152–197)

1 **danser** tanzen

1. le bébé / la dame / lire

2. le chat / le monsieur / écrire

3. elles / il / chanter

4. nous / elle / danser[1]

5. le clown / les garçons / jongler

Vocabulaire

6 **a** *Qu'est-ce qui va ensemble? Il y a plusieurs possibilités.*

faire prendre traverser
avoir mettre passer

attention mal le couvert un effort
de l'athlétisme une rue un film un pont
vite du caractère le bus rendez-vous

b *Faites cinq phrases avec ces expressions et traduisez-les.*

Écouter

DELF C 37/6 C 37/7 **7** **a** *Écoutez et regardez le plan de Nantes. Les touristes sont place du Pilori. Où est-ce qu'ils vont?*

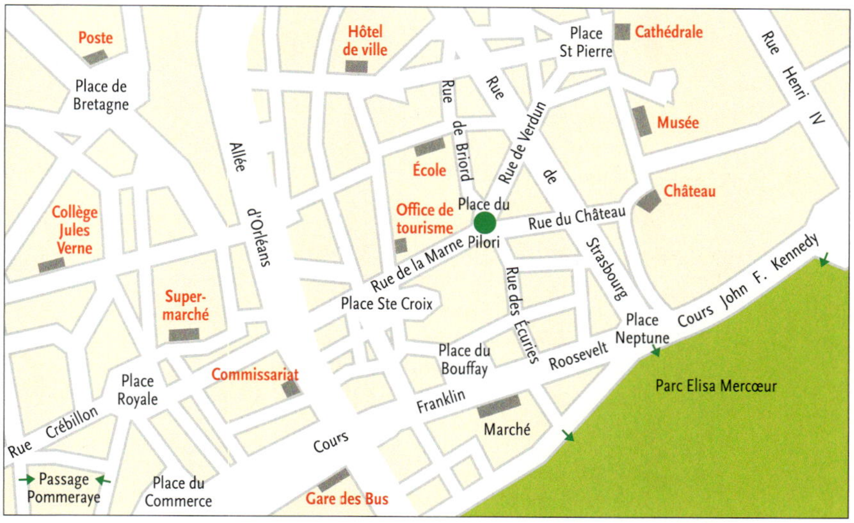

b *À vous. Vous partez de la place du Pilori. Vous allez à* [?]. *Vos camarades devinent.*

Je prends la rue de Verdun, je continue tout droit et je traverse la place. Où est-ce que je suis, maintenant?

Tu es devant la cathédrale.

Activité

DELF **8** *Regarde cette photo pendant 15 secondes. Puis ferme le livre. Ton/Ta camarade te pose trois questions sur la photo.*

Qu'est-ce qu'on voit | au premier plan[1]? à l'arrière-plan[2]? ___

C'est où?

1 **le premier plan** der Vordergrund
2 **l'arrière-plan** der Hintergrund

Préparer la lecture

C 39/5 **1** *Lisez les informations sur l'ASSR dans le dictionnaire de civilisation, p. 151.*

Le mercredi de Clémence et de Mehdi

Le mercredi, c'est le jour où Mehdi va au foot et Clémence à son cours de danse. Après, ils ont rendez-vous chez Clémence. Ils veulent préparer leur ASSR.

1 Le garçon que vous voyez sur ce dessin porte un casque. Très bien, mais il y a quand même un problème. Quel problème?

2 La fille qui est à mobylette veut gagner du temps sur une route où il y a un embouteillage.
Est-ce qu'elle peut …
- o doubler les voitures sur la droite?
- o passer entre les voitures? Il y a toujours de la place.
- o rouler sur les trottoirs, qui sont assez larges?

3 Cette voiture roule à 140 km/h sur l'autoroute. Il fait beau. Est-ce que la voiture va trop vite?

4 Sympa, la mobylette à deux! Mais il y a des choses qui ne vont pas sur ce dessin, non?

5 Cet homme à vélo double une voiture qui ne roule pas vite.
À ton avis, pourquoi est-il en danger?
- o Là où il est, le conducteur de la voiture ne peut pas le voir.
- o Il double sur la gauche, c'est pourquoi il n'est pas en danger.
- o Il ne porte pas de casque.

Les réponses

1 Il porte des protections, c'est bien. Mais les rollers doivent rouler sur le trottoir. Attention aux personnes qui sont à pied.
2 Trois fois NON ! C'est dangereux et interdit.
3 Oui, elle va trop vite. Sur les routes, la vitesse est limitée à 90 km/h, sur l'autoroute à 130 km/h.
4 Ils ne portent pas de casque et faire des gestes comme ça, c'est dangereux.
5 Il est en danger parce qu'il ne porte pas de casque et parce qu'il est dans « l'angle mort ». Le conducteur ne peut pas le voir.

Comprendre

DELF **2** **a** *Vrai ou faux? Corrigez.*

1. Quand on fait du roller, il faut porter un casque et des protections.
2. Sur les routes en France, la vitesse n'est pas limitée.
3. À mobylette, on peut rouler sur les trottoirs.
4. En rollers, on peut rouler sur la route.
5. À vélo, quand on est dans «l'angle mort» c'est dangereux.

b *Comparez avec votre pays*: Qu'est-ce qui (n')est (pas) comme en Allemagne / en Autriche?*

* **le pays** das Land

Écouter

DELF **3** 🎧 *Le garçon est tombé. Écoutez. Quel dessin correspond à la situation?*

A

B

Découvrir

4 **a** La fille **qui** est à mobylette ... Les trottoirs **qui** sont assez larges ...
Trouvez d'autres exemples dans le texte et notez-les.

b *Comment traduisez-vous* qui *dans ces exemples?*

c le vélo **qui** double la voiture – le vélo **que** la voiture double
Quelle phrase correspond à quelle photo? Pourquoi?

A

B

S'entraîner

C 38/2 **5** **a** ►◄ *Faites des devinettes sur les personnages de l'unité.* (→ Repères, p. 56/5)

Exemple: La fille qui fait du kayak sur le Doubs, c'est qui?

b *Et maintenant faites des devinettes sur des personnages célèbres ou des personnes que vous connaissez.*

6 **a** *Formez deux équipes et faites ce quiz. Complétez par* qui, que/qu', où *et répondez.* (→ Repères, p. 56/5)

1. Le nom du fleuve [?] traverse Nantes, c'est … *(1 point)*
2. La ville [?] il y a le Gros Caillou, c'est … *(2 points)*
3. Le musée [?] Julia a visité à Nantes, … *(1 point)*
4. C'est un aviateur [?] a aussi écrit des livres. *(3 points)*
5. Une ville en France [?] il y a deux fleuves, … *(3 points)*
6. C'est un passage à Nantes [?] on peut acheter beaucoup de choses, … *(1 point)*
7. Le nom des ducs [?] ont habité dans le château de Nantes, … *(1 point)*

b *Préparez encore deux questions pour l'autre équipe.*

C 38/1 **7** **a** 🎧 *Écoutez et notez les nombres que vous entendez.*

b *Posez des questions. Vos camarades devinent.* (→ Solutions p. 223)

Combien pèse/nt …?

1. une souris d'ordinateur?
2. une souris (l'animal)?
3. dix CD?
4. un cochon d'Inde?
5. votre livre de français?
6. une perruche?

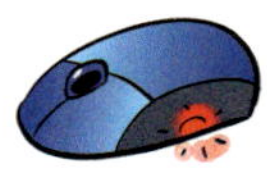

150 g   120–150 g
30–45 g   517–644 g
600 g – 1 kilo 200 g
10–30 g

Activité

8 ►◄ *A regarde le dessin A, B regarde le dessin B. Trouvez les différences.*

A: Sur mon dessin, il y a une fille qui traverse la route sans regarder.
B: Sur mon dessin, c'est un garçon.

Repères

Qu'est-ce qu'on dit?

1 **a**

Du sagst, dass du Sport treibst:	Je pratique un sport. / Je fais du sport.
Du sagst, dass du etwas beherrschst:	Je sais (faire la cuisine).
Du bietest jemandem Hilfe an:	Je peux t'aider?
Du hast Hunger/Durst:	J'ai faim. / J'ai soif.
Du bietest jemandem etwas an:	Tu veux (de l'eau / du lait)?
Du bedauerst etwas:	Dommage.
Du warnst vor etwas:	Attention à ___ ! / C'est dangereux!
Du sagst, dass etwas verboten ist:	C'est interdit.

C 39/3 **b** Du beschreibst einen Weg:

1. Tu vas tout droit.
2. Tu prends la deuxième rue à droite.
3. Tu tournes à gauche.
4. Tu traverses la place.

Grammaire

2 **Der Fragebegleiter „quel"** Le déterminant interrogatif «quel» (→ GH, p. 30)

♂			♀
quel dessert quel ami	**quel** [kɛl]	**quelle** [kɛl]	**quelle** chanson **quelle** amie
quels desserts quels amis	**quels** [kɛl]	**quelles** [kɛl]	**quelles** chansons **quelles** amies

Lies die Beispiele laut vor und denke an die Bindung vor a, e, i, o, u und h:
Quel exposé? Quels ordinateurs?
Quelle copine? Quels élèves?
Quelle émission? Quelles oranges?

3 🕮 **Der Teilungsartikel** L'article partitif (→ GH, p. 29)

<u>Teilungsartikel</u>

Ils achètent	**du** miel. **de la** farine. **de l'**eau. **des** pommes.
Elle fait	**du** sport. **de la** gymnastique.

aber:

<u>Mengenangabe</u>

Ils achètent	**un pot de** **un kilo de** **une bouteille d'** **beaucoup de**	miel. farine. eau. pommes.
Elle **ne** fait	**pas de** **plus de**	sport. gymnastique.

a Übersetze die Beispielsätze auf S. 55 und vergleiche mit dem Deutschen.

b Übersetze.

1. Isabelle kauft Butter, Wasser, Mehl und Eier ein.
2. Amélie macht Sport.
3. Wir brauchen Äpfel, Orangen, Bananen.
4. Paul macht Musik.

c Vervollständige die Sätze mit den Wörtern in Klammern.

1. Il faut (Zucker, Brot, Honig)? Oui, s'il te plaît, achète (ein Kilo Zucker, etwas Brot und ein Glas Honig).
2. Il n'y a (kein Fruchtsaft)? Si, il y a encore (drei Flaschen Fruchtsaft).
3. Nous n'avons (keine Bananen mehr). Je vais acheter (zwei Kilo Bananen).
4. Il y a encore (Äpfel)? Oui, il y a encore (fünf Äpfel).

4 Die Verben Les verbes (→ GH, p. 32)

peler wie: **peser** (→ 145) **connaître** (→ 146) **savoir** (→ 147)

5 Die Relativpronomen Les pronoms relatifs (→ GH, p. 30–31)

qui Elle parle à un garçon **qui** porte un casque.
Il double une voiture **qui** ne roule pas vite.
Elle ne voit pas les garçons **qui** roulent à mobylette.
Il faut faire attention aux personnes **qui** sont à pied.

que C'est l'endroit **que** Yann cherche.
L'acrobatie c'est peut-être une chose **qu'**il veut/voudrait faire.
Yann n'aime pas les sports **que** ses copains pratiquent.
Voilà les questions **que** Yann veut poser.

où Il roule sur une **route** **où** il y a un embouteillage.
Le mardi, c'est le **jour** **où** Céline a son cours de danse.

a Übersetze die Beispielsätze mit „qui". Wofür steht „qui"?

b „Qui" ist immer das Subjekt des Relativsatzes. Auf „qui" folgt deshalb ein ___ .

c „Que" ist immer das Objekt des Relativsatzes. Deshalb folgt auf „que" das ___ des Relativsatzes.

6 Die Zahlen Les nombres (→ GH, p. 32)

Die Zahlen über 100		Die Ordnungszahlen
100	cent	le premier / la première
122	cent-vingt-deux	le/la deuxième
200	deux cents	le/la troisième
___		___

Pratiques et révisions facultatif

Vocabulaire

1 **a** *Complétez.* Findet so viele Wörter wie möglich, die zu „J'ai faim“ und „J'ai soif“ passen.

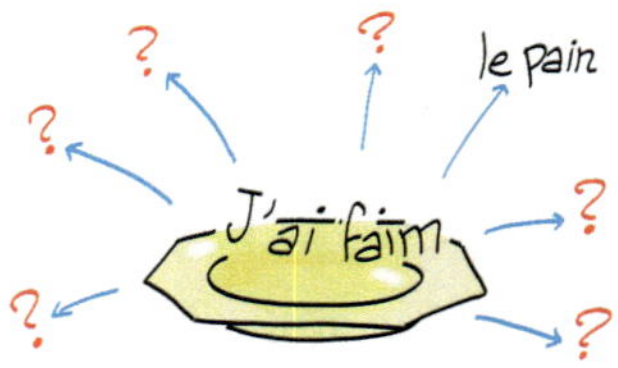

b ►► *Utilisez les mots de* **a** *et jouez.*

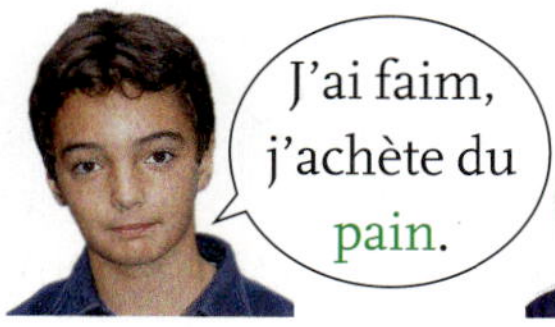

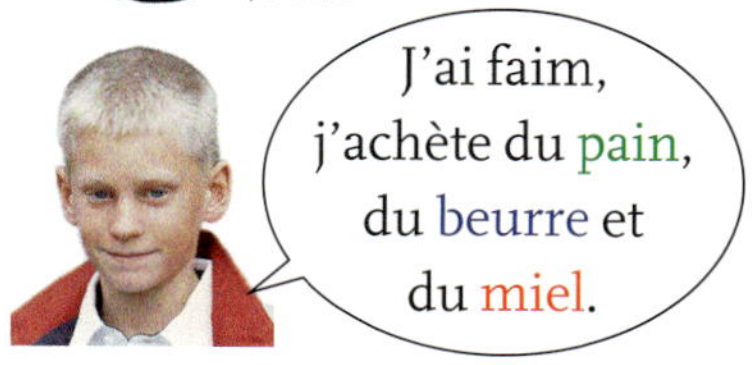

2 *Traduisez.* Welches Verb verwendest du im Französischen? (→ Textes, p. 47, 49, 52)

1. Ein Mittwochnachmittag ohne Schule vergeht sehr schnell.
2. Die Arbeit kommt vor dem Vergnügen.
3. Der Junge auf dem Fahrrad fährt zwischen den Autos durch.
4. Yann verbringt seine freie Zeit nicht mit Fußballspielen.
5. Pauline wird in die cinquième versetzt.
6. Die Zeit vergeht zu schnell.

Écouter

DELF C 39/4 **3** *Répondez. Où sont les touristes? Où est-ce qu'ils veulent aller? Comment est-ce qu'ils peuvent faire?*

DELF **4** **a** *Écoutez et faites la liste des courses.*

b *Maintenant, regardez le dessin et comparez avec votre liste. Qu'est-ce qui n'est pas sur le dessin?*

S'entraîner

5 *Fabienne a écrit un article dans «As de Cœur». Complétez par* qui, que, où. (→ Repères, p. 56/5)

L'école du cirque, c'est un endroit [?] on peut très vite oublier l'école. Moi, je vais à l'école du cirque de Nantes [?] je fais du trapèze. C'est un sport [?] j'aime beaucoup mais [?] est aussi un peu dangereux. Quand on tombe dans le filet, il faut tomber sur le dos.
Il y a encore un tas de disciplines [?] on peut apprendre à l'école du cirque: Il y a des garçons [?] font les clowns, un garçon [?] fait de l'acrobatie sur un vélo et des filles [?] je ne connais pas encore et [?] jonglent avec des assiettes et des cuillères. Un copain [?] est dans ma classe a fait des photos [?] je trouve super.

6 *Clémence a fêté son anniversaire. Qu'est-ce qu'il y a encore sur la table après la fête?* (→ Repères, p. 55/3)

a *Utilisez* du / de la / de l' / des.
Exemple: Il y a encore des frites.

b *Utilisez:*

		bouteille(s)
	un/e	peu
Exemple: Il y a encore deux assiettes de frites.	deux	assiette(s)
	___	moitié
		verre

Réviser

C 40/6 **7** *Faites un puzzle de phrases.*

Ihr benötigt Kärtchen in vier verschiedenen Farben. Auf die ersten Kärtchen schreibt ihr ein mögliches Subjekt, auf die zweiten ein Verb, das ein direktes und ein indirektes Objekt mit sich führt (raconter, dire, écrire, donner, demander, acheter). Den dritten Stapel beschriftet ihr mit möglichen direkten Objekten, den vierten mit möglichen indirekten Objekten. Zieht aus jedem Stapel eine Karte und bildet damit französische Sätze! Vergesst nicht das Verb zu konjugieren.
(⚠ ~~à + le~~ = **au**; ~~à + les~~ = **aux**)

Yann	*raconter*	une histoire	à son copain

La France en direct: Les loisirs. Le petit-déjeuner

8 **a** *On a demandé aux jeunes en France: «Qu'est-ce que vous aimez faire?» Voilà leurs réponses.*

b *Et vous, qu'est-ce que vous aimez faire? Faites le sondage* dans votre classe.*

* **le sondage** die Umfrage

Écouter de la musique	82 %	84 %
Apprendre des choses	76 %	83 %
Faire la fête avec des amis	79 %	78 %
Être en famille	55 %	72 %
Aller au cinéma	51 %	59 %
Faire du sport	63 %	45 %
Lire	44 %	54 %
Acheter des choses	34 %	42 %
Surfer sur Internet	23 %	20 %

sondage Ifop. Ministère de la Jeunesse et des sports.

«La radio, c'est la musique de tous les jours, comme Popstars ou Star Academy, la musique que les parents ne veulent pas nous acheter!» Amélie, 13 ans

9 *Le petit-déjeuner* chez Yann et chez Julia. Comparez.*

* **le petit-déjeuner** das Frühstück

Projet: Bienvenue à ...!

10 Euer französischer Gast frühstückt mit euch.
Schreibt eine weitere Szene für euer Theaterstück/Video.

Recherche

11 *Choisissez une ville de la p. 44 et faites un portrait de cette ville (habitants, monuments, personnages célèbres).*

Apprendre à apprendre

C 40/7 **12** **Wie du Vokabeln umschreiben kannst**

Gib nicht auf, wenn dir ein Wort nicht einfällt.
Es gibt immer mehrere Möglichkeiten ein Wort zu umschreiben.

1. Du kannst ein ähnliches Wort angeben. **C'est un autre mot pour** «ami». copain
2. Du kannst das Gegenteil angeben. **C'est le contraire* de** «grand». petit
3. Du kannst sagen, wozu etwas dient. **C'est pour** noter les devoirs. un cahier de textes
4. Du kannst das Wort mit einem Relativsatz umschreiben.

C'est	un endroit un truc une chose un fruit une personne un animal	où ___ . que ___ . qui ___ .

Trouve le mot:

C'est **un truc où** on peut mettre son argent.

C'est **une chose qu'**il faut mettre quand on fait du roller.

C'est un animal qui habite dans l'eau.

Probiere es gleich aus. Denk dir ein Wort aus, umschreibe es.
Die anderen müssen das Wort erraten.

* **le contraire** das Gegenteil

La vie de Jules Verne (1828–1905)

2. L'auteur

Jules Verne, qui a maintenant vingt ans, fait des études de droit à Nantes parce que son père le veut. Jules lit beaucoup. Il est toujours amoureux de Caroline. Mais elle ne l'aime pas.

Jules Verne va à Paris pour continuer ses études. Il a très peu d'argent. Alors, quelquefois, il ne mange pas pendant trois jours parce qu'il veut acheter des livres. Après ses études, il pourrait être magistrat à Nantes comme son père. Mais, il ne veut pas …

Monsieur Pierre Verne n'est pas content, mais Jules reste à Paris. Il travaille ici et là et écrit ses premiers livres, sans beaucoup de succès. Il oublie enfin Caroline et se marie avec Honorine.

Il a déjà trente-cinq ans quand il écrit «Cinq semaines en ballon». Et là, c'est tout de suite le succès. Des millions de jeunes vont lire ses livres. Les jeunes, bien sûr, mais les adultes aussi … Jules Verne a enfin assez d'argent pour acheter un bateau et faire des voyages. Il est riche et il est célèbre.

Les romans de Jules Verne racontent des voyages extraordinaires. Ses personnages font le tour du monde en 80 jours. Ils vont au centre de la terre. Ils marchent sur la lune.

Un de ses romans raconte l'aventure de quinze enfants qui vont rester deux ans seuls sur une île déserte. Jules Verne imagine l'avenir: dans ses livres, les gens peuvent envoyer très vite des messages et des images dans le monde entier. Son capitaine Nemo, écologiste avant l'heure, protège la mer et les baleines.

Jules Verne fait des voyages, écrit souvent sur son bateau et il voit très peu sa femme et son fils Michel. Il y a eu beaucoup de problèmes entre Jules et son père, mais entre Jules et son fils Michel, c'est la guerre.

Plus tard, beaucoup plus tard, Jules Verne et son fils vont se retrouver. Ils vont travailler et écrire ensemble. Après la mort de Jules, Michel va adapter ses romans au cinéma naissant.

l'auteur *m./f.* der Autor / die Autorin 2 **les études de droit** das Jurastudium 5 **amoureux/-euse de qn** in jdn verliebt **se marier avec qn** jdn heiraten 8 **continuer qc** etw. fortsetzen 9 **quelquefois** manchmal 12 **le magistrat** der Staatsbeamte **gagner sa vie** seinen Lebensunterhalt verdienen 16 **le succès** der Erfolg 20 **le million** die Million 21 **les adultes** die Erwachsenen 22 **riche** reich 23 **extraordinaire** außergewöhnlich 23 **le personnage** die Romanfigur 23 **faire le tour du monde** um die Welt reisen 24 **la terre** die Erde 24 **la lune** der Mond 26 **une île déserte** eine einsame Insel 26 **imaginer qc** sich etw. vorstellen, ausdenken 26 **l'avenir** *m.* die Zukunft 26 **envoyer qc** etw. schicken, verschicken 27 **l'image** *f.* das Bild 27 **le monde entier** die ganze Welt 27 **l'écologiste** *m./f.* der/die Umweltschützer/in 27 **avant l'heure** vorzeitig 27 **protéger qc** etw. schützen 28 **la baleine** der Wal 33 **la guerre** der Krieg 34 **plus tard** später 38 **la mort** der Tod 38 **adapter qc** etw. bearbeiten 40 **naissant/e** das gerade entstand

1 *Résumez la vie de Jules Verne entre 20 et 35 ans. (3 phrases)*

2 *Quel titre* correspond à quelle phrase du texte? (ligne 19–28)*

3 *Trouvez les titres de ces romans de Jules Verne en allemand.*

* **le titre** der (Buch)Titel

UNITÉ 4 *Non à la violence!*

Approches

Préparer l'écoute

1 *Écoutez la chanson. Comment est-ce que vous trouvez la musique, les paroles*? Donnez votre avis.*

Sur le même bateau

Refrain
On est sur le même bateau
On est sur la même mer
On est sur la même Terre
On est solidaire.

Il est petit et je suis grand
Je l'aide, je le comprends
Elle a dix ans, tu as treize ans
Tu la bouscules? Alors, tu es nul
Refrain

Il est brun ou il est blond
Je lui donne ma chanson
Elle est brune ou elle est blonde
Je lui parle, je lui réponds
Refrain

Ils sont d'ici, ils viennent de loin
On est dans le même train
Je leur dis: «On est vos copains»
Et je leur donne la main
Et je leur donne la main
Refrain

* **les paroles** *f. pl.* der Text eines Liedes

Comprendre

DELF **2** *Quelle phrase de la chanson correspond à quelle image? Écrivez les solutions dans votre cahier.*

1

2

Découvrir

3 **a** Ersetzt in den folgenden Zeilen des Liedes „lui“ und „leur“ durch ein Nomen. Die Bilder der Übung 2 helfen euch dabei.

Je lui parle, je lui réponds *(ligne 12)* → Je parle à ____ .
Je lui donne ma chanson *(ligne 10)*
Je leur dis: «On est vos copains» *(ligne 15)*
Et je leur donne la main *(ligne 16)*

b *Complétez.*

Charlotte téléphone à Julia. → Elle [?] téléphone.
Charlotte achète un cadeau à son frère. → Elle [?] achète un cadeau.
Charlotte pose des questions à ses professeurs. → Elle [?] pose des questions.
Charlotte parle à ses copines. Elle [?] parle.

c Wann verwendest du „lui“ und „leur“?

S’entraîner

C 43/1
C 43/2
C 43/3

4 *Complétez. Utilisez* lui *ou* leur. (→ Repères, p. 74/2)

Elle [?] pose des questions.
lui

Il [?] dit bonjour.
leur

leur
Elle [?] donne des pains au chocolat.

Il [?] écrit une lettre.
lui

Elle [?] répond.
lui

Il [?] raconte une histoire.
leur

Il faut faire quelque chose

Comprendre

DELF
C 44/1
C 45/4

1 **a** ►◄ *Trouvez de qui on parle. Utilisez* C'est / Ce sont ___ .

1. Deux garçons veulent **lui** voler son portable.

1. C'est le petit.

2. Charlotte veut **l'**aider.
3. Charlotte **leur** dit: «Arrêtez!»
4. Les garçons **la** tiennent par le bras.
5. Quand les garçons **les** voient, ils partent.
6. Les deux jeunes hommes veulent **leur** parler.
7. Charlotte **leur** dit merci.
8. Les garçons **lui** ont fait mal.
9. Le petit **lui** montre son bras.

b *Racontez l'histoire. Utilisez aussi les phrases de* **a** .

Exemple: Charlotte va au collège. Elle voit deux garçons qui agressent un petit. Ils veulent lui voler son portable. Alors, Charlotte veut ___ .

S'entraîner

C 44/2
C 45/5

2 ►◄ *Comment est-ce qu'ils sont? Utilisez des adjectifs. Faites attention à l'accord. Il y a plusieurs possibilités.* (→ Repères, p. 74/3)

Exemple: 1. Charlotte a eu un 16 en maths. → Elle est contente.

1. Charlotte a eu un 16 en maths.
2. Mehdi et ses copains ont perdu leur match.
3. Le petit pleure.
4. Yann et Charlotte aident les petits.
5. Ma copine m'aide toujours.
6. Mme Lecoq a gagné un voyage à Berlin.
7. Les deux jeunes n'ont pas peur.
8. Attention, ne joue pas avec ma chienne, elle peut te faire mal.

courageux *solidaire* *malheureux* *heureux* *gentil* *dangereux* *content* *triste*

C 44/3 **3** *Complétez. Utilisez un pronom d'objet indirect.* (→ Repères, p. 74/2)

C 46/6
C 46/7 **4** **a** *Donnez-leur des conseils. Utilisez l'impératif.* (→ Repères, p. 75/6)

Exemple: 1. Ton copain est fatigué. → Ne sors pas ce soir, va au lit.

1. Ton copain est fatigué. → *sortir* ce soir / *aller* au lit
2. Tes parents ne sont pas en forme. → *rester* à la maison / *faire* du sport
3. Ta copine voit un enfant blessé. → *hésiter* / *crier* «Au secours!»
4. Ton copain a mal à la jambe. → *jouer* au foot cet après-midi / *regarder* la télé
5. Ta copine veut partir, mais tu ne veux pas. → *partir* / *rester* encore un peu
6. Ton copain a perdu son porte-monnaie. → *hésiter* / *aller* au commissariat
7. Ta copine est malade. → *aller* à l'école / *rester* à la maison
8. Tes copains veulent aller en ville; mais demain, vous faites une interro d'anglais. → *sortir* / *apprendre* pour l'interro

b *À vous. Faites des phrases.*

faire aller rester jouer à retourner aider
apprendre pleurer parler partir venir

Vocabulaire

5 **a** *Où est-ce qu'ils ont mal? Répondez.* Il/Elle a mal à l' / à la / au / aux ____ .

b *Pourquoi est-ce qu'ils ont mal? Imaginez et répondez.*

Exemple: Il a mal au ventre parce qu'il a mangé trop de chocolat.

Jeu de rôle

6 ►◄ *Tu es en France. Tu es blessé/e parce que tu es tombé/e. Une femme arrive et te parle. Préparez le dialogue, puis jouez la scène à deux.* (→ Repères, p. 74/1)

Die Frau fragt, was du hast. → Du sagst, dass du mit dem Fahrrad / mit den Inlineskates / mit dem Skateboard hingefallen bist.
↙
Sie fragt dich, wo es dir wehtut. → Du antwortest.
↙
Sie beruhigt dich und sagt, dass sie dir helfen kann. Dort drüben ist eine Apotheke. Sie wird mit dir hingehen. → Du bedankst dich und sagst der Frau, dass sie nett ist.

Activité

7 **a** *Décrivez les dessins.* (→ p. 51/8)

b ◐ *Regardez encore une fois la première image. À votre avis, qu'est-ce que l'homme dit à la jeune femme? Qu'est-ce qu'ils vont faire? Imaginez.*

appeler la police* *hésiter* *partir*
parler à *crier* *être* solidaire ___

* **la police** die Polizei

On ne peut pas accepter ça

Charlotte arrive en retard au collège. Le surveillant a déjà fermé la porte. Il n'y a personne dans la cour. Tout le monde est déjà en classe! Charlotte doit sonner. Elle déteste ça. Un surveillant arrive. Il lui ouvre la porte, mais il n'est pas content.

«Tu exagères, Charlotte, tu n'es jamais à l'heure. Tes parents ne peuvent pas t'offrir un réveil pour ton anniversaire?
– Je suis désolée, Monsieur, mais aujourd'hui ce n'est pas ma faute ...»
Pendant la récréation, elle raconte l'histoire à ses camarades.
«C'est qui, ces deux types? demande Clémence, tu connais leur nom?
– Non, répond Charlotte, je ne sais pas qui c'est. Mais ils sont au collège. Un des deux est assez grand, brun, son copain est blond, pas très grand. Ça vous dit quelque chose?
– On les connaît, dit Mehdi, ce sont Ibrahim et Benoît. Ils frappent les petits. Et ils leur volent leurs affaires ou leur prennent de l'argent. Les petits n'osent pas parler. Et les copains qui savent ne font rien parce qu'ils ont peur aussi.
– Qui t'a raconté ça?
– Mon frère. Il les connaît bien, ils ont été dans sa classe.
– Il faut aller chez Monsieur Lecomte. Il faut lui raconter tout ça, dit Yann.
– Chez le principal? Je ne sais pas, dit Charlotte. Je ne veux pas les dénoncer. Je n'aime pas trop ça ...
– Écoute, on ne peut pas accepter ça, dit Clémence. Ils vont recommencer.
– Tu as raison. Je vous propose une chose, dit Yann, on parle à Leïla. Je suis sûr qu'elle va avoir une idée.»

Leïla est surveillante au collège. Elle est jeune, sympa et connaît bien les problèmes des élèves.
Leïla dit que le problème est très grave et qu'il faut parler au principal, mais à son avis, il faut aussi lancer une opération «ruban vert» et écrire ensemble une charte contre la violence.
«Qu'est-ce que c'est, une opération «ruban vert»? demande Clémence.
– Je t'explique, dit-elle. Quand on porte un ruban vert, ça veut dire: Je suis contre la violence. J'aide un petit ou un camarade en danger ...»

Comprendre

DELF C 47/1

1 *Répondez aux questions.*

1. Charlotte arrive en retard. Qu'est-ce qu'elle doit faire?
2. Qu'est-ce que Charlotte fait pendant la récréation?
3. Qui sont «les deux types»? Faites leur portrait.
4. Que pense Yann? Est-ce que les copains sont d'accord avec lui? Pourquoi?
5. Qui est Leïla? Faites son portrait.
6. Qu'est-ce qu'il faut faire à son avis?

Écouter

DELF C 48/4 **2** *Comment s'appelle ce garçon?*
Écoutez les trois textes et répondez.

S'entraîner

4

3 **a** *Dites le contraire. Utilisez* ne … personne, ne … rien *ou* ne … jamais. (→ Repères, p. 75/7)

1. Julien et son frère agressent tout le monde. → Pierric n'agresse ___ .
2. Paul hésite toujours. → Pauline ___ .
3. Isabelle fait quelque chose contre la violence. → Philippe ___ contre ___ .
4. Yvon porte toujours son ruban vert. → Annick ___ .
5. Laurent a toujours peur. → Tarik ___ .
6. Vanessa dit quelque chose quand elle a un problème. → Jeannette ___ .
7. Élodie reste toujours seule. → Mathilda, ___ .
8. Mathilda est sympa. Elle aide toujours ses camarades. → Philippe n'est pas sympa, il ___ .

b *Qu'est-ce que vous faites toujours? Qu'est-ce que vous ne faites jamais?*

C 48/3 **4** *Faites des slogans.*
(→ Repères, p. 75/6):

Ne/N'___ pas	*manger*	dans la salle de bains
Ne/N'___ jamais	*parler* *faire*	pendant les cours
Ne/N'___ rien	*écrire*	dans le bus
	dire *pleurer*	aux animaux
	téléphoner	avec vos parents
	discuter	aux professeurs
	donner	vos devoirs sur la table
	demander	avec votre ordinateur
	oublier	dans la cour
	bousculer	vos camarades

Réviser: Les verbes en «-ir»

C 47/2 **5** *Choisissez un verbe et un étage. Votre voisin/voisine forme une phrase avec la forme conjuguée.*

Exemple:
– Le verbe «ouvrir» va au septième étage.
– J'ai ouvert la porte de l'armoire.

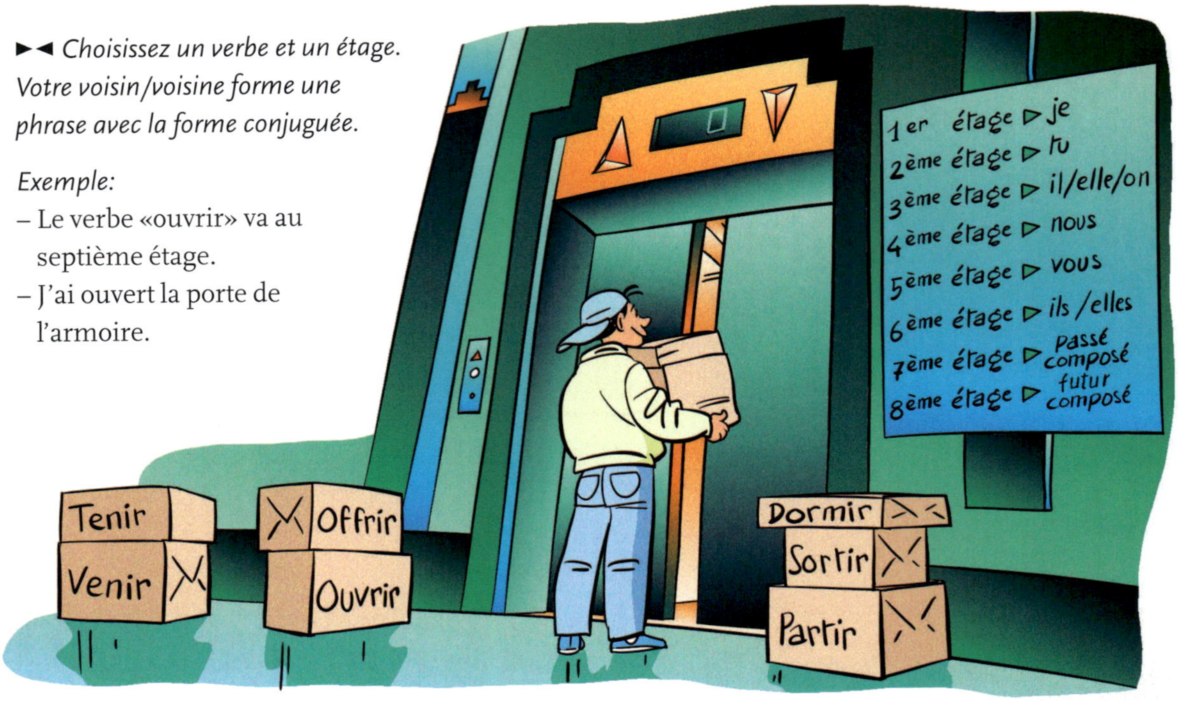

Discuter

6 *Vous voulez changer quelque chose dans votre école? Faites des propositions et discutez. Vous pouvez utiliser:*

On va chez ___ . On pourrait parler à ___ .
On raconte ça à ___ .
On lance une opération ___ .
Il faut aller ___ . Il faut faire ___ .

Je ne sais pas, je n'aime pas ___ .
Je suis d'accord.
Je ne veux pas les dénoncer.
C'est génial! Je suis contre.
Tu as raison, mais il faut ___ .
Très bien, ton idée. Je n'aime pas trop ça.
À mon avis, ___ .

Activité

7 *Les élèves vont chez le principal. Continuez l'histoire. Écrivez, puis lisez vos propositions.*

«Il faut aller chez Monsieur Lecomte et lui raconter l'histoire, dit Yann.
– Tu as raison», disent ses amis et ils vont chez le principal.
Dans le bureau* de Monsieur Lecomte:
«Pardon, Monsieur, on peut ___ ?» *Continuez.*

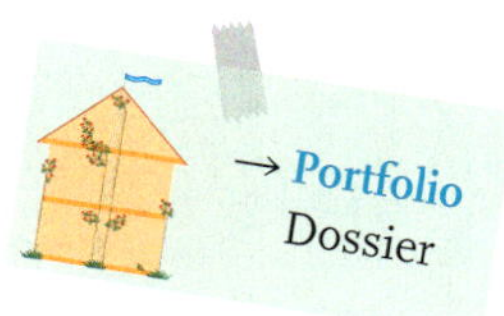

* **le bureau** das Büro

Il faut réagir!

Les quatre copains ont lancé une opération «ruban vert» au collège. Et dans leur magazine «As de cœur» ils ont posé la question: Que pensez-vous du ruban vert? Voici les réactions de leurs camarades.

» À mon avis les rubans verts, c'est bien joli mais c'est inutile. Réfléchissez: Ça ne sert à rien. ÉLODIE

» Il y a trop de gens qui sont égoïstes. Ils regardent les agresseurs derrière leurs fenêtres. Ils n'applaudissent peut-être pas, mais ils ne font rien. Nous, nous agissons. Il y a le ruban mais aussi la charte contre la violence. Nous respectons cette charte et nous sommes nombreux. YVON

» Beaucoup ne disent rien parce qu'ils ont peur. Ils n'ont rien vu, ils n'ont rien entendu. Ils n'ont vu personne! Moi, je pense qu'il faut réagir et je réagis avec le ruban vert. C'est un signe pour les victimes. Ça veut dire: N'aie pas peur. Tu n'es plus seul. J'ouvre les yeux et les oreilles! Je suis là et tu peux me parler de ton problème. PHILIPPE

» Je n'ai jamais été victime de la violence, mais je pense qu'il faut être solidaire. Pourquoi porte-t-on le ruban vert? Pour montrer qu'on est contre la violence. SIMON

» Il ne faut pas accepter la violence, même dans les mots. Les jeunes qui portent le ruban disent aux agresseurs: Faites attention, car nous sommes là, et nous sommes nombreux. Dans la vie, il faut choisir son camp! LAETITIA

» On n'a rien dit et on n'a rien fait pendant longtemps. Maintenant, on agit enfin. Et c'est bien. Une fille du collège Jules Verne m'a téléphoné. Eux aussi, ils ont réfléchi, ils vont lancer une opération. On leur a donné l'exemple. Ne trouvez-vous pas que c'est génial? LOÏC

» C'est une idée quand on n'a plus d'idées. Soyez réalistes: vos histoires de ruban vert, ça n'apporte rien. LAURENT

» Faites-vous du judo? Ça, c'est utile. ANNICK

» Il y a toujours des gens pour critiquer. Mais, à mon avis, l'opération est super et je porte mon ruban toujours et partout. J'ai des copains qui me trouvent ridicule. Et alors? Ça m'est égal, c'est leur problème. MATHILDA

4

Comprendre

DELF C 49/1

1 **a** *Les jeunes parlent de l'opération «ruban vert». Qui est pour? Qui est contre? Pourquoi? Faites la liste de leurs arguments.*

b *Et vous? Vous êtes pour ou contre le ruban vert? Dites pourquoi.*

Écouter

DELF **2** 🎧 *C'est vrai ou faux? Justifiez vos réponses.*

1. Matthieu est contre l'opération «ruban vert».
2. Pour lui, la violence à la télévision explique la violence chez les jeunes.
3. Il veut comprendre la violence chez les jeunes.
4. Camille sait pourquoi beaucoup de jeunes sont agressifs*.
5. Elle est pour l'opération «ruban vert».
6. Elle pense que la violence n'est jamais une bonne solution.

* **agressif/-ve** aggressiv

Découvrir

3 **a** *Relisez le texte et complétez la grille dans votre cahier.*

agir	réagir	réfléchir	choisir	applaudir
j'___	je réagis			
tu ___				
___				

b *Quel est le passé composé de ces verbes?*

S'entraîner

C 50/4
C 50/5 **4** ►◄ *Travaillez à deux. A choisit un verbe et un pronom personnel sujet (je, tu ...), B conjugue le verbe. Puis, changez les rôles.*

agir — applaudir — réfléchir — réagir — choisir

C 50/6 **5** **a** *Voici des titres d'articles du journal «As de cœur». Posez les questions avec* est-ce que.

Que lisez-vous?

Faut-il passer son ASSR?

Connaissez-vous votre CDI?

Que pensez-vous du ruban vert?

Pourquoi dit-on «avoir un caractère de chien?»

Pourquoi allume-t-on des citrouilles* pour Halloween?

* **la citrouille** der Kürbis

b ◐ *À vous. Trouvez d'autres titres pour «As de cœur». Utilisez l'inversion.* (→ Repères, p. 75/8)

C 49/3 **6** ►◄ *Posez ces questions à vos camarades. Ils répondent et utilisent* ne … rien *ou* ne … personne *dans les réponses.* (→ Repères, p. 75/7)

Exemple:
1. – Qu'est-ce que tu as fait ce week-end?
   – Je n'ai rien fait.

1. Qu'est-ce que tu as fait ce week-end?
2. Est-ce que tu as vu quelqu'un au ciné?
3. Tu as trouvé quelque chose pour l'anniversaire de ta mère?
4. Est-ce que tu as compris?
5. Qu'est-ce que tu as dit?
6. Tu as parlé au principal?
7. Qu'est-ce que tu as mangé à midi?
8. Tu as déjà invité des copains pour ta fête?
9. Est-ce que tu as fait la connaissance de quelqu'un à Nantes?

7 **a** *Qu'est-ce que vous avez déjà fait, qu'est-ce que vous n'avez jamais fait? Utilisez* ne ___ jamais.

Exemple: J'ai déjà fait de l'acrobatie. / Je n'ai jamais fait d'acrobatie.

faire de l'acrobatie *passer ses* vacances à Tahiti *aller* à Paris
sortir jusqu'à minuit *jouer* dans un film avec Brad Pitt *monter* sur la tour Eiffel
porter un ruban vert *lire* une bédé en français *passer son* ASSR
perdre son porte-monnaie *écrire* un roman *garder* le bébé des voisins

b ◐ *À vous. Trouvez d'autres exemples.*

Vocabulaire

C 50/7 **8** *Expliquez ces adjectifs. Vous pouvez utiliser* quelqu'un, quelque chose, une personne, une chose, ___ . (→ Apprendre à apprendre, p. 59/11)

égoïste solidaire fatigué
malheureux pauvre déprimé
seul sympa courageux
gentil grave mignon
inutile interdit malade

Exemples: égoïste
1. Une personne égoïste, c'est une personne qui ne fait rien pour les autres.
2. On dit que quelqu'un est égoïste quand il ne pense pas aux autres.
3. Cette fille est égoïste: les problèmes des autres ne l'intéressent pas.

Activité

9 *Imaginez des slogans contre la violence. Vous pouvez aussi faire des dessins, des affiches ou des collages «contre la violence». Pour vous aider, vous pouvez regarder le site* www.okapi.bayardpresse.fr. *ou* www.rubanvert.net

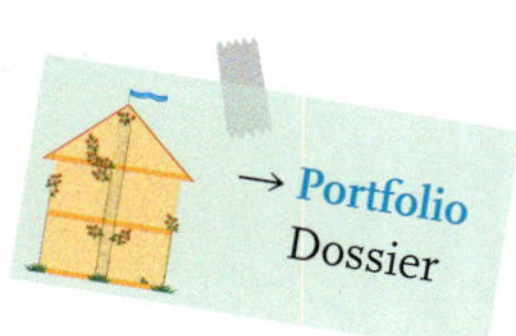

Repères

Qu'est-ce qu'on dit?

C 48/5 **1**

Du sagst, wo es dir wehtut:	J'ai mal au ventre / à la jambe / au bras / ___ .
Du tröstest jemanden:	Ce n'est pas grave. / Ne sois pas triste.
Du sagst, dass dir jemand Angst macht:	Il/Elle me fait peur.
Du rufst um Hilfe:	Au secours!
Du beruhigst jemanden:	N'aie / N'ayez pas peur.
Du entschuldigst dich:	Ce n'est pas ma faute. / Je suis désolé/e.
Du gibst jemandem Recht:	Tu as raison.
Du sagst, dass du dir sicher bist:	Je suis sûr/e que ___ .
Du sagst deine Meinung:	À mon avis, ___ / Moi, je pense que ___ .
Du findest etwas unnütz:	Ça ne sert à rien. / C'est inutile. / Ça n'apporte rien.
Du warnst jemanden vor etwas:	(Fais/Faites) attention!
Du sagst, dass dir etwas egal ist:	Ça m'est égal.

Grammaire

Gliederung = PP + (z.B. veux) + OP + Infinitive

2 **Die indirekten Objektpronomen** Les pronoms d'objet indirect (→ GH, p. 34)

♂	♀
me	
te	
lui	
nous	
vous	
leur	

a Vergleiche die indirekten mit den direkten Objektpronomen. Welche Formen unterscheiden sich?

b Übersetze:
1. Die Jungen haben mir weh getan.
2. Ich werde dir etwas erzählen.
3. Clémence spricht mit ihm.
4. Mehdi gibt ihr die Hand.
5. Charlotte hat uns geschrieben.
6. Leïla stellt euch Fragen.
7. Yann schlägt ihnen etwas vor.

3 **Die Adjektive auf „-eux"** Les adjectifs en «-eux» (→ GH, p. 35)

♂		♀	
il est	courag**eux**	courag**euse**	elle est
ils sont	courag**eux**	courag**euses**	elles sont

Welche Adjektive auf „-eux" kennst du noch?

4 Die Verben auf „-ir“ Les verbes en «-ir» (→ GH, p. 36)

	choisir		ouvrir
je	choisis	j’	ouvre
tu	choisis	tu	ouvres
il/elle/on	choisit	il/elle/on	ouvre
nous	choisissons	nous	ouvrons
vous	choisissez	vous	ouvrez
ils/elles	choisissent	ils/elles	ouvrent
participe	choisi	participe	ouvert
ebenso:	agir, applaudir, réfléchir, réagir	*ebenso:*	offrir

5 Die Verben Les verbes

dénoncer, **lancer** wie: **commencer** (→ p. 145)
exagérer wie: **préférer** (→ p. 145)

servir wie: **sortir** (→ p. 147)
prévenir, (ê)**revenir**, **tenir** wie: **venir** (→ p. 147)

6 Der verneinte Imperativ L’impératif négatif (→ GH, p. 38)

Ne crie **pas**.
⚠ **Ne** sois **pas** triste.
⚠ **N’**aie **pas** peur.

Ne mangeons **pas** trop de chocolat.
Ne soyons **pas** égoïstes.
N’ayons **plus** peur.

Ne pleurez **plus**.
Ne soyez **pas** en retard.
N’ayez **pas** peur.

7 Die Verneinung mit „ne … personne“, „ne … rien“ und „ne … jamais“

La négation avec «ne … personne», «ne … rien» et «ne … jamais» (→ GH, p. 37)

Elles	**ne**		font	**rien**	contre la violence.
Il	**ne**		faut	**jamais**	accepter la violence.
Il	**n’**	y	a	**personne**	dans la cour.
Elles	**n’**		ont	**rien**	dit.
Ils	**n’**		ont	**jamais**	aidé les victimes.
Mes copains	**n’**		ont vu	**personne**.	
Ils	**ne**		peuvent inviter	**personne**.	

a Vergleiche die Stellung der Verneinungswörter „ne … rien“, „ne … jamais“ und „ne … personne“.

b Übersetze:
1. Clémence geht nie ins Kino.
2. Ich verstehe nichts.
3. Er sieht niemanden.
4. Er hat niemanden gesehen.
5. Sie hat niemanden gefunden.
6. Sie hat nie Fussball gespielt.
7. Sie will niemanden einladen.

8 Die Inversionsfrage L’interrogation avec inversion (→ GH, p. 38)

Que **fait-il**?
Ne **trouvez-vous** pas que c’est génial?
Faites-vous du sport?

⚠ Que **pense-t-il** du ruban vert?
Pourquoi **porte-t-elle** le ruban vert?
Comment **va-t-il** à l’école?

Beschreibe die Reihenfolge der Satzglieder in der Inversionsfrage.

Vocabulaire

C 49/2 **1** *Complétez.*

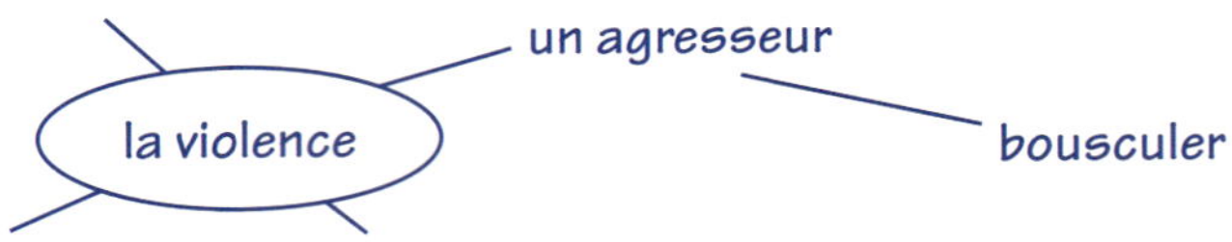

S'entraîner

2 **Le puzzle des phrases** (→ p. 58/7)

Nehmt die Karteikarten von eurem Satzpuzzle aus Unité 3. Schreibt auf die Rückseite der Karteikarten mit den indirekten Objekten die indirekten Objektpronomen. Für ein indirektes Objekt im Singular (à Isabelle) steht „lui". Für ein indirektes Objekt im Plural („aux enfants") schreibt ihr „leur". Bildet nun Sätze! Achtung: Die Objektpronomen stehen vor dem Verb!

Yann	*acheter*	un cadeau	à sa sœur
Yann	lui	*achet?*	un cadeau

3 **a** ►◄ *Trouvez des idées de cadeaux et faites des dialogues.*

parents sœur
tante frère
copain copine
___

Exemple:
– Qu'est-ce qu'on offre à Mehdi?
– On lui offre un kilo de pommes de terre.
– Un kilo de pommes de terre?
– Mais oui, il adore les frites.

b ◐ ►◄ *Posez des questions avec* pourquoi *et trouvez des réponses. Utilisez* lui, leur *ou* le, la, les, l'.

Exemple:
1. J'ai des problèmes en maths, mais je ne peux pas demander à mon frère.

2. Je n'achète pas ces rollers.
3. Je ne peux pas téléphoner à Julia.
4. Je vais lire ce roman de Jules Verne.
5. Je ne veux pas offrir cette bédé à ma sœur.
6. Nous lançons l'opération «ruban vert».
7. Les élèves n'écrivent pas à leurs correspondants.
8. Ma sœur aide ses copines en anglais.

Réviser

4 **a** *Regardez les phrases. Dites si* leur *est pronom ou déterminant. Exemple:*

Ils aiment **leurs** correspondants et ils **leur** écrivent souvent.

leur(s) + nom = déterminant leur + verbe = pronom

Tipp:
⚠ Nur der Possessivbegleiter „leur“ kann ein „-s“ haben.

1. Charlotte aime bien ses grands-parents. Elle **leur** raconte beaucoup de choses.
2. Aujourd'hui, elle **leur** parle de l'opération «ruban vert».
3. Charlotte et ses copains portent toujours **leur** ruban.
4. Ses grands-parents trouvent **leur** idée super.
5. Ils parlent de l'opération «ruban vert» à **leurs** amis.
6. Ils **leur** demandent: Est-ce que nous lançons aussi une opération «ruban vert»?

b *Traduisez les phrases de* **a** .

Activités

5 ►◄ *Votre camarade choisit un personnage. Posez des questions pour trouver qui c'est. Votre camarade répond par* «oui» *ou par* «non».

6 Sucht Informationen über die Bretagne. In der Unité 6 werdet ihr sie brauchen.
www.breizhtourisme.free.fr/

Comité départemental du Tourisme
1, rue Martenot
F-35000 Rennes

Projet: Bienvenue à ...!

7 Euer/e Austauschpartner/in erlebt etwas Unerfreuliches. Überlegt, was es sein könnte:

- Er/Sie verliert oder vermisst etwas.
- Er/Sie hat Heimweh*.
- Er/Sie verletzt sich oder fühlt sich nicht wohl.
- Er/Sie wird in der Stadt belästigt oder bedroht.

Ihr müsst eurem Gast helfen, ihn trösten, mit ihm in die Apotheke gehen, zur Polizei oder zum Schulleiter ... Überlegt, wie ihr eurem/eurer Austauschpartner/in helfen könnt, und schreibt die Szene!

→ Portfolio Dossier

* Heimweh **le mal du pays**

Apprendre à apprendre

DELF C 51/8 C 51/10 **8** **Wie du Texte leichter entschlüsseln kannst**

Wie kannst du einen französischen Text verstehen, obwohl er dir unbekannte Wörter und Ausdrücke enthält? Schreibe deine Vorgehensweisen auf!
Hier ein weiterer Tipp: In Texten gibt es immer wichtigere und unwichtigere Wörter. Die wichtigeren Wörter sind „Schlüsselwörter“, die dir das Textverstehen ermöglichen. Deshalb solltest du in einem unbekannten Text nach Schlüsselwörtern suchen. Probiere es gleich mit der Übung La France en direct aus.

La France en direct: Opération «ruban vert»

DELF **9** ►◄ Lies den Text durch. Schreibe dir Schlüsselwörter heraus und erzähle mit ihrer Hilfe nach, worum es in diesem Text geht.

Au Québec aussi, le Ruban Vert fait la différence!

NON À LA VIOLENCE AU COLLÈGE

Chez les ados québécois, le racket a pour nom "taxage". Les élèves du collège Durocher-Saint-Lambert ont décidé de se bouger. Depuis 5 ans, ils organisent chaque année une opération Ruban Vert.

PL@NET COLLÈGE

«L'an dernier, 630 élèves ont signé le ruban vert. Comme ça, je pense que les autres élèves se sont dit: "C'est pas seulement pour les cons!" Signer le manifeste nous a fait comprendre que la violence, c'est quelque chose de sérieux. La violence n'est pas seulement physique, mais aussi verbale et psychologique. Nos parents eux aussi ont signé le manifeste et porté le ruban vert. Dans ma classe, nous avons maintenant un comité harmonie (c'est une suite du ruban vert) où nous pouvons parler de ce que nous vivons au collège. J'ai vu un changement dans l'attitude des élèves. Certains pensent à leur engagement avant de poser un geste ou de dire une parole blessante.»

Dawn, 13 ans, élève au collège Duracher

PHOTOS : DR

Pour visiter le site Internet de notre collège Durocher-Saint-Lambert, clique sur: www.cdsl.qc.ca/

Tu vis dans un pays étranger? Tu habites un département ou un territoire français d'outre-mer? Propose à ta classe d'écrire à *Okapi*. Pour en savoir plus, rendez-vous sur le site Internet d'*Okapi*.

d'après: Okapi

LE QUIZ DE «AS DE CŒUR»

Les expressions imagées, on adore!
Fais ce quiz et compare tes résultats avec les solutions, p. 223

Auteurs: Anna et Imane, 6ème D

1 prendre ses jambes à son cou[1]

A avoir faim
B être fatigué
C courir[2] très vite

2 casser les pieds de quelqu'un

A déranger quelqu'un
B faire mal à quelqu'un
C bousculer quelqu'un

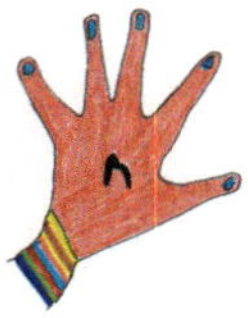

3 avoir un poil[3] dans la main

A adorer le travail
B ne pas aimer travailler
C être blessé

4 donner sa langue au chat

A demander la solution[4] d'une devinette[5]
B aimer beaucoup les chats
C être très gentil

5 avoir les yeux plus grands que[6] le ventre

A ne pas pouvoir finir son assiette[7]
B être gentil/le
C avoir peur

6 avoir un chat dans la gorge[8]

A dénoncer quelqu'un
B être enroué[9]
C avoir des problèmes

7 avoir une dent contre quelqu'un

A avoir trop chaud
B avoir froid
C ne pas aimer quelqu'un

8 se lever[10] du pied gauche

A être en retard
B être de mauvaise humeur[11]
C tomber

1 *Faites le quiz.*

2 *Trouvez des expressions correspondantes en allemand.*

3 *Choisissez une expression française et illustrez-la. Puis faites un album avec les dessins de vos camarades.*

4 *Trouvez d'autres expressions imagées.*

http://rustrel.free.fr/idiomatiques.htm

1 **le cou** der Hals (Nacken) 2 **courir** rennen 3 **le poil** das Haar 4 **la solution** die Lösung 5 **la devinette** das Rätsel 6 **plus grand que** größer als 7 **finir son assiette** aufessen 8 **la gorge** der Hals 9 **être enroué/e** heiser sein 10 **se lever** aufstehen 11 **être de mauvaise humeur** schlecht gelaunt sein

UNITÉ 5 *Les choses de la vie*

Approches

Les vêtements et les couleurs

Découvrir

1 La jupe **noire** → der **schwarze** Rock. *Continuez.*
Lisez les mots de la page 80 et traduisez-les. Comparez la place de ces adjectifs en français et en allemand.

S'entraîner

C 56/1
C 56/2
C 56/3

2 ►► *Formez les phrases.*

1. Max 2. Tilo 3. Léo 4. Luc 5. Marie 6. Léa 7. Paul 8. Julie 9. Tarik 10. Ines

Exemple: Max porte une casquette verte. Et Tilo? *Continuez.*

Écouter et s'entraîner

DELF **3** **a** *Écoutez et trouvez «X».*

b ►◄ *Choisissez «votre X» sur le dessin de* **a** .
Votre voisin/e pose des questions et devine.

Exemple:
Est-ce que «X» porte un pull rouge?

5

Jouer

C 61/5 **4** *Faites des devinettes dans la classe. Décrivez les vêtements d'un/e camarade. Vos camarades devinent. L'élève qui a trouvé la solution continue.*

Exemple:
A: «X» porte un tee-shirt rouge.
B: C'est Tatjana?
A: Non. «X» porte aussi un jean noir.
C: Alors, c'est Kathrin?
A: Oui!

Préparer l'écoute

1 Hört euch das folgende Gespräch an. Wer spricht? Was sagt der Tonfall der Personen über die Situation aus? Worum könnte es bei diesem Gespräch gehen?

Une idée intéressante?

Charlotte rentre du collège et trouve sa mère dans sa chambre. Une mère fâchée et fatiguée. Madame Bouvier n'est pas contente. Pourquoi? D'abord, la chambre de Charlotte est en désordre. Et puis, elle a trouvé dans la chambre de sa fille un tube de teinture verte pour les cheveux. Sa fille a les cheveux bruns, elle a de beaux cheveux, et elle veut les colorer ... en vert!

Mme Bouvier: Charlotte, tu perds la tête. Les cheveux verts! C'est la nouvelle mode?

Charlotte: Moi, je trouve ça très beau. Et puis, Maman, qu'est-ce que tu fais dans ma chambre? Tu fouilles dans mes affaires?

Mme Bouvier: Je ne fouille pas dans tes affaires, je range! Il y a des vêtements partout, sous le lit, sur les chaises et même des CD sous la table. Tu retrouves encore tes affaires de classe dans ta chambre?

Charlotte: Oui, mais quand tu ranges, je ne retrouve plus rien.

Mme Bouvier: Eh bien, tu ranges, toi, s'il te plaît. Moi, je travaille du matin au soir ... Mais, qu'est-ce que c'est, ce nouveau sweat?

Charlotte: Quel sweat?

Mme Bouvier: Le sweat que tu portes. Je ne le connais pas.

Charlotte: Il est à Clémence. Enfin, maintenant il est à moi. J'ai échangé ma veste bleue contre son sweat. Il ne te plaît pas?

Mme Bouvier: Non, mais je rêve! Tu as échangé ta belle veste bleue contre un sweat? C'était le cadeau de ta grand-mère pour ton anniversaire!

Charlotte: Oui, mais le noir, ça va mieux avec les cheveux verts. Heu ... Tu penses que Mamie va être fâchée?

Comprendre

DELF C 57/1 **2** **a** *Mme Bouvier est fâchée pour trois raisons. Lisez le texte et trouvez-les.*

b *Charlotte aussi est fâchée. Pourquoi?*

Découvrir

3 *Cherchez les adjectifs dans le texte. Écrivez-les avec leur nom. Que remarquez-vous?*

S'entraîner

C 58/3 C 58/4 C 59/6 **4** *Mettez les adjectifs à la bonne place. Attention à l'accord!* (→ Repères, p. 90/3)

1. blanc / vert

2. joli / blond

3. jaune / beau

4. nouveau

5. grand

6. beau / nouveau

C 58/5 C 59/7 **5** *C'est bientôt ton anniversaire. Qu'est-ce que tu voudrais avoir?* (→ Repères, p. 90/3)

De ma grand-mère, je voudrais un nouveau portable.

beau bon grand
intéressant joli noir nouveau
petit rouge vert ____

une montre des livres un vélo un gâteau
une veste des rollers un sac un casque
des lunettes de soleil un atlas
un ordinateur une affiche des CD ____

Jeu de rôle

C 59/8 **6** **a** *Apprenez le dialogue de Charlotte et de sa mère et jouez-le.*

b *Vos parents n'aiment pas votre désordre / vos vêtements / ____ . Imaginez le dialogue.*

Tu as vu cet imper?

AS DE CŒUR

LES FRINGUES ET NOUS

Est-ce que la mode est très ou trop importante pour nous, les jeunes? Est-ce qu'on dépend des marques? Vous nous avez donné votre avis.

Dans ma classe, on regarde beaucoup les vêtements des copains. C'était déjà comme ça l'année dernière, mais maintenant, c'est encore plus important. Il faut mettre des fringues à la mode – et il faut avoir la bonne marque sinon les copains rigolent. Mais pour moi, il y a des choses aussi importantes ou plus importantes que ça. Et je ne veux pas faire de pub pour Untel ou Machin.

MATHILDA

Les vêtements et la mode sont trop importants pour nous. Pendant la récréation, on critique les fringues des copains: «C'est moche, cette robe longue, et ces baskets ...» ou: «Ce sweat rouge avec un pantalon bleu ... Ça ne va pas ensemble, je trouve.» Il faut acheter des vêtements aussi chers que les fringues du copain, il faut être aussi belle que la copine ... Mais tout le monde ne peut pas.

LUDOVIC

Tout le monde aime être à la mode et avoir les bonnes marques. Moi aussi! J'aime avoir des pulls chics, des trucs de meilleure qualité, de jolies couleurs! C'est moins triste que l'uniforme des jeunes Anglais, non?

NATHALIE

Comprendre

DELF C 60/1 **1** **a** ►◄ *«La mode est trop importante.» Lisez le texte, p. 84 et notez les arguments des trois élèves. Qui est d'accord avec cette idée? Qui n'est pas d'accord?*

b *Quel est votre avis? Notez vos arguments, puis discutez.* (→ Annexe, p. 140)

Découvrir

2 **a** *Traduisez ces phrases.*

1. Paul est plus grand que Max.
2. Léo est aussi grand que Paul.
3. Max est moins grand que Paul et Léo.

b Sucht auf S. 84 alle Vergleiche und schreibt sie in euer Heft.

c Wie vergleicht man im Französischen?

S'entraîner

C 61/3 C 61/4 **3** **a** *Comparez. Utilisez:* + plus/ = aussi/ − moins + *adjectif* + que. (→ Repères, p. 91/4)
⚠ *Pensez à l'accord de l'adjectif.*

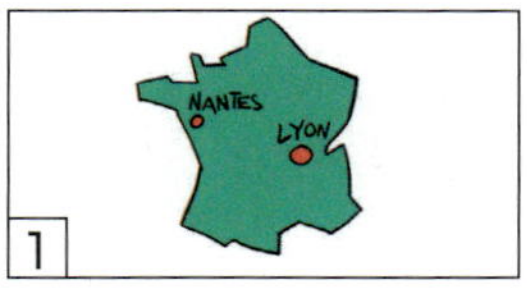

Nantes / Lyon
− grand

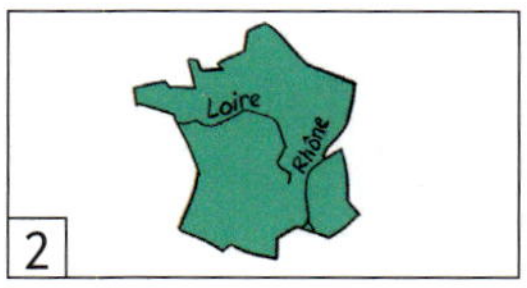

la Loire / le Rhône
+ long

Pierre / M. Muscle
− fort

le train / la voiture
= confortable

le trapèze / la gymnastique + dangereux

une jupe / un pantalon − pratique

le chinois[1] / l'anglais
+ dur

les mangues / les ananas[2] = cher

b *Comparez deux films/émissions/chanteurs/artistes/sports/ ___ comme en* **a**.

Vous pouvez utiliser:

beau bon célèbre chic cool courageux court drôle dur facile gentil grand fort important intéressant méchant petit réaliste sévère simple sympa utile ___

1 **le chinois** Chinesisch
2 **l'ananas** [lanana] *m.* die Ananas

5

Écouter

DELF C 61/5 **4** 🎧 *Cherchez Alice sur le dessin et décrivez ses vêtements.*

Jeu de rôle

5 *Tu cherches un pull et tu entres dans une boutique.*

a ►◄ *Prenez les rôles et jouez la scène.* (→ Repères, p. 90/1)

b ◐ *À vous. Imaginez encore un autre dialogue.*

1. Die Verkäuferin spricht dich an.
2. Du suchst ein gelbes/rotes/grünes/___ T-Shirt/Sweat-Shirt/___ .
3. Die Verkäuferin meint, dass es nicht leicht sein wird, so etwas zu finden, denn die Farbe ist im Moment nicht in Mode.
4. Du weißt das natürlich, aber ___ ist deine Lieblingsfarbe. Dann fällt dein Blick auf ___ . Du sagst, dass dir das Kleidungsstück gefällt, und fragst, ob es auch in S/M/XL/___ da ist.
5. Die Verkäuferin antwortet.
6. Du fragst nach dem Preis.
7. Das ist dir zu teuer. Du verabschiedest dich.

Activité

C 62/7 **6** *Votre nom est une nouvelle marque de vêtements. Faites «votre pub» avec votre nom ou votre prénom.*

Exemple:

Yann et l'argent de poche

Clémence: Tu es né quand, Yann?
Yann: Le 3 mars.
Clémence: Ton horoscope est le meilleur du mois. Écoute: «Vous allez bientôt gagner beaucoup d'argent, mais vous devez être prudent … Ne jetez pas cet argent par les fenêtres …»
Yann: Je vais gagner de l'argent? Ça tombe bien! J'ai dû payer une nouvelle carte pour mon portable, ce matin. Ce portable, c'est la cata. Je n'ai plus de fric pour le ciné.
Clémence: Tu as un grand-père sympa. Pour le ciné, tu ne peux pas lui demander …?
Yann: Non, d'abord, il n'a pas beaucoup d'argent. Et ensuite, c'est mon problème. Je paie mes loisirs et mon portable avec mon argent de poche, c'est comme ça.
Mehdi: Tu ne peux pas renoncer à ton portable pour quelques jours? Ça coûte cher et il y a des choses plus importantes, non?
Yann: Pour moi non, c'est le plus important. Comment est-ce que vous faites, vous, pour l'argent? Vous payez quoi avec votre argent de poche?
Clémence: Mes CD, le ciné, une boisson … des choses comme ça. Je n'ai pas beaucoup d'argent de poche mais mes parents me donnent aussi deux ou trois euros quand je les aide à la maison ou dans le jardin. Je fais le ménage ou les courses, je lave la voiture, des choses comme ça.

Mehdi: Moi, je voudrais distribuer des journaux ou de la pub mais ils disent que je suis trop jeune. Mon père me donne un billet pour une bonne note, ma grand-mère aussi … Mais mes notes ne sont pas toujours les meilleures … Alors, parfois, je sors le chien de mes voisins.
Yann: Tes parents te paient quand tu as une bonne note? Ben, tu as de la chance. Moi, mes parents disent qu'une bonne note, c'est la chose la plus normale du monde.
Clémence: Écoute, tu es le plus riche de nous trois! Mais le moins économe! Tu dépenses trop, c'est tout. Eh … vous savez quoi? Aux Galeries Lafayette, ils cherchent des mannequins, des ados de dix à quinze ans. Vous pensez que … hm … on peut toujours essayer. On est les plus beaux! Yann, tu as ton portable sur toi?
Yann et Mehdi: N'importe quoi …

Comprendre

DELF C 63/1

1 **a** ►◄ *Recherchez ces informations dans le texte:*

1. Qui a de l'argent de poche? De qui?
2. Qu'est-ce qu'ils font de leur argent de poche?
3. D'après Clémence, quel est le problème de Yann?

b ◐ *Trouvez deux ou trois questions sur le texte et posez-les à votre voisin/e.*

Écouter

DELF **2** *Notez d'abord ces phrases dans votre cahier. Puis écoutez et trouvez la phrase qui correspond à chaque texte.*

1. Il veut faire le jardin de sa grand-mère.
2. Il sort le chien des voisins.
3. Elle a lavé la voiture de sa mère.
4. Il travaille dans un supermarché.
5. Elle garde les enfants des amis de ses parents.
6. Il est mannequin aux Galeries Lafayette.
7. Elle aide ses parents à la maison.
8. Il distribue de la pub pour un supermarché.

S'entraîner

C 65/6
C 65/7 **3** *Présentez ces personnes. Utilisez le superlatif.*
(→ Repères, p. 91/5)

Exemple:
C'est le vendeur le plus sympa du magasin.

1. vendeur sympa / le magasin

2. chiens méchants / le quartier

3. prof sévère / le collège

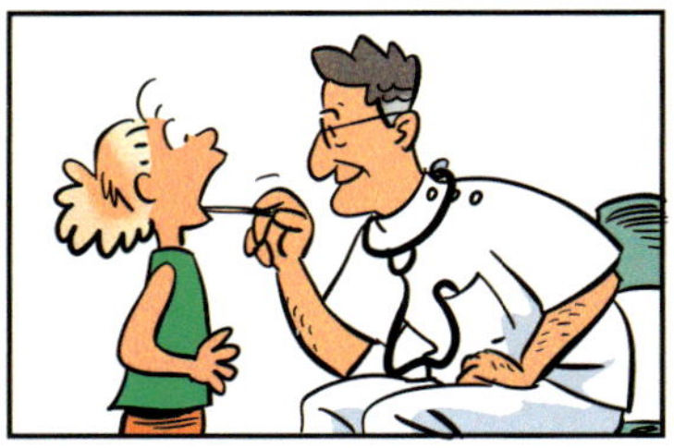

4. bon médecin / l'hôpital

5. secrétaire gentille / l'école

6. clown drôle / le cirque

7. grand cinéma / la ville

8. animaux dangereux / le zoo

4 *Posez des questions à vos camarades. Utilisez le superlatif.*
(→ Repères, p. 91/5)

Exemples:
À ton avis, quelle est la meilleure marque de ____ ?
Quelle est la matière* la moins facile pour toi?
Quel est le mot le plus long de la langue française?

* **la matière** das Schulfach

la voiture le quartier la ville
le chanteur / la chanteuse l'animal
le livre le CD le fleuve
le sport l'émission ____

beau bon célèbre confortable court dangereux dur facile grand joli intéressant long nul petit ____

C 63/2 **5** **a** *Complétez. Utilisez les formes de* payer *et* acheter *et écrivez le poème dans votre cahier.*
(→ Les verbes, p. 147)

Vous voulez toujours [?],
mais vous ne pouvez pas [?].
Tu [?] du chocolat,
mais qui [?]? C'est papa.
Tu [?] des bédés,
tu [?]? Non, c'est mémé.
Vous [?] des CD à Auchan
et qui [?]? C'est maman.
Ils [?] des boissons
et nous les [?]!
Vous [?], mais vous ne [?] pas!
Vous aimez ça, mais pas moi!

b *Continuez le poème.*

lunettes Jeannette
pépé sœur frère
parents cassettes
télé collants rollers
casquette baskets
beurre ___

Discuter

6 *À quelles choses est-ce que vous (ne) pouvez (pas) renoncer et pourquoi? Discutez.*

Thomas, est-ce que tu peux renoncer à ___ ?

Moi, je ne peux pas renoncer à mon ordinateur, je joue et je travaille avec.

À mon avis, on peut renoncer à ses rollers, parce qu'on peut marcher ou prendre le vélo.

les cadeaux d'anniversaire
la fête* d'anniversaire les rollers
le skate l'ordinateur le portable
le vélo l'argent de poche
les DVD le cinéma les CD

* **la fête** das Fest

C 66/8 **7** **a** *Votre argent de poche: Pour quelles choses/activités dépensez-vous le plus / le moins? Faites une liste au tableau.*

b *Comparez avec les dépenses[1] des jeunes Français.*

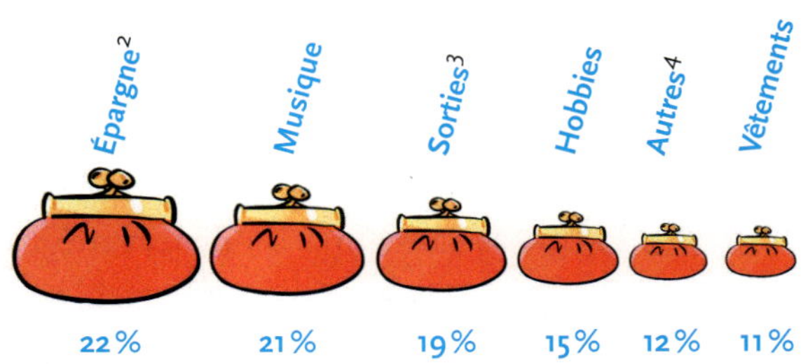

Les dépenses des jeunes Français

1 **les dépenses** *f. pl.* die Ausgaben; 2 **épargne** *f.* Sparen; 3 **sorties** *f. pl.* Ausgehen; 4 **autres** andere Ausgaben

Repères

Qu'est-ce qu'on dit?

1 **a**

Etwas gefällt dir (nicht):	Ça (ne) me plaît (pas).
Du findest etwas schön/hässlich:	Je trouve ça beau/moche.
Du sagst, was du gerne trägst:	J'aime porter ____ .
Du findest etwas modisch:	C'est à la mode.
Du sagst, dass …	
… etwas gut/besser zusammen passt:	Ça va bien/mieux avec (ton pull).
… etwas nicht zusammen passt:	Ça ne va pas ensemble.
… etwas jemandem gut steht:	Ça lui va bien.
… etwas jemandem nicht steht:	Ça ne lui va pas.
Du findest etwas teuer:	Ça coûte cher.
Du warnst jemanden zur Vorsicht:	Tu dois être prudent(e). / Il faut être prudent(e).
Du fragst deinen Freund, ob er (sein Handy) dabei hat:	Tu as (ton portable) sur toi?
Du sagst: „Das trifft sich gut“:	Ça tombe bien.
Du findest, dass dein Freund Quatsch redet:	Tu dis n'importe quoi.

C 62/6
C 61/5

b So kannst du eine Person beschreiben:

Il/Elle est grand(e)/petit(e).
Il/Elle a les cheveux blonds/courts/longs.
Il/Elle a les yeux bleus/bruns/____ .
Il/Elle porte des lunettes / un pantalon / ____ .
Sa couleur préférée, c'est le ____ .

Grammaire

2 **Die Adjektive „beau“ und „nouveau“** Les adjectifs «beau» et «nouveau» (→ GH, p. 39)

♂			♀
le beau pull	**beau**	**belle**	la belle jupe
le bel imper	**bel**		la belle assiette
les beaux pulls	**beaux**	**belles**	les belles jupes
les beaux impers			les belles assiettes

ebenso: nouveau

3 🕮 **Die Stellung des Adjektivs** La place de l'adjectif (→ GH, p. 39–40)

Elle porte	une jupe	**bleue/verte/rouge/**____ .
C'est	un anorak	**confortable** et **pratique.**
C'est	un exercice	**facile.**

Die meisten französischen Adjektive stehen hinter dem Nomen.

Elle a une	**petite**	chambre.	
Mais il y a un	**grand**	désordre.	
C'est la	**nouvelle**	mode.	
Il a un	**beau**	pull.	
Ils ont une	**jolie**	maison.	
C'est une	**bonne**	idée.	
C'est un	**jeune**	prof.	
Il a de	**nombreux**	amis.	

Diese Adjektive stehen vor dem Nomen. Lerne sie am besten auswendig.

des pulls, **des** pulls jaunes
⚠ **de** beaux pulls, **de** bonnes idées

Übersetze.
1. mein neues, rotes Handy
2. der neue, lustige Film
3. der neue, strenge Lehrer
4. ihre schöne, rote Jacke
5. meine hübsche kleine Schwester
6. die großen, blauen Häuser
7. seine neue, grüne Hose

4 Der Komparativ des Adjektivs Le comparatif de l'adjectif (→ GH, p. 40–41)

Il y a des choses	**plus** importantes	**que** les vêtements.
Cette jupe est	**aussi** chère	**qu'** une robe.
Mon imper est	**moins** pratique	**que** cet anorak.

Merke
+ plus – Adjektiv – que
= aussi – Adjektiv – que
– moins – Adjektiv – que

moins bon/ne que	schlechter
aussi bon/ne que	genauso gut wie
⚠ **meilleur/e que**	besser als

Übersetze.
1. Die Freundin von Pierre ist größer als Amélie.
2. Die Ferien in Frankreich sind länger als die Ferien in Deutschland.
3. Sein neuer Film ist lustiger.
4. Der blaue Rock ist genauso bequem wie der rote Rock.

5 Der Superlativ des Adjektivs Le superlatif de l'adjectif (→ GH, p. 41)

le plus grand	la plus grande
le moins grand	la moins grande
les plus grands	les plus grandes
les moins grands	les moins grandes

C'est la chose **la plus normale** du monde.

C'est le prof **le plus jeune** de notre école.
oder: C'est **le plus jeune** prof de notre école.

⚠ le meilleur	la meilleure	der beste / die beste
les meilleurs	les meilleures	die besten

Übersetze.
1. das teuerste Handy
2. die kleinste Klasse
3. die jüngsten Schüler
4. die beste CD
5. das schönste Mannequin
6. die beste Sendung
7. der längste Fluss
8. die wichtigste Sache
9. die lustigsten Filme
10. die schönsten Kleider

6 Die Verben Les verbes (→ GH, p. 42)

payer, **essayer** (→ p. 145)
plaire (→ p. 146)
dépendre wie: **attendre** (→ p. 145)
jeter wie: **appeler** (→ p. 145)
renoncer wie: **commencer** (→ p. 145)

Konjugiere „essayer" und „dépendre" in deinem Heft.

91

S'entraîner

C 64/3 **1** ►◄ *Travaillez avec un/e partenaire. A regarde la valise A, B regarde la valise B. Comparez* les deux valises.* (→ Repères, p. 90/3)

A: Dans ma valise, il y a un ruban bleu.
B: Dans ma valise, il n'y a pas de ruban bleu.
Il y a un ruban ____ .

A

B

* **comparez** vergleicht

2 *Complétez les phrases par des formes du verbe* plaire. (→ Les verbes, p. 145–147)

1. – Comment est-ce que tu trouves ma nouvelle veste?
   – Très jolie! Elle me [?] beaucoup.
2. – Tu ne veux pas prendre ces baskets bleues?
   – Ah, non! Elles ne me [?] pas.
3. – Je te [?] avec ma nouvelle robe?
   – Oui, tu me [?], mais je te préfère en pantalon.
4. – On pourrait aller au cirque.
   – Tu penses que ça [?] à Magali? *(futur composé)*
5. – Alors, comment est-ce que vous avez trouvé le film?
   – Moi, je ne l'ai pas aimé, mais il [?] à Flora. *(passé composé)*

Vocabulaire

C 64/4
C 65/5 **3** **a** *Trouvez les mots.*

b ►◄ *À vous. Faites réviser le vocabulaire de l'unité à vos camarades comme en* **a**.

* **le contraire** das Gegenteil

1. le contraire* de «long»
2. Ce mot veut dire «vêtements».
3. Ce mot veut dire «pas beau».
4. deux vêtements de fille
5. un verbe de la famille de «couleur»
6. une expression pour «C'est à la mode.»
7. Une personne est économe quand elle ne [?] pas trop d'argent.
8. les trois couleurs de la France

Écouter

DELF **4** *Écoutez le texte et prenez des notes pour répondre aux questions.*

1. Qui parle? De quoi?
2. Où sont ces personnes?
3. Qui est d'accord avec qui? Qui n'est pas d'accord?

Réviser

5 **a** ►◄ *Révisez les nombres. Posez ces questions à vos camarades. Ils/Elles répondent.* (→ Les nombres, p. 143–144)

1. Quand est-ce que tu es né/e?
2. Quel est ton numéro de téléphone?
3. Dans ta rue, à quel numéro est-ce que tu habites?

b *Lisez les plaques d'immatriculation[1] de ces voitures.*

C'est quatre-vingt-deux-vingt-quatre, ___ .

le département[2]

1 **la plaque d'immatriculation** das Nummernschild
2 **le département** s. S. 182

c *Regardez encore une fois les plaques d'immatriculation. De quel département viennent ces voitures?* (→ Carte de Bretagne)

Le quarante-quatre, c'est quel département?

6 ►◄ *Révisez le déterminant démonstratif. Répondez aux questions.*

Exemple:
– Est-ce que tu pratiques le tennis de table?
– Oui, j'aime (beaucoup/bien) / j'adore ce sport.
Non, je n'aime pas du tout / je déteste ce sport.

1. Est-ce que tu joues de la guitare?
2. Est-ce que tu as une tortue?
3. Est-ce que tu portes des ___?
4. Est-ce que tu écoutes la musique de ___?
5. Est-ce que tu regardes souvent ___?
6. Est-ce que tu as déjà lu des livres de Jules Verne?
7. Est-ce que tu as déjà préparé une crème de mangue?

Continuez avec d'autres questions.

animal
écrivain
chanteur/chanteuse
vêtements
fruits
instrument
émission
sport

Discuter

DELF **7** *Donnez votre avis sur ces vêtements. Regardez aussi à la page 80.* (→ Repères, p. 90/1)

Exemple: – Comment est-ce que tu trouves cette veste verte?
– Elle est jolie, elle me plaît.
– Tu trouves? Moi, je préfère ___ .

trop pas assez	*beau* *moche* *court* *long* *grand* *petit* *confortable* *chic* *pratique* *tendance*	j'aime je préfère je n'aime pas ça me plaît je trouve ça ___ ça va bien avec ___ c'est ma couleur préférée

La France en direct: Le français familier

C 62/8 C 66/9 **8** *Qu'est-ce qu'on dit en français familier? Retrouvez les mots et expressions et traduisez-les en français standard.*

Les marques, c'est cher!
Mes parents paient tout: le ciné, le foot, mes CD, mes fringues et tout. Mais ils ont pas trop de fric, alors je peux pas acheter des trucs chers de marque. *Alex*

C'est pas trop mon truc
La mode, c'est pas trop mon truc et je veux pas faire comme tout le monde. Et puis, y a plus important que ça dans la vie. Moi, je porte des godasses confortables et pas chères. *Mélissa*

Projet: Bienvenue à ___ !

9 Eure französischen Gäste reisen bald ab. Ihr organisiert eine Abschiedsparty. Schreibt eine weitere Szene.

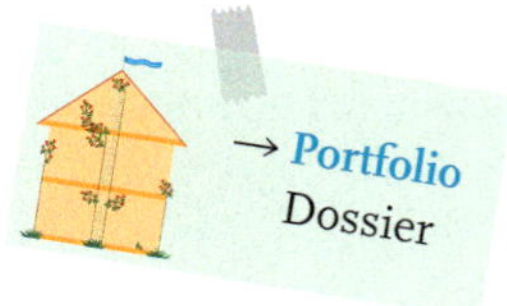

Apprendre à apprendre

10 **Wie du Vokabeln wiederholen kannst**

C 67/10 Du behältst Vokabeln besser, wenn du sie **regelmäßig** wiederholst. Du kannst z. B.:
- mit der Vokabelschablone arbeiten. (→ p. 152)
- die Wörter oder Ausdrücke mit Pausen auf eine Kassette aufnehmen. Spiel die Kassette regelmäßig ab und sprich die Übersetzung in die Pausen. Leichter merkst du dir die Wörter und Ausdrücke, wenn du sie in einem bestimmten Tonfall sprichst (traurig, wütend, lustig usw.). 🎧 Hier kannst du ein Beispiel hören.
- Listen anlegen, mit Wörtern, die du besonders magst, die du häufiger vergisst usw.
- Wortschatzübungen für deine Mitschüler/innen erstellen.

Überlege dir noch weitere Möglichkeiten den Wortschatz zu wiederholen, und trage sie in der Klasse vor. (→ p. 92/3)

Mots cachés

a *Lisez les poèmes-devinettes et trouvez les mots.*

b *À vous. Faites des poèmes-devinettes pour vos camarades.*

Avec ou sans poche

J'ai deux jambes et pas de pied.
C'est lorsque vous me portez
Que je peux me promener
Dehors ou à la maison.
Car je suis un ....

16 17

Pour ranger

Sans fenêtre et sans balcon,
Une maison, dans ma maison,
Me permet de loger,
Avec avantage
Et sur plusieurs étages,
Des occupants très très sages.

Par la porte, des habitants
Entrent et sortent de temps en temps.
Mais le plus souvent,
Ils restent enfermés
Dans l'obscurité
Car il fait noir
Dans une ....

48 49

Paysage de vacances

Ton ami m'a choisie,
A écrit quelques mots
Sur mon dos,
M'a collé dans un angle
Un petit rectangle de papier
Pour me permettre de voyager.
Et je t'ai apporté
Son message amical.
Je suis une ....

42 43

cacher qc etw. verstecken **lorsque** quand **permettre qc à qn** jdm etw. erlauben **l'avantage** *m.* der Vorteil **loger qn** jdn unterbringen **des occupants** *m. hier* Bewohner **sage** brav **rester enfermé/e** eingesperrt sein **l'obscurité** *f.* die Dunkelheit **quelques** einige **l'angle** *m.* der Winkel **le rectangle** das Rechteck **amical/e** *adj.* freundlich

Hélène Benoît, Mots cachés à deviner, Actes Sud

UNITÉ 6 La marée noire

Approches

En Bretagne

Vocabulaire

1 DELF C 70/1 C 70/2

a *Décrivez la photo.*

Devant / Derrière / Près de	___ ,	on voit / il y a	___ .
Au premier plan, / À l'arrière plan,			

b *Qu'est-ce qu'on peut faire à la mer? Faites des propositions.*

Exemples:
On peut faire une promenade.
On peut chercher des coquillages.

c *La tache noire, qu'est-ce que c'est, à votre avis?*

Découvrir

2 DELF C 70/3

Trouvez ces informations sur la Bretagne.

1. «Breizh», qu'est-ce que ça veut dire?
2. Donnez le nom de trois villes bretonnes.
3. Quel Breton[1] a découvert le Canada?
4. Qui sont les Vénètes[2]? Qu'est-ce qu'il s'est passé en 56 av. J.-C.[3]?

Cherchez
– *dans le* Petit dictionnaire de civilisation, *p. 148–150*
– *dans* l'entracte, *p. 110–111*
– *dans vos prospectus*[4] (→ Unité 4)
– *sur Internet:* www.tourismebretagne.com/de/connaitre/histoire.cfm

1 **le Breton / la Bretonne** der Bretone / die Bretonin 2 **les Vénètes** die Veneter 3 **av. J.-C.** vor Christus 4 **le prospectus** der Prospekt

Une catastrophe

desejour=Aufenthalt depuis=seit

Vingt heures. Yann et ses parents regardent les actualités à la télévision. Un bateau a perdu entre 14 000 et 20 000 tonnes de pétrole! On montre le bateau et une grande tache noire dans la mer. C'est l'horreur.

«C'est toujours pareil, dit la mère de Yann, ils laissent circuler des bateaux pourris et dangereux.»

Yann pense à son grand-père. Yvon Leroy a été pêcheur pendant cinquante ans. Il a passé presque toute sa vie sur l'eau. Il habite maintenant à Saint Herblain avec ses enfants et ses petits-enfants, mais il a encore sa petite maison et un bateau près de Brest. Il passe toutes les vacances là-bas avec ses petits-enfants. Pour lui, comme pour tous les Bretons, la mer, c'est la vie. Il n'a pas encore appris la catastrophe.

«C'est grave? demande Marie, la petite sœur de Yann ...

– Ça dépend, dit Yann.

– De qui?

– Demande plutôt "de quoi". Ça dépend du vent, des marées, de la quantité de pétrole.»

Yvon Leroy entre dans la salle de séjour. Il a entendu le mot «marée noire».

«Quoi! Il y a une marée noire? Où ça?

– Sur la côte sud, pas loin de Vannes et de La Baule. Un bateau perd son pétrole depuis cet après-midi.

– Ce n'est pas possible, dit le grand-père. Tout son pétrole? Combien? Combien?

– On ne sait pas encore.»

Même Marie ne parle plus. Elle est trop petite pour comprendre, mais elle sent qu'il y a quelque chose de grave. On écoute la journaliste. Il y a du vent et la marée noire arrive sur la côte. On ne peut rien faire. La marée noire, c'est la mort des poissons, des oiseaux, des coquillages, c'est la pollution des plages, des rochers.

«Yann, crie sa mère, va chercher un crayon!» Sur l'écran on peut lire le numéro des organisations qu'il faut appeler pour proposer son aide.

Les marées noires en Bretagne

1967: le Torrey Canyon perd 119 000 tonnes de pétrole.
1976: le Boehlen perd 9 500 tonnes de pétrole.
1976: l'Olympic Bravery perd 1200 tonnes de pétrole à Ouessant.
1978: l'Amoco Cadiz perd 227 000 tonnes de pétrole.
1980: le Tanio perd au moins 6000 tonnes de pétrole.
1999: le bateau Erika perd 31 000 tonnes de pétrole.
2000: l'Ievoli Sun perd des tonnes de pétrole.

Comprendre

DELF C 71/1 **1** *Lisez le texte et répondez.*

1. De quelle catastrophe est-ce qu'on parle à la télé?
2. Pourquoi est-ce que Yann pense à son grand-père?
3. Pourquoi est-ce que cette catastrophe est grave?
4. La marée noire, qu'est-ce que ça veut dire pour la nature?

Écouter

DELF **2** *Regardez ces personnages et écoutez. Qui peut faire une promenade au soleil? Qui doit rester à la maison?*

Mme Martin / Paris

Patrick / Lyon

Nicolas / Nantes

Valérie / Limoges

M. Lebreton / La Baule

S'entraîner

C 73/7 **3** *Complétez.* (→ Repères, p. 106/5)
Utilisez tout le, toute la, tous les, toutes les.

La marée noire, une catastrophe pour [?] côte
[?] Bretons sont fâchés: Un bateau a encore perdu des tonnes de pétrole. Avec les marées et le vent, [?] pétrole arrive sur la côte. Il y a des taches noires sur [?] plages entre Vannes et La Baule. La marée noire est aussi une catastrophe pour la nature: [?] oiseaux, et [?] poissons de la côte sont en danger. [?] Bretagne a peur.

C 71/2 C 72/3 C 72/4 **4** ►► *Posez des questions avec* à qui *ou* à quoi *à vos camarades.* (→ Repères, p. 106/6)

Exemples:
– **À qui** est-ce que tu penses quand tu entends le mot «collège»?
– À mes profs et à mes copains.
– **À quoi** est-ce que tu penses quand tu entends le mot «collège»?
– Aux devoirs, à mes cours, à mes notes.

soleil maison mode
violence collège musique
marée noire sport ___

C 72/5
C 72/6

5 *Regardez les photos et les dates. Posez des questions. Vos camarades devinent.* (→ Repères, p. 106/7)

Les rollers «sont nés» quand?

Ils sont nés en ___ .

1980 1878 1953 1929 1886 1946 1979 2002 1869 1850 1979 1979

(→ Solutions, p. 223)

Activités

DELF **6** *Yann écrit à son correspondant Jens. Continuez sa lettre.*

14/6

Cher Jens,
Ici, c'est la catastrophe. Ce soir, un bateau a perdu tout son pétrole et …

7 *Voilà deux poèmes sur la marée noire. Lisez-les. Puis, écrivez aussi des poèmes. Vous pouvez les envoyer à cette adresse:* maree.noire@free.fr

Quand la vie est une mer,
Chaque[1] jour est une vague …
Quand la vie est une marée noire,
Chaque jour, c'est le désespoir[2].
Aurélie

la Mer est
mAlheureuse
la moRt
Est
vEnue

Non à la
pOllution!
aIdons ces
pauvRes
oisEaux!

1 **chaque** jeder, jede 2 **le désespoir** die Verzweiflung

Ils se sentent concernés

Les Bouvier reçoivent Julia et ses parents. Ils ont pris des vacances pour venir à Saint Herblain avec un groupe d'Allemands. Ils se sentent concernés par la marée noire, car ils adorent la Bretagne et s'intéressent beaucoup à cette région. Ce week-end, il y a 800 personnes sur les plages. Ces gens viennent de France et de Belgique, d'Allemagne et d'autres pays pour aider les Bretons. Ils ne parlent pas toujours le français mais tout le monde se comprend.

Charlotte et Yann font des interviews pour le site de leur école. Ils interrogent un pompier: «Monsieur, qu'est-ce que vous pensez quand vous voyez ces plages sales, toute cette horreur?

– Je me pose beaucoup de questions. Ce n'est pas la première marée noire. Je me demande pourquoi ces bateaux pourris circulent encore. On proteste, on proteste, et ça sert à quoi?

– Que pensez-vous de l'aide de tous ces gens?

– Ils sont formidables. Nous nous retrouvons à neuf heures du matin et nous travaillons avec eux toute la journée. Beaucoup renoncent à leurs vacances pour nous aider. Les gens sont très solidaires. Nous avons aussi reçu des messages de sympathie de partout.

– Est-ce que les plages vont redevenir comme avant?

– Oui, avec le temps, mais des milliers d'oiseaux sont morts, et il faut penser aux poissons et aux coquillages. C'est une catastrophe pour eux mais aussi pour les pêcheurs.»

Il faut se protéger et des pompiers distribuent des gants et des combinaisons en plastique. Les parents de Julia, les parents de Charlotte, de Yann, son grand-père, tous leurs amis nettoient les plages.

La marée noire a encore apporté du pétrole. On le ramasse, on le met dans des sacs.

La mère de Julia a découvert un oiseau sur un rocher. Il est couvert de pétrole, il n'a pas mangé depuis des jours, il ne peut plus voler. On amène les oiseaux dans un centre où on s'occupe d'eux: on les lave, on leur donne de la soupe de poisson ... On ne peut pas souvent les sauver, mais on essaie.

Les enfants ne peuvent pas nettoyer les plages avec leurs parents, car le pétrole est dangereux.

Comprendre

DELF C 74/1 C 74/2

1 **a** *Vrai ou faux? Justifiez vos réponses.*

1. Les parents de Julia sont chez M. et Mme Bouvier.
2. La marée noire en Bretagne ne les intéresse pas.
3. Le week-end, il n'y a personne sur la plage car il y a trop de pollution.
4. Les gens mettent des gants et des combinaisons pour se protéger de la pollution.
5. On nettoie les oiseaux couverts de pétrole dans un centre.
6. Sur la plage, il y a huit cents Bretons.
7. Charlotte et ses copains aident leurs parents: ils nettoient aussi la plage.
8. Le pompier ne comprend pas pourquoi des bateaux pourris circulent encore.
9. Il trouve que les gens qui aident ne travaillent pas assez.
10. La marée noire n'est pas une catastrophe parce que les plages vont bientôt redevenir comme avant.

b *Racontez le texte à l'aide de vos réponses de* **a**.

S'entraîner

C 75/4

2 ►◄ *Qu'est-ce qu'ils disent? Formez les phrases.* (→ Repères, p. 105/3)

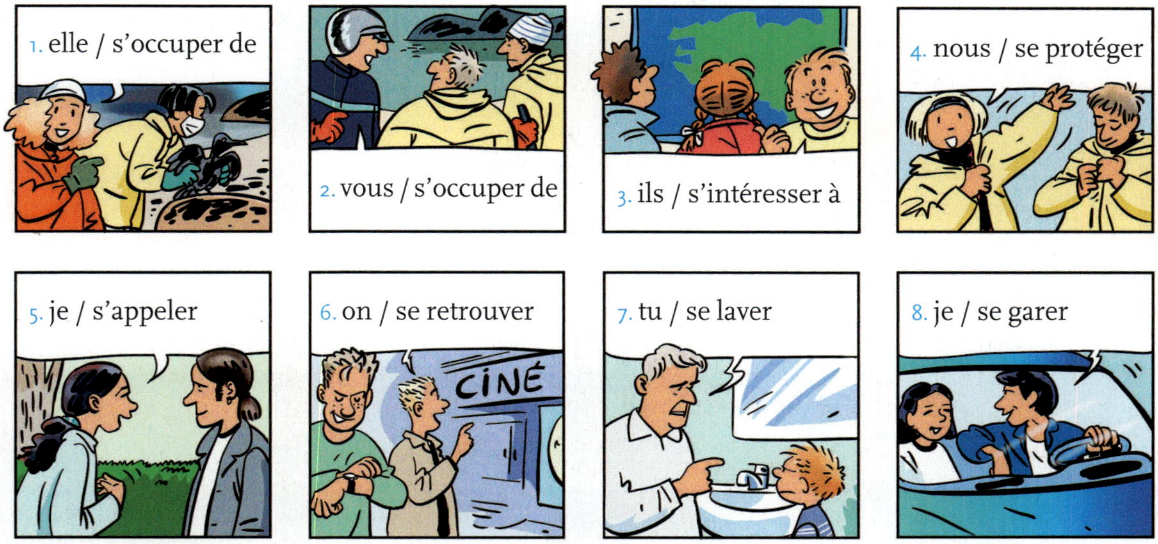

3 ►◄ *Formulez des questions. Posez-les à vos camarades. Ils/Elles répondent.* (→ Repères, p. 105/3)

Exemples:

1. Sven, est-ce que tu t'intéresses au cinéma? / Sven et Luisa, est-ce que vous vous intéressez au cinéma?

Frage deine Klassenkameraden,

1. ob sie sich für Kino interessieren,
2. ob sie sich für Comics interessieren,
3. wie ihr/e beste/r Freund/in heißt,
4. was sie sich von ihrem Taschengeld kaufen,
5. ob sie sich um die Schülerzeitung kümmern wollen,
6. ob sie sich um ihren kleinen Bruder / ihre kleine Schwester kümmern,
7. wie sie sich auf eine Klassenarbeit vorbereiten.

6

Vocabulaire

C 78/6 **4**

a Retrouvez les noms. Écrivez-les dans votre cahier avec l'article indéfini.

b Classez les mots. Faites deux listes. Puis écrivez ces mots au pluriel et formulez la règle.

S	T	I	F	L	A	V	E
A	U	E	T	B	A		
T	H	Ô	I	L	A	P	
U	E	A	T	C	H	Â	
U	A	E	S	I	O		
L	A	N	J	O	U	R	
B	L	E	A	U	T	A	
A	D	E	A	U	C		
G	A	U	T	E	Â		
L	A	M	A	N	I		

c *Imaginez des rimes avec ces noms.*

Exemple:
Je regarde les oiseaux
qui ont rendez-vous sur mon bateau.

Réviser

C 75/3 **5** *Racontez ce que Yann, son grand-père, sa famille, Charlotte, Julia, ses parents et les pompiers ont fait le week-end sur les plages. Utilisez le passé composé.*

aider distribuer nettoyer ramasser
mettre trouver amener laver
donner à manger pouvoir faire

Activité

6

a *Un collège en Bretagne a préparé un site internet sur les marées noires. Cliquez sur ce site:*
www.tice.free.fr

b *Pour voir d'autres dessins d'élèves français, regardez:*
www.mareenoire.info/dessins/college/college.htm

c *Regardez cette page et envoyez votre réponse.*

Dessin d'Alexandre, élève de 6ème

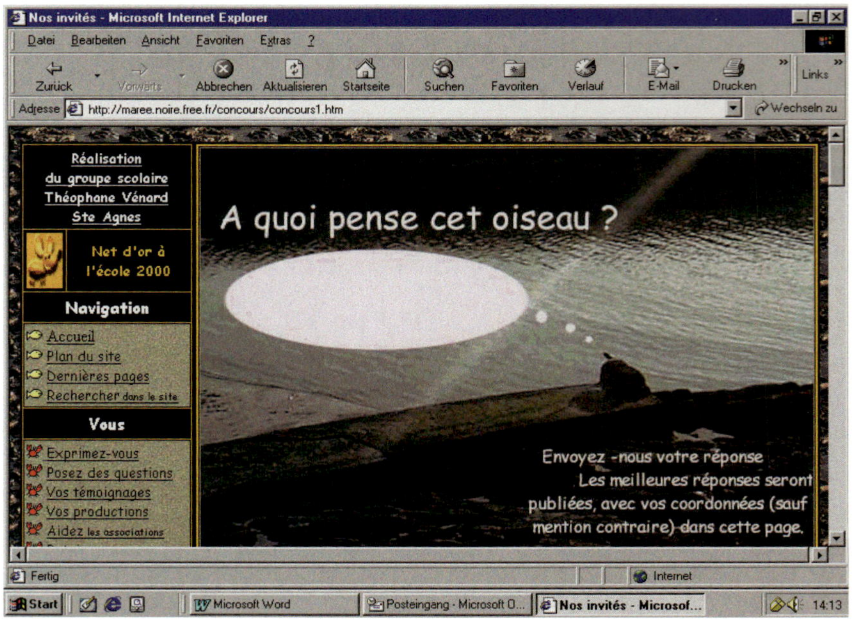

Yvon Leroy parle de son enfance

«Dis, Papi, c'était comment quand tu étais petit?»

Yann et sa petite sœur aiment bien quand leur grand-père parle de sa vie d'autrefois et Yvon aime bien raconter ses souvenirs. Aujourd'hui, il a une nouvelle auditrice: Julia.

«Vous alliez à l'école à Brest? demande Julia.

– J'allais à l'école à Brest. Mais je regardais un peu trop par la fenêtre, ça ne plaisait pas à mon instituteur. Je préférais la mer et le bateau de mon père. Quelquefois, je me cachais la nuit dans son bateau pour partir avec lui. Il partait vers trois heures du matin.

– Vous n'aviez pas peur sur le bateau? Avec les vagues ...»

Yvon rit. Il ne répond pas tout de suite.

«J'avais surtout peur de la réaction de mon père ... Mais bien sûr que j'avais peur quand il y avait des tempêtes très fortes. Il y avait tous les hivers des familles qui perdaient le père, le fils. Mais tu sais, maintenant encore, c'est un métier dangereux.

– Vous parliez breton à l'école?

– Non, nous devions parler français. C'était la langue de l'école. Mes parents parlaient français avec l'instituteur ou à la mairie mais breton à la maison. Et je le parlais avec eux. Le français, c'était la langue de l'instituteur. Il était très sévère. Il était interdit de parler breton. Il s'appelait Monsieur Hubert Picard, notre instituteur, et il n'était pas de chez nous. Sa mère venait de Paris, comme les touristes.

– Il y avait déjà des touristes en Bretagne?

– Les touristes sont arrivés vers 1950, mais bien sûr, il n'y avait pas encore beaucoup d'Allemands. Il y avait des Parisiens, des Anglais aussi. Les gens ne se baignaient pas beaucoup. Ils se promenaient sur les plages. Ils venaient pour le bon air, pour visiter la région et pour manger du poisson et de bonnes crêpes ... au fait, qu'est-ce que je sens?»

Les crêpes! Les crêpes, elles, n'ont pas changé. Et il y a une bonne odeur qui vient de la cuisine ...

Comprendre

DELF C 76/1

1 *Trouvez dans le texte les phrases qui correspondent aux dessins et écrivez-les dans votre cahier.*

* **kenavo** *(breton)* Au revoir

Découvrir

2 **a** *De quelle époque est-ce que le grand-père de Yann parle?*

b *Complétez ce tableau dans votre cahier à l'aide du texte.*

	être	avoir	aller	parler	regarder
je/j'	___	avais	___	___	___
tu	___	___	___	___	
il/elle/on	était	___			
___					

Écouter

3 **a** *Est-ce qu'ils parlent du présent ou du passé? Notez dans votre cahier.*

b *Écoutez encore une fois et notez pour chaque phrase la forme du verbe et son infinitif.*

S'entraîner

4 **a** *Qu'est-ce que Loïc faisait quand il avait huit ans? Utilisez l'imparfait.* (→ Repères, p. 106/4)

1. *aller* à l'école avec son copain Frédéric
2. *poser* 1000 questions à ses parents
3. *perdre* toujours ses affaires
4. *passer* tous les week-ends chez son grand-père
5. *avoir* peur du noir*
6. ne jamais *ranger* sa chambre
7. *faire* des châteaux de sable
8. *bouger* tout le temps

b *Et toi, qu'est-ce que tu faisais quand tu avais huit ans? Utilise l'imparfait et des expressions de temps.*

toujours souvent tous les matins
l'après-midi le lundi / le mardi / ____
le week-end tous les jours

* **avoir peur du noir** Angst im Dunkeln haben

C 76/3 **5** **a** *La Bretagne aujourd'hui et autrefois. Continuez.* (→ Repères, p. 106/4)

Aujourd'hui,
1. il y a beaucoup de touristes allemands.
2. les gens se baignent beaucoup.
3. ils se mettent au soleil.
4. ils ne se promènent pas beaucoup.
5. peu de gens parlent breton à la maison.
6. on agit contre la pollution.
7. on nettoie les plages.
8. on protège les oiseaux.

Autrefois, quand Yvon Leroy était petit,
1. il n'y avait pas de touristes allemands.
2. les gens ____ .

b *Votre ville / Votre région aujourd'hui et autrefois. Racontez. Vous pouvez faire des interviews et ajouter des photos.*

→ Portfolio
Dossier

Repères

Qu'est-ce qu'on dit?

1 **a**

Du sagst, dass es sonnig/windig ist:	Il y a du soleil / du vent.
Das hängt (vom Wind / von den Gezeiten) ab:	Ça dépend (du vent / des marées).
Du schickst jemanden etwas holen:	Va chercher (un crayon).
Du willst wissen, was du mit etwas machen sollst:	Qu'est-ce que je fais de (cet oiseau)?
Du willst wissen, wozu etwas dient:	Ça sert à quoi?
Du sagst, dass etwas verboten ist:	Il est interdit de (tourner à gauche).
Jemand ist nicht von hier:	Il/Elle n'est pas de chez nous / pas d'ici.
Du willst wissen, woran jemand denkt:	À quoi est-ce que tu penses?
Du drückst Verwunderung/Empörung aus:	Quoi!
Du sagst: „Ich doch." / „Ich auch nicht."	Moi si. / Moi non plus.

b *Retrouve les expressions que tu connais pour parler du temps.* (→ p. 156)

Grammaire

2 **Die Verben** Les verbes (→ GH, p. 44–45)

amener, **se promener** wie: **peser** (→ p. 145)
(se) protéger wie: **préférer** und **manger** (→ p. 145)
nettoyer wie: **payer** (→ p. 145)
(re)devenir wie: **venir** (→ p. 147)
(se) sentir wie: **sortir** (→ p. 147)
recevoir (→ p. 147)
rire (→ p. 147)

3 **Die reflexiven Verben** Les verbes pronominaux (→ GH, p. 45)

	se	**sentir**		**s'**	**intéresser**
je	**me**	sens	je	**m'**	intéresse
tu	**te**	sens	tu	**t'**	intéresses
il/elle/on	**se**	sent	il/elle/on	**s'**	intéresse
nous	**nous**	sentons	nous	**nous**	intéressons
vous	**vous**	sentez	vous	**vous**	intéressez
ils/elles	**se**	sentent	ils/elles	**s'**	intéressent

a *Worin unterscheiden sich die reflexiven Verben von anderen Verben?*

b Übersetze.
1. Sie stellt sich viele Fragen.
2. Sie kümmern sich um die Vögel.
3. Wir treffen uns um zehn Uhr.
4. Ich frage mich warum.
5. Sie gehen spazieren.

6

4 Die Bildung des „imparfait“ La formation de l’imparfait (→ GH, p. 46)

		faire		manger		⚠ être
	je	faisais	je	mangeais	j’	étais
	tu	faisais	tu	mangeais	tu	étais
	il	faisait	il	mangeait	il	était
nous fais~~ons~~	nous	faisions	nous	mangions	nous	étions
	vous	faisiez	vous	mangiez	vous	étiez
	ils	faisaient	ils	mangeaient	ils	étaient

a Das „imparfait“ wird aus dem Stamm der ____ gebildet.

b Konjugiere drei der folgenden Verben im „imparfait“ in deinem Heft: avoir, aller, nager, commencer, dire, lire, voir, devoir, vouloir, finir, prendre.

5 Der Begleiter „tout“ Le déterminant «tout» (→ GH, p. 43–44)

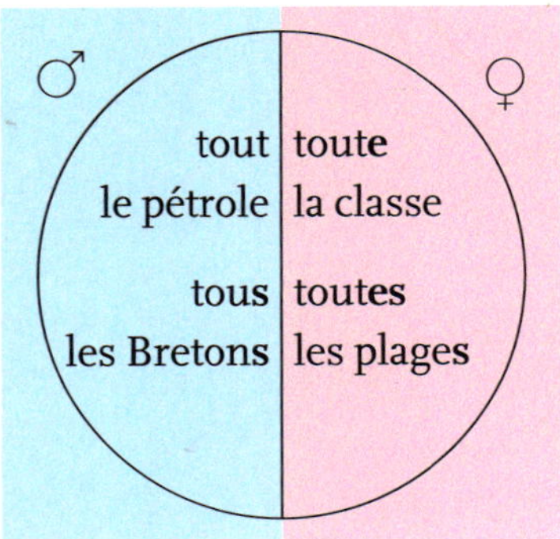

a Wie übersetzt du die Singularformen „tout“, „toute“ ins Deutsche? Und die Pluralformen „tous“, „toutes“?

⚠ tout son pétrole
sein ganzes Öl

b Übersetze:
1. die ganze Küste
2. alle Vögel
3. mein ganzes Geld
4. die ganze Nacht
5. alle Fische
6. alle Schüler
7. alle meine Lehrer
8. alle seine Kinder

6 Die Fragestellung mit „de qui“, „de quoi“, „à qui“, „à quoi“ (→ GH, p. 47)

L’interrogation avec «de qui», «de quoi», «à qui», «à quoi»

De qui	est-ce qu’il parle?	parler **de** qn
De quoi	est-ce qu’il parle?	parler **de** qc
À qui	est-ce que tu penses?	penser **à** qn
À quoi	est-ce que tu penses?	penser **à** qc

7 Die Zahlen über 1000 Les nombres supérieurs à 1000

1000	mille
1005	mille cinq
10 000	dix mille
25 350	vingt-cinq mille trois cent cinquante
326 783	trois cent vingt-six mille sept cent quatre-vingt-trois

Vocabulaire

1 *À votre avis, quels mots ne vont pas avec les autres? Justifiez vos réponses.*

1. la vague – la plage – la mer – l'eau
2. le bateau – le poisson – le pêcheur – le journaliste
3. la pollution – la tache – la marée noire – l'oiseau
4. la plage – le gant en plastique – le rocher – la côte
5. la mer – le sable – la montagne – le coquillage

2 **a** ►► *Faites une chaîne de trois à cinq mots. A dit un mot, B note le mot et continue avec la dernière lettre du mot. Vous pouvez regarder dans la* Liste alphabétique des mots, *p. 198.*

Exemple: pollution → noir → rocher

b *Utilisez ces mots dans une phrase.*

Le rocher est noir à cause de la pollution.

S'entraîner

3 ►► *Posez des questions. Vos camarades répondent.*

Avec qui est-ce que tu vas au cinéma?

Avec ma copine Jasmin.

À qui?
Avec qui?
À quoi?
Avec quoi?
De qui?
De quoi?

discuter avec ___ *aller* au cinéma
pouvoir écrire *faire ses* devoirs
offrir des cadeaux
penser *échanger* des vêtements
demander de l'aide *faire* un gâteau
parler de *ses* problèmes
préparer une salade de fruits
pouvoir renoncer *faire* de la musique
s'intéresser à ___ *parler* en cours de ___

Écouter

DELF C 78/5 **4** **a** 🎧 *Les parents de Felix veulent aussi venir à Nantes. Felix téléphone à un hôtel. Écoutez et répondez aux questions.*

1. Quel est le nom de l'hôtel?
2. Qu'est-ce que Felix réserve?
3. Pour quand?
4. Quel est le prix de la chambre?

b 🎧 *Écoutez une deuxième fois. Qu'est-ce qu'on dit en français pour …*

1. Ich möchte ein Zimmer reservieren.
2. Vom 14. bis zum 18. April.
3. Ein Zimmer mit einem Doppelbett / mit zwei getrennten Betten.
4. Ein Zimmer mit Bad/Dusche.
5. Wie fragt der Herr an der Rezeption nach dem Datum / nach dem Namen?
6. Wie bringt Felix zum Ausdruck, dass er nicht alles versteht?

Jeu de rôle

DELF **5** **a** ►◄ *Les voisins de tes parents veulent aller en Bretagne. Ils ne parlent pas français, alors tu dois les aider. Tu téléphones à l'Hôtel de Bretagne à Brest pour réserver une chambre. Préparez le dialogue. Imaginez ce que l'employé de l'hôtel peut demander/répondre et jouez le dialogue en classe.*

ein Zimmer | mit Bad | vom 18.7. bis 27.7.

mit einem Doppelbett | bis 80 Euro | Herr und Frau Schwarz

b *Imaginez d'autres dialogues pour d'autres personnes et jouez-les.*

Réviser

6 *Vous êtes en Bretagne dans un centre de jeunes. Quelles activités est-ce que vous pouvez faire? Utilisez l'article partitif.*

1 **le mini-golf** das Minigolf
2 **faire du cheval** das Reiten
3 **la natation** das Schwimmen
4 **la plongée** das Tauchen

La France en direct: Le Petit Train de Carnac

DELF C 73/8 **7** **a** *Regardez le prospectus et répondez aux questions. Justifiez vos réponses.*

1. Tu es à Carnac en mars. Est-ce que tu peux faire la visite en Petit Train?
2. Tu es à Carnac en août. Est-ce que tu peux faire la visite à 13 h 15?
3. Tu passes tes vacances à Carnac Plage. Tu as rendez-vous à l'école de surf à 14 h 30. Il est 14 h 00. Est-ce que tu as assez de temps pour faire une visite en Petit Train?
4. Grâce au Petit Train tu vas penser à Jules Verne, à Obélix ou au Petit Prince?
5. Quelle(s) langue(s) est-ce que tu vas entendre pendant la visite?
6. D'où est-ce que le Petit Train part?
7. Qu'est-ce qu'il faut voir à Carnac?

b *Écris une carte postale à un copain / une copine et raconte-lui ta visite en Petit Train.*

* **grâce à** mit Hilfe von etw., dank etw.

CARNAC
LA TRINITÉ SUR MER
VISITE COMMENTÉE

En 50 mn, découvrez grâce au Petit Train les 3 sites mégalithiques de Carnac. Rêvez le long des plages de sable blanc jusqu'à La Trinité-sur-Mer, port célèbre et lieu de rendez-vous de tous les amoureux de la voile.

Tous les jours d'avril à fin septembre + vacances de la Toussaint

HORAIRES - Lieux de Départ et d'Arrivée

Parking du Ménec	Carnac Plage Port en Dro	La Trinité le Port Arrêt bus
10 H 00	10 H 15	10 H 30
10 H 30	10 H 45	11 H 00
11 H 00	11 H 15	11 H 30
11 H 30	11 H 45	12 H 00
12 H 00	12 H 15	12 H 30
12 H 30	12 H 45	13 H 00
13 H 00	13 H 15	13 H 30
13 H 30	13 H 45	14 H 00
14 H 00	14 H 15	14 H 30
14 H 30	14 H 45	15 H 00
15 H 00	15 H 15	15 H 30
15 H 30	15 H 45	16 H 00
16 H 00	16 H 15	16 H 30
16 H 30	16 H 45	17 H 00
17 H 00	17 H 15	17 H 30
17 H 30	17 H 45	
18 H 00	18 H 15	

Durée de la visite : 50 mn

Tous les jours d'avril à fin septembre + vacances de la Toussaint (jaune)

Horaires supplémentaires bleus tous les jours en juin, juillet, août et septembre (bleu)

Projet: Bienvenue à ___ !

8 *Vos correspondants rentrent en France. Écrivez la dernière scène.*

→ Portfolio Dossier

Apprendre à apprendre

C 78/7 C 78/8 **9** **Wie du sinnvoll Grammatik wiederholen kannst**

Hast du in einer Aufgabe festgestellt, dass du ein grammatisches Phänomen nicht mehr gut genug beherrschst? Wusstest du zum Beispiel in Übung 6 noch, wie man den Teilungsartikel verwendet? Du kannst Grammatik folgendermaßen wiederholen:

1. Lies dir das Kapitel zum Teilungsartikel im Grammatikheft (S. 29) durch. Mache die Übungen in den Repères (→ S. 56/3 a, b, c) und vergleiche deine Lösungen mit denen im Grammatikheft. Hast du mehr als zwei Fehler gemacht, machst du die Übung noch einmal, damit du alles einmal richtig geschrieben hast. Bilde weitere zehn Sätze mit dem Teilungsartikel du, de l', de la, des.
2. Suche in Unité 3 Sätze, in denen der Teilungsartikel vorkommt. Übersetze sie ins Deutsche und schreibe sie auf. Hänge diesen Zettel an deine Pinnwand. Zwei Tage später übersetzt du diese Sätze wieder ins Französische und vergleichst sie mit dem Text der Unité.

Voyage en Bretagne

Écoutez une chanson du groupe breton Try Yann (= Trois Jean).

la côte rose

des crêpes à la confiture

un bagad*

Bretonnes en costume traditionnel

Concarneau

* **le bagad** orchestre d'instruments traditionnels bretons

Amérique
faire de la voile en Bretagne
Jacques Cartier
1491–1557
(né à Saint-Malo)
Océanopolis
Saint-Malo
Saint-Malo
Dinan
BREIZH
Rennes
Quimper
Concarneau
menhirs
près de Carnac
Carnac
Vannes
une des nombreuses voies romaines de Bretagne
Recherche: Pourquoi est-ce qu'on trouve des voies romaines en Bretagne? (www.wikipedia.fr → Vénètes)
Belle-Île
La Baule
Saint-Nazaire
Saint Herblain
Nantes

Chansons de vacances

1 La chanson de Charlotte

Moi, je pars en vacances dans ma tête
Pas besoin d'bateau, j'ai de belles baskets
Des livres, et des cassettes
Et beaucoup d'rêves sous ma casquette
Des rêves grands comme la Terre
Et verts et bleus comme la mer
Des rêves blancs et rouges et verts.

Tout le monde est sur la plage
Moi, j'écoute un coquillage
Ils ont les pieds dans le sable
J'ai la tête dans les nuages
Ils prennent le train, ils prennent l'avion
Moi, je prends mon accordéon
Un bout d'papier pour mes chansons.

2 **avoir besoin de qc** etw. brauchen 4 **le rêve** der Traum
11 **le nuage** die Wolke 12 **l'avion** *m.* das Flugzeug
14 **un bout de papier** ein Zettel

2 La chanson de Yann

Sans école, je vole
Sans tableau, c'est trop beau
Sans cahier, c'est l'pied
Y a plus d'heures
Plus d'professeurs
Y a plus de cours
Bonjour bonjour
Y a plus de notes
Hip hip hip hop
Y a plus d'devoirs
Bonsoir bonsoir
Y a plus d'leçons
Ah oui, c'est bon
Sans école, je vole
Sans tableau, c'est trop beau
Sans cahier, c'est l'pied.

4 y a plus = il n'y a plus

3 La chanson de Mehdi

Vous avez vu ce Breton blond?
Il joue de l'accordéon
Sur un sac d'oignons
À Arcachon.

Vous avez vu cet éléphant?
Il lit un roman
Dans un étang
À Montauban.

Et cette dame en robe noire?
Elle raconte des histoires
Un beau soir
Sur la Loire.

7 **l'étang** *m.* der Teich

4 La chanson de Clémence

Bonjour, salut, j'arrive!
Devine qui c'est, c'est moi, j'arrive
J'ouvre ma valise
J'leur fais la bise
Et je respire
C'est drôle, la chambre est plus petite
J'vais sur la plage
Voir l'paysage
Tu viens d'ailleurs ou tu es d'ici?
On va nager ou on visite?
Tu es ici depuis samedi?
Oh moi, tu vois, j'arrive
Où sont passés Julie et Yves?
Elle est belle, cette région!
On va faire une excursion?
Allô? Je t'attends à la gare
Tu as apporté ta guitare?
C'est tes premières vacances en France?
Alors, on va faire connaissance.

4 **faire la bise à qn** jdm einen Kuss geben 8 **le paysage** die Landschaft 9 **ailleurs** anderswo

UNITÉ Supplémentaire à la carte

Où se trouvent ces villes et ces régions? (Cherchez dans un atlas ou dans le dictionnaire de civilisation, p. 148–151.) À votre avis, qu'est-ce qu'on peut faire dans ces villes/régions? Choisissez un endroit et trouvez des informations. Présentez cet endroit à vos camarades (en allemand).

Vos vacances

Mehdi et Clémence font des interviews pour «As de Cœur»:

Clémence: Vous partez en vacances, Madame?

Mme Lecoq: En juillet, je vais passer une semaine à Aix-la-Chapelle, en Allemagne. En août, nous allons peut-être dans les Landes, pour faire du vélo et de la photo. On veut faire du camping.

Un prof: Allez-y, c'est très agréable. On y a passé une semaine avec les enfants pendant les vacances de printemps. Les forêts sont magnifiques et les chemins sont plats. Alors le vélo, ce n'est pas trop fatigant. Je connais un bon camping. J'y ai envoyé des amis, ils en sont rentrés ravis.

Clémence: Qu'est-ce que vous allez faire à Aix-la-Chapelle, Madame?

Mme Lecoq: Parler allemand et visiter la ville de Charlemagne!

Mehdi: Et vous, Monsieur, vous allez où?

Le prof: En Auvergne, comme toujours en été. On fait des promenades, on pêche dans la rivière. On s'y baigne aussi quand il fait chaud. Fin août, on va passer trois ou quatre jours au bord du lac Léman, chez des amis suisses. Et toi, Mehdi?

Mehdi: Moi, je pars en colo sur la Côte d'Azur, près de Cassis. Je vais me baigner, et on va faire du bateau.

Mme Lecoq: Et toi, Clémence, tu pars?

Clémence: Je reste ici en juillet. Mais en août, je vais passer quinze jours en Normandie. J'ai pas mal de copains là-bas, c'est génial quand on se retrouve.

Comprendre

DELF **1** **a** *Lisez l'interview et faites une liste dans votre cahier: Où est-ce qu'ils partent en vacances? Qu'est-ce qu'ils vont faire?*

b *Et vous? Où est-ce que vous allez pendant les vacances?*

en France/Espagne[1]/Italie[2]/Angleterre/___
à la mer/montagne[3]   à Paris/Londres/___
chez mes grands-parents / mes cousins[4] / ___   *rester* ici

1 **l'Espagne** Spanien 2 **l'Italie** Italien
3 **à la montagne** in den Bergen
4 **le/la cousin/e** der/die Cousin/e

2 ►◄ *Faites des mini-dialogues. Utilisez* en *et* y.
(→ Repères, p. 124/2, 3)

Exemple:
– Quand est-ce que Mme Pérec va en Bretagne?
– Elle y va le premier juillet.
– Quand est-ce qu'elle revient de Bretagne?
– Elle en revient ___ .

1. Mme Pérec 1/7–15/7

2. M. Malin 25/7–10/8

3. Clémence 16/8–31/8

4. Yann et Maxime 16/7–30/7

5. M. et Mme Petit 5/7–23/7

6. Mehdi 13/7–15/8

3 **a** *Devinez.*
(→ Repères, p. 124/2, 3)

b *Faites des devinettes pour vos camarades.*

1. On y achète le pain.
2. On y apprend les maths, le français, la géo, etc.
3. Charlotte et ses copains y habitent.
4. Les élèves y mangent à midi.
5. On en revient avec des fruits et des légumes.
6. Pendant la semaine, Mme Bouvier en sort à 19 heures.
7. On y va quand on est malade.
8. On peut y rester jusqu'à 9 ou 10 heures le dimanche.

4 *Qu'est-ce qu'on dit en français? Utilisez l'impératif.*
(→ Repères, p. 124/4)

Du bittest jemanden …
1. … dich morgen anzurufen.
2. … dir zu helfen.
3. … dir etwas Geld zu geben.
4. … dich nicht zu vergessen.
5. … dir zu schreiben.
6. … dir sein neues Handy zu zeigen.
7. … dich nicht zu stören.
8. … dich nicht immer zu kritisieren.
9. … auf dich zu warten.

Préparer la lecture

1 *Informez-vous sur la Suisse.*
(→ Petit dictionnaire de civilisation, Internet)

1. Quelles langues parle-t-on en Suisse? Où?
2. Quelles sont les villes les plus importantes?

En Suisse romande

La Suisse romande, c'est …

… une ville internationale comme Genève

… des lacs au pied des plus belles montagnes

… des alpages

… des régions comme le Valais ou le Fribourg où les habitants sont bilingues

Comprendre

2 **a** *Qu'est-ce que vous apprenez sur la Suisse romande?*

En Suisse romande, il y a / on trouve ___ .

b *De quoi est-ce qu'ils parlent?*

1. J'en ai cinquante-quatre.
2. Il en faut douze.
3. Vous pouvez en goûter un morceau.
4. Tu n'en veux pas?

S'entraîner

3 ►◄ *Posez des questions. Vos camarades répondent.* (→ Repères, p. 125/1)

Pour les questions, utilisez:

un ordinateur une adresse e-mail
des bédés/CD/ DVD de ___
des rollers un skate un vélo
un portable un instrument de musique
des poissons une tortue un chat
des copains/copines qui ___
des frères et sœurs ___

– Est-ce que tu as un ordinateur?
– Oui, j'en ai un. / Non, je n'en ai pas.

Et pour les réponses, utilisez:

Oui, j'en ai	un/e / deux / trois ___ . beaucoup. trop.
Non, je n'en ai	pas. plus.

À Aix-la-Chapelle

Ce sont les vacances. Mme Lecoq visite Aix-la-Chapelle avec son fils …

Ce roi Charlemagne …
Il était français ou allemand?

Comprendre

DELF **1** *Vrai ou faux?*

À l'époque de Charlemagne ...
1. ... la France et l'Allemagne n'existent pas encore.
2. ... tous les riches savent lire la Bible et écrire.
3. ... il n' y a pas encore d'écoles.

Charlemagne ...
4. ...déteste la guerre.
5. ...apprend à lire et à écrire assez tard.
6. ... veut que les enfants apprennent à monter à cheval et à chanter.

Découvrir

2 **a** *Cherchez dans le texte les phrases qui veulent dire la même chose.*

b Nach welchen Ausdrücken steht der „subjonctif"?

1. Nous devons être les plus forts.
2. Vous devez lire ce message.
3. Nos jeunes doivent savoir faire la guerre.
4. Ils doivent savoir chanter à l'église.
5. Il faut des écoles.

S'entraîner

3 **a** *Louis explique à son ami Henri pourquoi il ne peut pas rester avec lui. Expliquez ses raisons. Utilisez* il doit + *infinitif.* (→ Repères, p. 125/2)

1. Louis doit lire trois pages de la Bible.

300 ans après la mort de Charlemagne

1. Il faut que je lise trois pages de la Bible.
2. Il faut que je fasse mes devoirs.
3. Il faut que je m'occupe de mon cheval.
4. Mon père veut que je l'aide.
5. Il faut que j'apprenne la «Chanson de Roland».
6. Il faut que j'écrive une lettre pour mon petit frère.

b *Que dirait Louis en allemand?* Was würde Louis auf Deutsch sagen?

Recherche

4 **a** *Informez-vous sur Charlemagne:* http://his.nicolas.free.fr/ → Personnalités → Charlemagne

1. Quand est-ce qu'il est né?
2. Comment s'appelait son père?
3. Regardez la carte «l'Empire* de Charlemagne». Retrouvez quelques pays d'aujourd'hui qui faisaient partie de cet empire.

* **l'empire** *m.* das Reich

b ◐ *Trouvez encore deux autres informations sur Charlemagne sur le site internet.*

S

Le journal de Clémence

Mardi 31 juillet

Demain je pars chez mes grands-parents à Paris. Ils habitent depuis toujours dans le quartier du Marais, pas loin du Centre Georges Pompidou. Je ne voudrais pas habiter à Paris, c'est trop grand, trop bruyant, mais pour quinze jours, c'est le pied.

D'abord, mes grands-parents sont super gentils avec moi, surtout Mamie à qui je parle beaucoup. Et puis Paris en été, c'est très beau. J'ai des cousins avec qui je fais des balades. On fait du roller sur la Coulée Verte de la Bastille, on va à la Villette, on marche le long du Canal Saint-Martin, on discute sur les escaliers de Montmartre.

Mes cousins sont sympa mais pour eux, je suis la petite cousine de province. Mais j'aime bien leur copain Rémi à qui je plais aussi!

Avec Mamie et Papi, on va au Musée du Louvre. Mamie a un faible pour les tableaux de Delacroix et j'aime bien quand elle me les commente. On va aussi faire les magasins, la Samaritaine ou les Galeries Lafayette.

Quand je vois une chose qui me plaît beaucoup, je ne le leur dis pas toujours, parce qu'ils me l'achètent tout de suite. Mes grands-parents ont un cœur grand comme ça. Le soir, on joue au monopoly.

C'est tout pour aujourd'hui, je dois préparer mon sac et ma valise.

le canal Saint-Martin

Montmartre

Comprendre

DELF **1** **a** *Où trouve-t-on ces informations dans le texte?*

1. Clémence aime bien passer ses vacances à Paris.
2. Mais elle préfère habiter à Saint Herblain.
3. Elle trouve que ses grands-parents sont très sympa avec elle.
4. Clémence est un peu amoureuse* de Rémi.

* **amoureux/-euse** verliebt

b *Que fait Clémence quand elle est à Paris? Faites une liste de ses activités.*

Découvrir

2 **a** *Traduisez ces phrases.* (→ Texte, p. 120)

1. Elle me les commente. (l. 11)
2. Je ne le leur dis pas toujours. (l. 14)
3. Ils me l'achètent. (l. 15)
4. Je te l'achète. (photo)
5. Je vous les prends. (photo)

b *Comparez la place des pronoms en allemand et en français.*

S'entraîner

3 *Écoutez. À quelle phrase écrite est-ce que ces phrases correspondent?*

1. Clémence offre le livre à Rémi. / Clémence offre la bédé à Rémi.
2. Clémence montre les photos à Charlotte. / Clémence montre les photos à ses copains.
3. Yann achète l'affiche à son copain. / Yann achète le CD à son copain.

4 *Clémence montre des photos de ses vacances à Charlotte. Complétez par* à qui, avec qui, chez qui *et* pour qui.

1. Voilà mes grand-parents [?] j'habite.
2. Voilà ma cousine Mathilda [?] je parle de musique.
3. C'est Rémi [?] j'ai un faible.
4. Là, ce sont mes cousins [?] je fais du roller.
5. Voilà une voisine, Mme Leclerc, [?] je montre des photos de Nantes.
6. Là, c'est ma tante [?] je peux discuter de tout.

S

Activité

5 *Choisissez un endroit de Paris* (→ Texte, p. 120) *et retrouvez des informations et des photos sur cet endroit. Ces adresses peuvent vous aider:*
http://www.diplomatie.gouv.fr/label_france/france/dossier/paris/carte.html
http://www.parisbalades.com/

Cartes de vacances

Salut ! Il fait beau et chaud, la vie est belle. On a une voisine qui frappe à notre porte parce que notre musique est trop forte mais à part ça, tout est parfait. Malheureusement, tout a une fin, j'espère que vous m'attendrez le 30 à la gare, mon train arrivera à 20h35.

Bises

Grosses bises de Serre-Ponçon, c'est génial ici. Tu as l'eau et les montagnes : Le lac est magnifique, j'y passe mes journées. Mes cours de planche à voile marchent bien. J'ai un participant qui tombe tout le temps, heureusement il prend ça très bien et nous rigolons beaucoup. De tous mes élèves, c'est lui que je préfère. Je serai le 31 à la maison.

À bientôt !

Nous sommes à Nice. Là, je suis dans un café avec des amis et leurs enfants. Il fait très beau et j'adore cette ville et cette Côte d'Azur. L'appartement est malheureusement très petit et nos jeunes voisins sont très bruyants. C'est surtout leur musique qui me dérange. Si ça continue comme ça, avec leurs décibels, ils seront sûrement sourds avant la fin des vacances. Sinon tout va bien.

Bien amicalement

J'ai mal partout, mais c'est le dos qui me fait le plus mal. Quand vous arriverez ici, vous ne reconnaître pas votre fils. J'apprends la planche à voile avec une monitrice super cool, mais je suis plus souvent dans l'eau que sur la planche. Les copains son sympa, et je suis heureux comme tou. Quand vous serez là, nous ferons u balade en montagne.

Bisous

Comprendre

DELF **1** **a** *Ces quatre cartes sont de Pierre, un jeune homme de 17 ans, Sandrine, une jeune fille de 16 ans, Caroline Lambert, 42 ans et Laetitia Roux, 23 ans. À votre avis, qui a écrit quelle carte? Justifiez votre réponse.*

b *Quelles cartes vont ensemble? Justifiez votre réponse.*

Découvrir

2 **a** *Traduisez:* «Heureusement, il prend ça bien.»

b *Trouvez dans les cartes d'autres exemples d'adverbes en* -ment.

c Von welchen Adjektiven werden diese Adverbien abgeleitet? Aus welcher Form des Adjektivs wird das Adverb gebildet?

S'entraîner

3 **a** *Formez les adverbes.*
(→ Repères, p. 127/2)

grave – normal – long – confortable – courageux

b *Utilisez ces adverbes dans ces phrases.*

1. Ils se regardent [?] dans les yeux.

2. Dans cette voiture, vous roulez [?] .

3. Il n'est pas [?] blessé.

4. Elle agit [?] .

5. [?], il n'est pas méchant!

4 ►◄ *Tu n'as pas bien compris. Alors, tu demandes encore une fois. Ton/Ta voisin/e donne la réponse.*
(→ Repères, p. 127/2)

Exemples:

Le train / *partir* / **à 6 heures**? (à 10 heures)
– **C'est** à 6 heures **que** le train part?
– Non, **c'est** à 10 heures **que** le train part!

Sylvain / *fêter* / son anniversaire samedi? (Sylvie)
– **C'est** Sylvain **qui** fête son anniversaire samedi?
– Non, **c'est** Sylvie **qui** fête son anniversaire.

1. Pierre / *faire* / **de la voile**? (du surf)
2. Elle / *rentrer* / de Serre-Ponçon / **le 29**? (le 31)
3. **Les jambes** / lui / *faire* mal? (les bras)
4. Mme Lambert / *être* en vacances / **à Cannes**? (à Nice)
5. **Le voisin** / *faire* de la musique? (la voisine)
6. **Pierre** / *donner* / cours de surf? (Laetitia)

Écouter

5 **a** 🎧 *Que vous dit la voyante*? Écoutez. Utilisez le futur composé.*

* **la voyante** die Wahrsagerin

b 🎧 *Que dit la voyante à Pierre? Écoutez et continuez.*

SÉQUENCE SUPPLÉMENTAIRE 1

Qu'est-ce qu'on dit?

1 Du fragst jemanden, ob er/sie in Urlaub fährt:	Vous partez en vacances, (Madame/Monsieur)?
Du verbringst eine Woche / 14 Tage	Je passe une semaine / 15 jours
– in der Auvergne:	– en Auvergne.
– an der Côte d'Azur:	– sur la Côte d'Azur.
– am Meer:	– au bord de la mer.
– im Ferienlager:	– en colo(nie de vacances).

Grammaire

2 Das Pronomen „y" Le pronom «y» (→ GH, p. 48)

Tu vas à la piscine?	Oui, j'**y** vais.
Elle va chez ses grands-parents?	Oui, elle **y** va souvent.
Qu'est-ce que vous faites dans les Landes?	On **y** fait du vélo.
Est-ce que vous êtes déjà allés en Auvergne?	Non, on n'**y** est pas encore allé.

a Übersetze die Fragen und Antworten. Wofür steht das Pronomen „y"?

b Beschreibe die Stellung von „y" im Satz.

3 Das Pronomen „en" Le pronom «en» (→ GH, p. 49)

Quand est-ce qu'ils sont rentrés d'Allemagne?	Ils **en** sont rentrés hier.
Sortez de l'eau!	Non, on n'**en** sort plus.

a Übersetze die Fragen und Antworten. Wofür steht das Pronomen „en"?

b Beschreibe die Stellung von „en" im Satz.

4 Die Pronomen beim Imperativ Les pronoms avec l'impératif (→ GH, p. 50)

Regarde-**moi**.	Ne **me** regarde pas!
Écris-**lui**.	Ne **lui** écris pas!
Prends-**le**.	Ne **le** prends pas!
Allez-**y**.	N'**y** allez pas!

Vergleiche die Stellung von le in den folgenden Sätzen.
Je **le** prends.
Ne **le** prends pas.
Prends-**le**.

5 Die Verben Les verbes

envoyer wie: **payer** (→ p. 145)

SÉQUENCE SUPPLÉMENTAIRE 2

Grammaire

6 **Das Pronomen „en"** Le pronom «en» (→ GH, p. 51)

Tu as acheté du chocolat?	Oui, j'**en** ai acheté.
Vous avez beaucoup de vaches?	Oui, j'**en** ai **cinquante-quatre**.
Tu as un frère?	Non, je n'**en** ai pas.
Tu as combien de poissons?	J'**en** ai **six**.

a Übersetze die Fragen und Antworten. Wofür steht das Pronomen „en"?

b *Répondez et utilisez le pronom* en.

1. Tu as acheté des citrons? Oui, j'___ deux.
2. Tu as pris deux baguettes? Non, j'___ une.
3. Combien de pommes est-ce qu'il faut? Il ___ six.

SÉQUENCE SUPPLÉMENTAIRE 3

Qu'est-ce qu'on dit?

7

Im Winter / im Frühjahr / im Sommer / im Herbst:	En hiver / au printemps / en été / en automne
Damals / mit vierzig Jahren:	À cette époque / À quarante ans
Du äußerst einen Wunsch / einen Befehl:	Réponds-moi. / Je voudrais que tu me répondes.

Grammaire

8 **Die Bildung des „subjonctif"** La formation du «subjonctif» (→ GH, p. 52)

ils/elles | **mange**~~nt~~ / **choisiss**~~ent~~ / **répond**~~ent~~ → il faut que/qu'

je	mang**e**	choisiss**e**	répond**e**
tu	mang**es**	choisiss**es**	répond**es**
il/elle	mang**e**	choisiss**e**	répond**e**
nous	mang**ions**	choisiss**ions**	répond**ions**
vous	mang**iez**	choisiss**iez**	répond**iez**
ils/elles	mang**ent**	choisiss**ent**	répond**ent**

Von welcher Verbform musst du ausgehen, um die Formen des „subjonctif" zu bilden?

Merke dir die folgenden Formen.

⚠ être	que je **sois**	que nous **soyons**
avoir	que **j' aie**	que nous **ayons**
faire	que je **fasse**	que nous **fassions**
prendre	que je **prenne**	que nous **prenions**
savoir	que je **sache**	que nous **sachions**

S

9 Der Gebrauch des „subjonctif" L'emploi du «subjonctif» (→ GH, p. 52)

Il faut que nos garçons **apprennent** à lire et à écrire.
Je veux qu'ils **sachent** lire les textes officiels.

Nach „il faut que" und „vouloir que" steht im Französischen immer der „subjonctif".

SÉQUENCE SUPPLÉMENTAIRE 4

Grammaire

10 Zwei Objektpronomen im Satz Deux pronoms objet dans la phrase (→ GH, p. 53)

Clémence: Ma grand-mère **me** commente ses tableaux préférés. — Elle **me** les commente.
Grands-parents: Clémence **nous** présente sa copine. — Elle **nous** la présente.

Sa grand-mère commente les tableaux **à Clémence**. — Sa grand-mère les **lui** commente.
Clémence présente sa copine **à ses grands-parents**. — Clémence la **leur** présente.

Merke

me **te** **nous** **vous**	le la les	**lui** **leur**	+ Verb

Bestimme in den folgenden Sätzen zuerst das direkte und das indirekte Objekt. Ersetze dann die unterstrichenen Objekte durch direkte und indirekte Objektpronomen.

1. Louise offre le livre à son frère.
2. La grand-mère raconte sa vie à Clémence.
3. Yann donne ses CD à Laure.
4. Laure explique un problème à son frère.
5. David achète une affiche à son copain.

11 Der Relativsatz mit „qui" + Präposition La phrase relative avec «qui» + préposition (→ GH, p. 54)

J'ai des cousins **avec qui** je fais des balades. — faire des balades **avec** qn
Mes grands-parents, **chez qui** j'habite, sont super gentils. — habiter **chez** qn
Voilà Rémi, **à qui** je pense souvent. — penser **à** qn

Übersetze:
1. Hier ist die Familie, bei der ich gewohnt habe.
2. Und hier ist Céline, mit der ich viel diskutiert habe.
3. Hier sind Freunde von Céline, mit denen ich ins Kino gegangen bin.
4. Und hier ist Mme Delveau, Célines Großmutter, der ich Fotos aus Sankt Ingbert zeige.

Qu'est-ce qu'on dit?

12

Davon abgesehen:	À part ça ...
Du sagst: Er/Sie macht sich nichts daraus:	Il/Elle prend ça bien.
Dir tut alles weh:	J'ai mal partout.
Du bist überglücklich:	Je suis heureux(-se) comme tout.
Du beendest einen Brief an eine/n Freund/in:	Bises / Grosses bises / Bisous / Bien amicalement
Wenn das so weiter geht (werden sie bald taub sein):	Si ça continue comme ça, (ils seront bientôt sourds).

Grammaire

13 **Das Adverb** L'adverbe (→ GH, p. 56)

Ils seront **sûrement** sourds.
Heureusement, il prend ça bien.

heureux/heureuse	heureuse**ment**	⚠ gentil/gentille	**gentiment**
malheureux/malheureuse	malheureuse**ment**	bon/bonne	**bien**
sûr/sûre	sûre**ment**	mauvaise	**mal**
amical/amicale	amicale**ment**	vrai	**vraiment**

Merke Wie ist jemand/etwas? C'est une fille **gentille**. → Adjektiv
Wie macht jemand etwas? Elle lui parle **gentiment**. → Adverb

14 **Das „futur simple"** Le futur simple (→ GH, p. 55)

			parler	**finir**	**attendre**	⚠ **acheter** →
	-ai	je	parler**ai**	finir**ai**	attendr**ai**	j'ach**è**terai
	-as	tu	parler**as**	finir**as**	attendr**as**	
Infinitiv +	**-a**	il/elle/on	parler**a**	finir**a**	attendr**a**	
	-ons	nous	parler**ons**	finir**ons**	attendr**ons**	
	-ez	vous	parler**ez**	finir**ez**	attendr**ez**	
	-ont	ils/elles	parler**ont**	finir**ont**	attendr**ont**	

⚠ Merke dir die folgenden Formen.
être → je serai   avoir → j'aurai
aller → j'irai   faire → je ferai

15 **Die „mise en relief"** La mise en relief (→ GH, p. 56)

Leur musique dérange.	**C'est** leur musique **qui** dérange.	Wann verwendest du „c'est / ce sont ... qui"?
Les voisins sont bruyants.	**Ce sont** les voisins **qui** sont bruyants.	Wann verwendest du „c'est / ce sont ... que"?
Il préfère le surf.	**C'est** le surf **qu'**il préfère.	
Elle arrive à 20 h 35.	**C'est** à 20 h 35 **qu'**elle arrive.	
Je préfère ce participant.	**C'est** lui **que** je préfère.	

Sacré Charlemagne

Qui a eu cette idée folle
Un jour d'inventer l'école
C'est ce sacré Charlemagne
Sacré Charlemagne
De nous laisser dans la vie
Que les dimanches, les jeudis
C'est ce sacré Charlemagne
Sacré Charlemagne

Ce fils de Pépin le Bref
Nous donne beaucoup d'ennuis
Et nous avons cent griefs
Contre, contre, contre lui

Qui a eu cette idée folle
Un jour d'inventer l'école
C'est ce sacré Charlemagne
Sacré Charlemagne

Participe passé
4 et 4 font 8
Leçon de français
De mathématiques
Que de, que de travail
Sacré, sacré, sacré Charlemagne

Il aurait dû caresser
Longtemps sa barbe fleurie
Oh, oh sacré Charlemagne
Sacré Charlemagne

Au lieu de nous ennuyer
Avec la géographie
Oh, oh sacré Charlemagne
Sacré Charlemagne

Il n'avait qu'à s'occuper
De batailles et de chasse
Nous n'serions pas obligés
D'aller chaque jour en classe

Il faut apprendre à compter
Et faire des tas de dictées
Oh, oh sacré Charlemagne
Sacré Charlemagne

Participe passé
4 et 4 font 8
Leçon de français
De mathématiques
Que de, que de travail
Sacré, sacré, sacré Charlemagne

Car sans lui dans notre vie
Il n'y aurait que des jeudis
Oh, oh sacré Charlemagne
Oh, oh sacré Charlemagne
Oh, oh sacré Charlemagne ...

France Gall (1964)

Êtes-vous d'accord avec France Gall? Discutez.

1 **fou/folle** *adj. m./f.* verrückt 2 **inventer qc** etw. erfinden 3 **ce sacré Charlemagne** dieser verdammte Karl der Große 6 **le jeudi** le jour où il n'y avait pas cours autrefois 10 **l'ennui** *m.* Unannehmlichkeit 11 **le grief** Klage 17 **le participe passé** das Partizip Perfekt 21 **que de travail** nichts als Arbeit 23 **il aurait dû caresser** er hätte streicheln sollen 24 **la barbe** der Bart *hier:* Vollbart 24 **fleuri/e** *adj.* blumengeschmückt 27 **au lieu de** anstatt 27 **ennuyer qn** jdn langweilen 31 **ne ... que ...** nur 32 **la bataille** die Schlacht 32 **la chasse** die Jagd 33 **nous ne serions pas obligés** wir müssten nicht 34 **chaque** jeder/jede 35 **compter** rechnen 36 **la dictée** das Diktat 46 **il n'y aurait que** gäbe es nur

UNITÉ Révision

Lecture: L'esclave noir

Préparer la lecture

DELF **1** **a** *Que peut-on voir sur ce dessin? Décrivez-le. Cherchez les mots que vous ne connaissez pas dans le Petit dictionnaire.* (→ p. 212–222)

b *Regardez le titre de l'histoire et le dessin. D'après vous, de qui et de quoi pourrait parler cette histoire? Où et quand est-ce qu'elle pourrait se passer?*

R

Chapitre 1

août 1791

Je m'appelle Isabelle et j'ai un frère, Antoine. Une fois par mois, je regarde les grands voiliers qui repartent pour Nantes ou Bordeaux. Ils sont chargés de café, de sucre et de coton. Moi aussi, je voudrais monter sur ces bateaux et aller loin de cette île. Tout est très beau à Saint-Domingue, la mer et ses plages, les arbres et les fleurs, les plus jolies fleurs du monde, les plus belles côtes et la mer la plus bleue. C'est un pays magnifique, presque un paradis, le Père Damien est bien de cet avis. Mais moi, je voudrais voir les châteaux de la Loire et la neige en hiver. Dans notre salle de séjour, il y a un beau tableau d'un château sous la neige. Je suis née ici et je n'ai jamais vu la neige. La neige, c'est blanc comme du coton, m'a dit ma mère, mais c'est beaucoup plus froid que le coton. Et au soleil, la neige devient eau. Sur ce tableau, il y a des chasseurs avec leurs chiens près d'un château. Dans la neige, il y a un animal blessé, un chevreuil, m'a dit mon père. Un chasseur s'approche de lui avec un grand couteau. Le chevreuil a les yeux ouverts. Je regarde souvent ce tableau. Mon père a un fusil qu'il porte toujours sur lui parce que les temps sont plus durs qu'avant sur l'île. Mais la vie n'est pas aussi dangereuse qu'en France. On raconte qu'il y a eu une grande révolution à Paris. Mes parents disent qu'ici aussi, nous allons vers la catastrophe. Les esclaves depuis quelque temps pensent beaucoup trop à la liberté. Ils nous détestent. Tout le monde a peur d'une révolte. On parle même d'abolir l'esclavage. Ma mère dit: «Les esclaves sont noirs, ils sont nés en Afrique, ce sont des sauvages, est-ce notre faute? Nous avons acheté ces sauvages et nous leur donnons à manger et même des vêtements. Ils sont là pour travailler et ramasser le coton. Et au moins là, ils sont utiles. Ton père est juste, ajoute maman, il les punit durement mais jamais sans raison.»

Le Père Damien pense aussi qu'il ne faut pas abolir l'esclavage. D'ailleurs, les Noirs peuvent aller à la messe le dimanche comme les hommes.

Chapitre 2

C'est affreux. Aimé a essayé de s'échapper. Il n'est pas allé loin. Les chiens ont vite retrouvé ses traces. Mon père l'a frappé jusqu'au sang et il doit rester sans boire, attaché à un arbre. Moi, j'aime bien Aimé. C'est le fils de Nounou. C'était ma nourrice. Maintenant, elle fait la cuisine et le ménage et en ce moment elle pleure. Aimé et moi, nous jouions ensemble quand nous étions petits. Mais à cinq ans, Aimé a dû travailler avec les autres esclaves et nous n'avons plus joué ensemble. Nous parlons encore, quelquefois, quand c'est possible. Un soir, je l'ai vu sur la plage. Il est allé dans l'eau. Moi aussi, je voudrais bien, mais une jeune fille de treize ans, une Blanche, ne se baigne pas dans la mer. Dommage.

Quand je peux parler à Aimé, je lui raconte les choses que je sais sur la France, des choses que je lis dans les livres ou que mes parents et leurs amis disent quand ils s'imaginent que nous ne les entendons pas, mon frère Antoine et moi. Aimé pose beaucoup de questions. Nous devons nous cacher car, pour les Blancs, il est interdit d'être amis avec les esclaves. Nounou me dit qu'elle a toujours dit à Aimé qu'il ne faut pas réfléchir, qu'un esclave ne doit pas penser, que c'est dangereux quand on veut rester en vie. Il faut travailler et prier. Elle me dit qu'il est trop intelligent, son Aimé, qu'il a trop d'idées dans la tête, et qu'il va lui arriver malheur parce qu'il se pose trop de questions. Elle dit que les Noirs doivent utiliser leurs mains, leurs jambes, leur dos, leurs bras, mais pas leur tête. Elle a toujours eu peur pour lui et elle avait raison.

Chapitre 3

C'est le soir du deuxième jour. Aimé est encore là, attaché. Il ne peut pas bouger. Il a du sang partout. Les autres Noirs le regardent mais ils ne peuvent pas s'approcher de lui. Nous non plus. C'est interdit.

Mon frère Antoine et moi, nous sommes allés voir notre père et nous lui avons demandé la grâce d'Aimé; mais il a refusé. Il a parlé d'exemple à donner, de révolte sur l'île, il a dit: «Vous leur donnez le petit doigt, ils vous prennent la main.» Nous avons insisté et il s'est mis en colère. Bien sûr, il était furieux contre Aimé, mais j'ai compris aussi que c'était plus grave encore: Il avait peur des autres esclaves, de tous les esclaves. Antoine a pris alors son courage à deux mains et a dit: «S'il vous plaît, père, est-ce que nous pouvons au moins lui donner de l'eau? Un verre d'eau, un seul verre d'eau. S'il vous plaît, pour Nounou qui est si malheureuse et qui pleure depuis deux jours dans la cuisine.» Alors mon père a répondu froidement:

«Le premier ou la première qui porte un verre d'eau à cet animal risque le même sort qu'Aimé. Assez discuté, vous deux. Montez dans votre chambre.»

De la fenêtre de notre chambre, on peut voir Aimé et son arbre.

Il fait un peu moins chaud.

Nounou nous a apporté un plateau avec du pain et de l'eau.

Elle est restée avec nous un moment. Nous avons longuement regardé Aimé. Elle nous a dit: «Je crois qu'il a les yeux ouverts, je crois qu'il nous voit.»

Alors, avec mon frère nous n'avons rien dit. Nous avons pris le pain et l'eau et nous sommes sortis.

R

Comprendre

Après le chapitre 1

DELF **2** **a** *Vrai ou faux? Corrigez si c'est faux.*

1. Isabelle, la jeune narratrice*, habite avec sa famille à Saint-Domingue.
2. Elle est née à Saint-Domingue, mais elle n'aime plus son île.
3. Elle voudrait aller en France pour voir des châteaux.
4. Elle ne connaît pas la neige et elle ne veut pas la connaître.
5. Chez elle, il y a un tableau d'un château sous la neige avec un chevreuil mort.
6. Le père d'Isabelle porte toujours un fusil sur lui parce qu'il est chasseur.
7. À Saint-Domingue, la vie est devenue plus dangereuse qu'en France.
8. Les esclaves doivent ramasser le coton.
9. La mère d'Isabelle pense que les esclaves sont des sauvages.
10. La mère pense aussi que les Blancs sont bons avec les esclaves.
11. Les parents d'Isabelle pensent qu'il faut abolir l'esclavage.
12. Les Blancs ont peur d'une révolte d'esclaves.

* **la narratrice** die Erzählerin

b *Relisez le premier chapitre et notez toutes les informations que vous trouvez sur*
– Isabelle et sa famille.
– l'endroit où elle habite.

Après le chapitre 2

DELF **3** *Trouvez de qui il est question.*

1. Il n'a pas pu s'échapper.
2. Il l'a puni durement.
3. Il est attaché à un arbre.
4. Elle l'aime bien.
5. Elle est triste et elle a peur pour lui.
6. Elle pense qu'il réfléchit trop.
7. Il travaille depuis l'âge de cinq ans.
8. Elle aussi, elle voudrait nager dans la mer, mais elle ne peut pas.
9. Ils ne jouent plus ensemble.
10. Ils doivent se cacher pour lui parler parce que c'est interdit.

DELF **4** *Qu'est-ce que vous apprenez sur Aimé? Décrivez-le.*

Après le chapitre 3

5 *Répondez.*

1. Pourquoi est-ce que les esclaves et les enfants ne s'approchent pas d'Aimé?
2. Que font alors Antoine et Isabelle?
3. Comment est-ce que leur père réagit? Pourquoi?

Sur l'ensemble de l'histoire

6 **a** *Mettez les phrases suivantes dans l'ordre et retrouvez le mot-clé.*

- N Un jour, Aimé, un esclave, essaie de s'échapper.
- E Alors, les deux enfants sortent de leur chambre.
- S Nous sommes à Saint Domingue en 1791.
- O Il est interdit de lui donner à boire ou à manger.
- I Ses parents, de riches Blancs, ont beaucoup d'esclaves qui travaillent pour eux.
- G Nounou leur apporte à boire et à manger.
- I Leur père refuse, mais les enfants insistent.
- T Mais les chiens retrouvent vite l'esclave.
- U De la fenêtre de la chambre, Nounou et les enfants regardent longuement Aimé.
- A Isabelle habite sur cette île avec sa famille.
- M Isabelle et Antoine demandent la grâce de leur ami.
- N Le père punit alors ses enfants: ils doivent rester dans leur chambre.
- D Le père d'Isabelle frappe son esclave et l'attache à un arbre.

b «Alors, avec mon frère, nous n'avons rien dit. Nous avons pris le pain et l'eau et nous sommes sortis.» *Qu'est-ce qu'Isabelle et son frère vont faire? Imaginez la suite de l'histoire.*

7 *Choisissez un passage de l'histoire, écrivez-le et illustrez-le.*

8 *Qu'est-ce que vous apprenez, dans le texte, sur l'île de Saint-Domingue en 1791? Notez dans votre cahier. Complétez vos notes par des informations que vous trouvez dans le Petit dictionnaire de civilisation.* (→ p. 150)

Écouter

DELF **9** **a** *Écoutez le texte, retrouvez l'ordre des images et le mot-clé.*

b *Écoutez le texte encore une fois, prenez des notes et racontez les voyages de François Le Goff.*

Vocabulaire

10 *Trouvez le contraire des mots ou des phrases soulignés.*

1. Elle pleure.
2. Elle regarde toujours les bateaux.
3. Il fait froid.
4. Il est né en 1791.
5. C'est affreux.
6. Il a accepté mon idée.
7. Moi aussi, j'ai vu ces arbres.
8. C'est le soir du deuxième jour.
9. Elle voudrait aller loin de cette île.
10. Il a les yeux fermés.
11. Ils descendent du bateau.

11 *Trouvez les mots.*

La rose est une fleur, le chevreuil est ___ , l'eau et le café sont ___ , le voilier est ___ , le pantalon est ___ , le bleu est ___ , la France est ___ , le lundi est ___ , «mai» est ___ , la mangue est ___ , «journaliste» est ___ , le foot est ___ .

12 *Continuez cet associogramme dans votre cahier.*

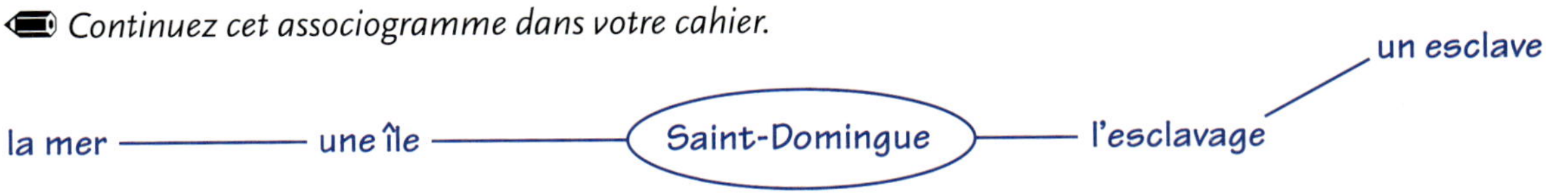

Activités

DELF **13** *Écrivez à votre correspondant/e pour lui parler de la lecture «L'esclave noir».*

De qui et de quoi parle l'histoire?
Quand et où est-ce qu'elle se passe*?
Est-ce que cette histoire te plaît ou non?
Comment trouves-tu cette histoire?
___

Cher/Chère ___
En classe, nous avons lu une histoire qui s'appelle «L'esclave noir», ___

* **se passer** spielen, sich ereignen

14 *La liberté, qu'est-ce que c'est pour vous? Faites un collage avec vos camarades. Vous pouvez faire des dessins, prendre des photos, trouver des slogans, écrire des poèmes etc.*

Exercices de révision

1 Réviser les adjectifs

Mettez les adjectifs à leur place. Pensez à l'accord! (→ Repères, p. 90/3)

Pierre habite en Guadeloupe, au bord de la mer. Souvent, il regarde les [?] bateaux [?] qui arrivent sur cette [?] île [?]. Il adore la [?] mer [?] et les [?] plages [?] de [?] sable [?] avec leurs [?] arbres [?]. Mais cette île n'est pas toujours un [?] paradis [?]. Il y a aussi de [?] problèmes [?]. Par exemple, beaucoup de gens sont au chômage ou doivent prendre un [?] travail [?].

grand
beau
bleu, long, blanc
magnifique
fantastique
nombreux

dur

2 Réviser le comparatif et le superlatif de l'adjectif

a *Comparez les deux dessins. Utilisez le comparatif.* (→ Repères, p. 91/4)

b *Complétez. Utilisez le superlatif de l'adjectif.* (→ Repères, p. 91/5)

1. vert/beau
2. beau
3. bon

3 Réviser les pronoms d'objet direct et indirect

Complétez. Utilisez un pronom d'objet direct ou indirect. (→ Repères, p. 74/2)

4 Réviser le discours indirect

Les touristes allemands ne parlent pas français. Aidez-les. Utilisez Il/Elle dit ____ . / Ils/Elles disent que____ . Il/Elle demande ____ . / Ils/Elles demandent si/où/quand ____ . (→ Repères, p. 22/8)

5 Réviser les pronoms relatifs

Complétez. Utilisez qui, que *ou* où. (→ Repères, p. 56/5)

Jacques Cartier, [?] est né à Saint-Malo en 1491, a fait de nombreux voyages sur les mers à une époque [?] les voyages en bateau étaient durs et dangereux. Le Canada, [?] il a découvert en 1534, a gardé le souvenir de ce grand explorateur* français, mais la ville de Saint-Malo, [?] il a passé de nombreuses années, ne l'a pas oublié non plus.
Vous allez bientôt en Bretagne? Alors vous devez visiter la maison [?] cet homme célèbre habitait. C'est le Manoir de Limœlou, à Saint-Malo. Cette maison est devenue un musée [?] beaucoup de gens aiment visiter. Le musée, [?] est ouvert toute l'année, vous raconte sa vie mais bien sûr aussi ses voyages, [?] vous allez trouver super.

* **l'explorateur** *m.* der Entdecker

6 Réviser l'article partitif et les quantifiants

►◄ *Comparez les deux dessins et trouvez les huit différences. Utilisez l'article partitif et des quantifiants.* (→ Repères, p. 55/3)

7 Réviser les verbes pronominaux

Complétez par une forme des verbes suivants. (→ Repères, p. 105/3)

s'appeler
se baigner
s'intéresser (2 x)
s'occuper (2 x)
se promener
se sentir

Bonjour, je [?] Marie. J'habite en Martinique, au bord de la mer. Je suis heureuse et je [?] bien ici. Le week-end, mes frères et sœurs et moi, nous [?] sur la plage et nous [?] dans la mer. Je [?] au sport et aux animaux et je [?] d'animaux malades. Est-ce qu'il y a quelqu'un qui [?] aux mêmes choses que moi et qui [?] aussi d'animaux? Écrivez-moi!

8 Réviser le passé composé

Qu'est-ce que Marie a fait dimanche dernier? Racontez. (→ Repères, p. 38/3; p. 39/4)

9 Réviser l'imparfait

À 70 ans, Mme Richard raconte sa vie à ses petits-enfants. Mettez les verbes entre parenthèses à l'imparfait. (→ Repères, p. 106/4)

Quand j'*(être)* petite, j'*(habiter)* à Tahiti. Nous *(avoir)* une grande maison. Moi, je *(jouer)* souvent avec le fils des voisins. Il *(s'appeler)* Vincent. C'*(être)* mon ami. Nous *(se retrouver)* souvent après l'école et nous *(aller)* ensemble à la plage.
Vincent *(vouloir)* toujours savoir des tas de choses sur la France, alors il *(venir)* souvent chez nous et il *(poser)* beaucoup de questions à mon grand-père qui *(être)* parisien.

ANNEXE

Les signes dans la phrase

la minuscule
LA MAJUSCULE
l'apostrophe f.
le trait d'union
l'accent grave m.
l'accent aigu m.
l'accent circonflexe m.
le «c» cédille

Samedi, c'est l'anniversaire de Jérôme! Il fait une fête et il invite ses amis: deux garçons et trois filles. Mercredi après-midi, les copains achètent des cadeaux. Hélène achète le CD «Joyeux anniversaire», René regarde une bédé – elle est super, mais trop chère. Et moi? (Je n'ai pas encore d'idée ...)

les points de suspension
la virgule
le tiret
les deux points
les parenthèses f.
le point d'exclamation
le point
les guillemets m.
le point d'interrogation

La transcription phonétique Die Lautschrift

Les consonnes Die Konsonanten

[b] banane, bonbon
[d] danse, ordinateur
[f] photo, soif
[g] gare, guide
[k] classe, chocolat
[l] la, ville
[m] mardi, aimer, film
[n] non, tonne
[ŋ] camping
[ɲ] campagne, Allemagne
[p] page, répondre
[ʀ] rue, livre
[s] *scharfes „s" wie in* Kuss: ça, merci, sonner, passer
[z] *summendes „s" (tritt nur zwischen zwei Vokalen, als Bindungs -s bzw. -x oder in der Schreibung „z" auf) wie in* rasen: maison, les‿enfants, six‿heures, zéro
[ʃ] „sch" *wie in* Tasche: chercher, chat
[ʒ] „j" *wie in* Garage: agenda, jouer
[t] tour, mettre
[v] voisin, livre, élève

Les voyelles Die Vokale

[a] *kurzes „a" wie in* Ball: ami, femme
[ɑ] *langes „a" wie in* Bahn: ne ... pas, gâteau
[ɛ] *offenes „e" wie in* Ende: mais, disquette, c'est
[e] *geschlossenes „e" wie in* See: école, bébé
[ə] *stummes „e" wie in* Kabel: le, de, regarder
[i] idée, guide, lit
[o] *geschlossenes „o" wie in* Floh: trop, pauvre
[ɔ] *offenes „o" wie in* doch: poste, sortir
[ø] *geschlossenes „ö" wie in* böse: jeudi, Monsieur
[œ] *offenes „ö" wie in* öffnen: fleuve, cœur
[u] „u" *wie in* Mut: où, bonjour, sous
[y] „ü" *wie in* müde: unité, muscle, minute

Les semi-voyelles Die Gleitlaute

[ɥ] cuisine, minuit
[j] caillou, famille, dossier
[w] oiseau, histoire, oui

Les voyelles nasales Die nasalierten Vokale

[ɑ̃] enfant, cantine, lampe
[ɔ̃] pont, raconter, pardon
[ɛ̃] un, dessin, faim, copain

Comment former des mots **Wie man Wörter bildet**

Le préfixe re- **Die Vorsilbe re-**

Die Vorsilbe re- *entspricht häufig dem deutschen* wieder / noch einmal *oder* zurück.

commencer qc	recommencer qc	etw. noch einmal von vorn anfangen
connaître qn/qc	reconnaître qn/qc	jdn/etw. wieder erkennen
demander qc	redemander qc	noch einmal fragen
descendre	redescendre	wieder hinuntersteigen/hinuntergehen
dire qc	redire qc	etw. noch einmal sagen, etw. wiederholen
donner qc	redonner qc	etw. zurückgeben
faire qc	refaire qc	etw. noch einmal tun
fermer qc	refermer qc	etw. wieder schließen
lire qc	relire qc	etw. noch einmal lesen
monter	remonter	noch einmal hinaufsteigen/hinaufgehen
partir	repartir	wieder fortgehen
sortir	ressortir	wieder hinausgehen
trouver qn/qc	retrouver qn/qc	1. jdn/etw. wieder finden, 2. jdn (wieder) treffen
venir	revenir	wiederkommen, zurückkommen
voir qn/qc	revoir qn/qc	jdn/etw. wiedersehen

Les verbes et leurs compléments **Die Verben und ihre Ergänzungen**

Einige Verben schließen das Objekt im Französischen anders als im Deutschen an:

demander à qn	jemanden fragen
téléphoner à qn	jemanden anrufen
aider qn	jemandem helfen
attendre qn	auf jemanden warten
écouter qn	jemandem zuhören, auf jemanden hören

Le vocabulaire de la discussion **Diskutieren**

Dire son avis **Seine Meinung äußern**

Je pense que ___ .
Je trouve que ___ .
Je suis sûr/e que ___ .
À mon avis, ___ .
Je suis pour. / Je suis contre.
On pourrait aussi ___ .
Je voudrais finir ma phrase.
Je ne sais pas, ça dépend (de ___).

Accepter **Zustimmen**

C'est une idée intéressante.
Tu as raison.
Je suis d'accord avec toi.
C'est juste.
C'est vrai.
Pourquoi pas?

Demander son avis à qn **Nachfragen**

Qu'est-ce que tu penses de ___ ?
Qu'est-ce que ça veut dire?
Qu'est-ce que tu veux dire par là?

Refuser **Ablehnen**

Ce n'est pas mon avis.
Ce n'est pas vrai.
Ce n'est pas juste.
Je ne suis pas d'accord.
Ça ne sert à rien.

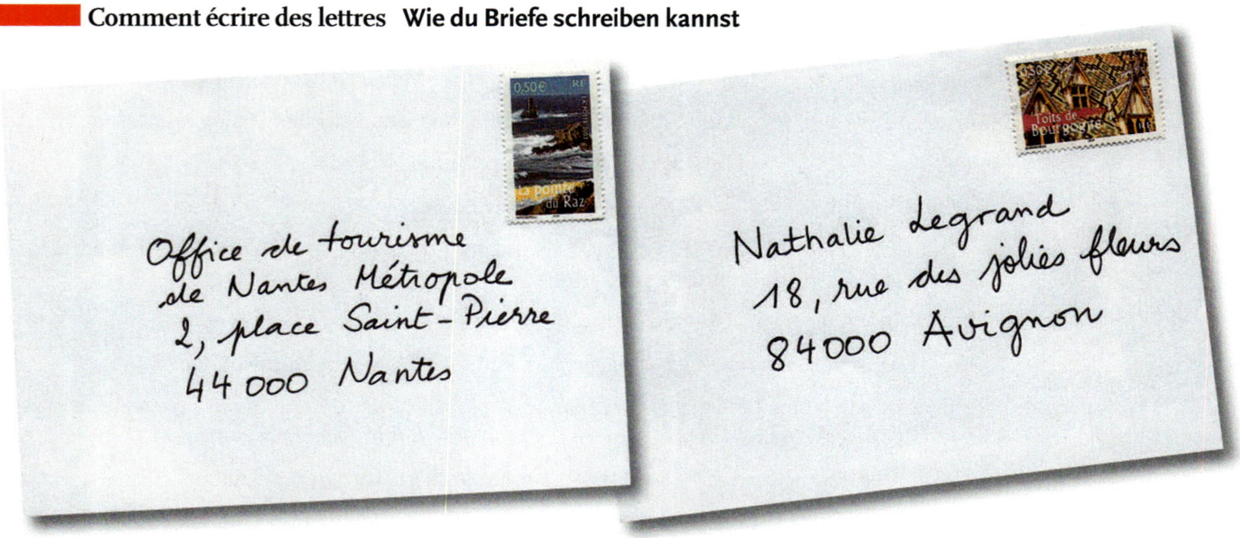

Marseille, le 18 décembre 2005 — *Datum*

Anrede an einen Freund / eine Freundin	Cher Jérôme / Chère Nathalie
an einen Erwachenen, den du kennst	Cher Monsieur / Chère Madame
an einen Unbekannten	Monsieur / Madame
Beispiel für einen Brief an einen Freund / eine Freundin.	Comment vas-tu? C'est bientôt Noël[1]. Je vais passer les vacances chez ma tante. Je suis super content(e) parce que j'adore être avec mes cousins. Et toi, qu'est ce que tu vas faire pendant les vacances de Noël?
Beispiel für einen Brief an das Fremdenverkehrsamt	Ma famille et moi, nous voulons passer nos vacances cet été à Nantes. Pouvez-vous nous envoyer[2] des prospectus[3] sur la ville et sa région?
Du beendest den Brief an einen Freund / eine Freundin	(Grosses) Bises / Bisous
an einen Erwachsenen, den du kennst	Cordialement / Amicalement
an einen Unbekannten	Meilleures salutations
Du lässt Grüße an die Eltern ausrichten	Donne le bonjour à tes parents.

1 **Noël** *m.* Weihnachten 2 **envoyer** (zu)schicken 3 **le prospectus** der Prospekt

À votre avis, ...?	..., eurer Meinung nach, ...?
Apprenez le poème / le dialogue (par cœur).	Lernt das Gedicht / den Dialog (auswendig).
Changez les rôles.	Tauscht die Rollen.
Cherchez d'autres exemples dans le texte.	Sucht weitere Beispiele im Text.
Choisissez (un personnage / un verbe / une expression).	Wählt (eine Person / ein Verb / einen Ausdruck) aus.
Classez les mots.	Sortiert die Wörter.
Comparez (vos résultats en classe).	Vergleicht (die Ergebnisse in der Klasse).
Complétez (le texte / le tableau / la grille) avec/par les formes des verbes (entre parenthèses).	Vervollständigt (den Text / die Tabelle / das Raster) mit den Verbformen (in Klammern).
Contrôlez/Corrigez les réponses.	Kontrolliert/Korrigiert die Sätze.
Décrivez la situation / les images.	Beschreibt die Situation / die Bilder.
Dites le contraire. / Dites si ...	Sagt das Gegenteil. / Sagt, ob ...
Donnez des explications / votre avis sur ... / Donnez-leur des conseils.	Gebt Erklärungen / Sagt eure Meinung zu/über ... / Gebt ihnen Ratschläge.
Écrivez un mini-poème / au moins deux phrases (dans votre cahier).	Schreibt ein Mini-Gedicht / mindestens zwei Sätze (in euer Heft).
Essayez (la recette).	Probiert (das Rezept) aus.
Expliquez.	Gebt eine Erklärung.
Faites attention à (l'accord de l'adjectif).	Achtet auf (die Angleichung des Adjektivs).
Faites une fiche (pour vos camarades) / une chaîne / des propositions / des devinettes (sur des personnages célèbres).	Macht eine Kartei (für eure Mitschüler/innen) / eine Kette / Vorschläge / Rätsel (über berühmte Persönlichkeiten).
Formez des phrases / deux équipes.	Bildet Sätze / zwei Mannschaften.
Justifiez votre réponse.	Begründet eure Antwort.
Mettez les phrases dans l'ordre / les verbes entre parenthèses à l'imparfait.	Bringt die Sätze in die richtige Reihenfolge. / Setzt die Verben in Klammern ins Imperfekt.
Quel dialogue / quelle phrase correspond à quelle photo?	Welcher Dialog / Welcher Satz gehört zu welchem Foto?
Racontez l'histoire au présent / le texte à l'aide de ...	Erzählt die Geschichte im Präsens / den Text mit Hilfe von ...
Remplacez __ par __	Ersetzt __ durch __
Résumez l'histoire.	Fasst die Geschichte zusammen.
(Re)trouvez les mots / les expressions / l'ordre (des photos).	Findet die Wörter / Ausdrücke / die richtige Reihenfolge (der Fotos).
Révisez (les nombres). / Faites réviser (le vocabulaire) à vos camarades.	Wiederholt (die Zahlen). / Lasst eure Mitschüler (die Vokabeln) wiederholen.
Traduisez (les exemples).	Übersetzt (die Beispiele).
Trouvez des expressions correspondantes en allemand / le bon résumé / d'autres titres / le contraire / les différences.	Sucht entsprechende Ausdrücke im Deutschen. / die richtige Zusammenfassung / andere Titel / das Gegenteil / die Unterschiede.
Visitez le site.	Besucht die Webseite.
Vrai ou faux?	Richtig oder falsch?

Les nombres en français Die französischen Zahlen

1. Les nombres cardinaux Die Grundzahlen

0	zéro	[zeʀo]	
1	un/une	[ɛ̃] *(männlich)* / [yn] *(weiblich)*	
2	deux	[dø]	[døz] *in der Bindung:* deux enfants [døzɑ̃fɑ̃]
3	trois	[tʀwa]	[tʀwaz] *in der Bindung:* trois enfants [tʀwazɑ̃fɑ̃]
4	quatre	[katʀ]	
5	cinq	[sɛ̃k]	[sɛ̃] *vor Konsonanten:* cinq romans [sɛ̃ʀomɑ̃]
6	six	[sis]	[si] *vor Konsonanten:* six livres [silivʀ] [siz] *in der Bindung:* six heures [sizœʀ]
7	sept	[sɛt]	
8	huit	[ɥit]	[ɥi] *vor Konsonanten:* huit musées [ɥimyze]
9	neuf	[nœf]	*aber:* neuf ans [nœvɑ̃] und neuf heures [nœvœʀ]
10	dix	[dis]	[di] *vor Konsonanten:* dix livres [dilivʀ] [diz] *in der Bindung:* dix heures [dizœʀ]
11	onze	[ɔ̃z]	
12	douze	[duz]	
13	treize	[tʀɛz]	
14	quatorze	[katɔʀz]	
15	quinze	[kɛ̃z]	
16	seize	[sɛz]	
17	dix-sept	[disɛt]	
18	dix-huit	[dizɥit]	
19	dix-neuf	[diznœf]	*wie bei* neuf
20	vingt	[vɛ̃]	[vɛ̃t] *in der Bindung:* vingt heures [vɛ̃tœʀ]
21	vingt **et** un[1] vingt **et** une	[vɛ̃teɛ̃] *(männlich)* [vɛ̃teyn] *(weiblich)*	
22	vingt-deux	[vɛ̃tdø]	*wie bei* deux
30	trente	[tʀɑ̃t]	
40	quarante	[kaʀɑ̃t]	
50	cinquante	[sɛ̃kɑ̃t]	
60	soixante	[swasɑ̃t]	
70	soixante-dix[2]	[swasɑ̃tdis]	*wie bei* dix
71	soixante et onze	[swasɑ̃teɔ̃z]	
72	soixante-douze	[swasɑ̃tduz]	
73	soixante-treize	[swasɑ̃ttʀɛz]	
74	soixante-quatorze	[swasɑ̃tkatɔʀz]	
75	soixante-quinze	[swasɑ̃tkɛ̃z]	
76	soixante-seize	[swasɑ̃tsɛz]	
77	soixante-dix-sept	[swasɑ̃tdisɛt]	
78	soixante-dix-huit	[swasɑ̃tdizɥit]	*Bindung wie bei* huit
79	soixante-dix-neuf	[swasɑ̃tdiznœf]	*Bindung wie bei* neuf
80	quatre-vingt**s**[3]	[katʀəvɛ̃]	*Bindung wie bei* vingt
81	quatre-vingt-un[4] quatre-vingt-une	[katʀəvɛ̃ɛ̃] [katʀəvɛ̃yn]	*(männlich)* *(weiblich)*
82	quatre-vingt-deux	[katʀəvɛ̃dø]	*Bindung wie bei* deux
90	quatre-vingt-dix[5]	[katʀəvɛ̃dis]	*Bindung wie bei* dix
91	quatre-vingt-onze	[katʀəvɛ̃ɔ̃z]	
100	cent	[sɑ̃]	[sɑ̃t] *in der Bindung:* 100 ans [sɑ̃tɑ̃]
101	cent un[6]	[sɑ̃ɛ̃]	
102	cent deux	[sɑ̃dø]	[-døz] *in der Bindung*
110	cent dix	[sɑ̃dis]	[-di] *vor Konsonanten* [-diz] *in der Bindung*

ANNEXE

200	deux cents[7]	[døsɑ̃]	[-sɑ̃z] *in der Bindung*
201	deux cent un[8]	[døsɑ̃ɛ̃]	
1.000	mille	[mil]	
1.001	mille un	[milɛ̃]	
2.000	deux mille[9]	[dømil]	
100.000	cent mille	[sɑ̃mil]	
200.000	deux cent mille	[døsɑ̃mil]	
1.000.000	un million[10]	[ɛ̃miljɔ̃]	
2.000.000	deux millions	[dømiljɔ̃]	

1 *Bei* 21, 31, 41, 51, 61 *wird der Einer mit* et *an den Zehner gebunden. Die nachfolgenden Einer (z.B.* 22, 23, 24, ...*) werden jedoch mit Bindestrich angeschlossen.*
2 *Ein eigenes Zahlwort für* 70 *hat das Französische nicht. Diese Zahl wird durch Zusammensetzen von* 60 (+) 10 *gebildet.*
3 *Das Zahlwort* vingt *hat eine Pluralform:* quatre-vingts. *Die Zahl* 80 *ist eine Zusammensetzung aus:* 4 (x) 20.
4 *Wenn auf* vingt *eine weitere Zahl folgt, entfällt das Plural-*s.
5 *Auch bei* 90 *wird eine zusammengesetzte Form gebildet:* 4 (x) 20 (+) 10.
6 *Ab* 100 *werden die Einer und Zehner nicht mehr mit Bindestrich angeschlossen.*
7 *Das Zahlwort* cent *hat eine Pluralform:* deux cents, trois cents.
8 *Wenn noch eine Zahl folgt, hat* cent *kein* -s.
9 *Das Zahlwort* mille *ist unveränderlich:* deux mille, trois mille.

Die Schreibung mit Bindestrich ist nach den neuen Empfehlungen zur französischen Rechtschreibung möglich. Du kannst also schreiben: vingt-et-un, deux-cents, trois-mille-cinq-cents. *(www.orthographe-recommandee.info)*

Jahreszahlen

Die Jahreszahlen unter 2000 kannst du auf zweifache Weise ausdrücken:

1999 dix-neuf cent quatre-vingt-dix-neuf *oder* mille neuf cent quatre-vingt-dix-neuf

Um eine Jahreszahl als Datum anzugeben, benutzt man die Präposition en*:* Mon frère est né **en** 2002.
Um ein vollständiges Datum anzugeben, trennt man im Französischen Tag, Monat und Jahr mit Schrägstrichen ab: Ma sœur est née le 17/07/2001.

2. Les nombres ordinaux **Die Ordnungszahlen**

Ordnungszahlen		**Aussprache**
le 1er / la 1ère	le premier, la première	[pʀəmje]/[pʀəmjɛʀ]
le/la 2e	le/la deuxième *oder* le/la second/e	[døzjɛm] *oder:* [sgɔ̃]/[sgɔ̃d]
le/la 3e	le/la troisième	[tʀwazjɛm]
le/la 4e	le/la quatrième	[katʀjɛm]
le/la 5e	le/la cinquième	[sɛ̃kjɛm]
le/la 6e	le/la sixième	[sizjɛm]
le/la 7e	le/la septième	[sɛtjɛm]
le/la 8e	le/la huitième	[ɥitjɛm]
le/la 9e	le/la neuvième	[nœvjɛm]
le/la 10e	le/la dixième	[dizjɛm]
le/la 20e	le/la vingtième	[vɛ̃tjɛm]
le/la 21e	le/la vingt et unième	[vɛ̃teynjɛm]

Man sagt:	le 1er mai	le premier mai	[ləpʀəmjemɛ]
aber:	le 2 mai	le deux mai	[lədømɛ]

Bei Datumsangaben gebraucht man die Ordnungszahl nur beim ersten Tag eines Monats.

Les verbes **Die Verben**

Hier findest du die Konjugationen der Verben aus den sechs obligatorischen Unités.

⚠ (ê) *So gekennzeichnete Verben bilden das* passé composé *mit* être.

Les verbes auxiliaires „avoir“ *et* „être“ ***Die Hilfsverben* „avoir“ *und* „être“**

infinitif	**avoir**		**être**	
présent	j'	ai	je	suis
	tu	as	tu	es
	il/elle/on	a	il/elle/on	est
	nous	avons	nous	sommes
	vous	avez	vous	êtes
	ils/elles	ont	ils/elles	sont
imparfait	j'	avais	j'	étais
impératif	Aie. Ayons. Ayez.		Sois. Soyons. Soyez.	
participe passé	eu		été	

Les verbes réguliers en -er/-ir/-(d)re ***Die regelmäßigen Verben auf*** -er/-ir/-(d)re

infinitif	**parler**	
présent	je	parle
	tu	parles
	il/elle/on	parle
	nous	parlons
	vous	parlez
	ils/elles	parlent
imparfait	je	parlais
impératif	Parle. Parlons. Parlez.	
participe passé	parlé	

⚠ *Diese Verben auf* -er *bilden das* passé composé *mit* être: (ê)arriver, (ê)entrer, (ê)monter, (ê)passer en, (ê)rentrer, (ê)rester, (ê)retourner, (ê)tomber

⚠ *Diese Verben haben jeweils eine Besonderheit in der Schreibung:*

-cer:	nous (re)commençons, nous dénonçons, nous lançons, nous renonçons
-ger:	nous bougeons, nous changeons, nous dérangeons, nous échangeons, nous mangeons, nous nageons, nous rangeons, nous nous protégeons
-yer:	je paie, tu paies, il/elle/on paie, nous payons, vous payez, ils/elles paient; *ebenso:* essayer, nettoyer
-érer:	je préfère; j'espère; j'exagère
acheter:	j'achète, nous achetons
peser:	je pèse, nous pesons; *ebenso:* peler
s'appeler:	je m'appelle, nous nous appelons
jeter:	je jette, nous jetons
-ener:	j'amène, nous amenons; *ebenso:* se promener
épeler:	j'épèle, nous épelons

infinitif	**réagir**		**attendre**	
présent	je	réagis	j'	attends
	tu	réagis	tu	attends
	il/elle/on	réagit	il/elle/on	attend
	nous	réagissons	nous	attendons
	vous	réagissez	vous	attendez
	ils/elles	réagissent	ils/elles	attendent
imparfait	je	réagissais	j'	attendais
impératif	Réagis. Réagissons. Réagissez.		Attends. Attendons. Attendez.	
participe passé	réagi *ebenso:* agir, applaudir, choisir, réfléchir		attendu *ebenso:* dépendre, (ê)(re)descendre, entendre, perdre, répondre	

ANNEXE

infinitif	(ê)**aller** gehen, laufen		**connaître** kennen		**devoir** müssen, schulden	
présent	je	vais	je	connais	je	dois
	tu	vas	tu	connais	tu	dois
	il/elle/on	va	il/elle/on	connaît	il/elle/on	doit
	nous	allons	nous	connaissons	nous	devons
	vous	allez	vous	connaissez	vous	devez
	ils/elles	vont	ils/elles	connaissent	ils/elles	doivent
imparfait	j'	allais	je	connaissais	je	devais
impératif	Va. Allons. Allez.		Connais. Connaissons. Connaissez.		*(selten verwendet)*	
participe passé	allé/e		connu		dû	

infinitif	**dire** sagen, reden		**écrire** schreiben		**faire** machen	
présent	je	dis	j'	écris	je	fais
	tu	dis	tu	écris	tu	fais
	il/elle/on	dit	il/elle/on	écrit	il/elle/on	fait
	nous	disons	nous	écrivons	nous	faisons [nufəzɔ̃]
	vous	dites	vous	écrivez	vous	faites
	ils/elles	disent	ils/elles	écrivent	ils/elles	font
imparfait	je	disais	j'	écrivais	je	faisais [ʒəfəzɛ]
impératif	Dis. Disons. Dites.		Écris. Écrivons. Écrivez.		Fais. Faisons. Faites.	
participe passé	dit		écrit		fait	

infinitif	**lire** lesen		**mettre** setzen, stellen, legen		**ouvrir** öffnen, aufmachen	
présent	je	lis	je	mets	j'	ouvre
	tu	lis	tu	mets	tu	ouvres
	il/elle/on	lit	il/elle/on	met	il/elle/on	ouvre
	nous	lisons	nous	mettons	nous	ouvrons
	vous	lisez	vous	mettez	vous	ouvrez
	ils/elles	lisent	ils/elles	mettent	ils/elles	ouvrent
imparfait	je	lisais	je	mettais	j'	ouvrais
impératif	Lis. Lisons. Lisez.		Mets. Mettons. Mettez		Ouvre. Ouvrons. Ouvrez.	
participe passé	lu		mis		ouvert *ebenso:* couvrir, découvrir, offrir	

infinitif	**plaire** jdm. gefallen		**pleuvoir** regnen		**pouvoir** können	
présent	je	plais	il	pleut	je	peux
	tu	plais			tu	peux
	il/elle/on	plaît			il/elle/on	peut
	nous	plaisons			nous	pouvons
	vous	plaisez			vous	pouvez
	ils/elles	plaisent			ils/elles	peuvent
imparfait	je	plaisais	il	pleuvait	je	pouvais
impératif	Plais. Plaisons. Plaisez.		*(kein Imperativ)*		*(kein Imperativ)*	
participe passé	plu		plu		pu	

infinitif	**prendre** nehmen		**recevoir** endgegennehmen abnehmen		**rire** lachen	
présent	je	prends	je	reçois	je	ris
	tu	prends	tu	reçois	tu	ris
	il/elle/on	prend	il/elle/on	reçoit	il/elle/on	rit
	nous	prenons	nous	recevons	nous	rions
	vous	prenez	vous	recevez	vous	riez
	ils/elles	prennent	ils/elles	reçoivent	ils/elles	rient
imparfait	je	prenais	je	recevais	je	riais
impératif	Prends. Prenons. Prenez.		Reçois. Recevons. Recevez.		Ris. Rions. Riez.	
participe passé	pris *ebenso:* apprendre, comprendre		reçu		ri	

infinitif	**savoir** wissen		(ê)**sortir** ausgehen weggehen		(ê)**venir** kommen	
présent	je	sais	je	sors	je	viens
	tu	sais	tu	sors	tu	viens
	il/elle/on	sait	il/elle/on	sor**t**	il/elle/on	vient
	nous	savons	nous	sort**ons**	nous	venons
	vous	savez	vous	sort**ez**	vous	venez
	ils/elles	savent	ils/elles	sort**ent**	ils/elles	viennent
imparfait	je	savais	je	sortais	je	venais
impératif	Sache. Sachons. Sachez.		Sors. Sortons. Sortez.		Viens. Venons. Venez.	
participe passé	su		sorti/e *ebenso:* dormir, (ê)partir, servir, (se) sentir		venu/e *ebenso:* (ê)(re)devenir, (ê)revenir, tenir	

infinitif	**voir** sehen		**vouloir** wollen	
présent	je	vois	je	veux
	tu	vois	tu	veux
	il/elle/on	voit	il/elle/on	veut
	nous	voyons	nous	voulons
	vous	voyez	vous	voulez
	ils/elles	voient	ils/elles	veulent
imparfait	je	voyais	je	voulais
impératif	Vois. Voyons. Voyez.		*(selten verwendet)*	
participe passé	vu *ebenso:* revoir		voulu	

***Les verbes pronominaux au présent* Die reflexiven Verben im Präsens**

infinitif	**se sentir**			**s'intéresser**		
présent	je	**me**	sens	je	**m'**	intéresse
	tu	**te**	sens	tu	**t'**	intéresses
	il/elle/on	**se**	sent	il/elle/on	**s'**	intéresse
	nous	**nous**	sentons	nous	**nous**	intéressons
	vous	**vous**	sentez	vous	**vous**	intéressez
	ils/elles	**se**	sentent	ils/elles	**s'**	intéressent

ANNEXE

Die Angabe in Klammern zeigt dir an, in welcher Unité/Séquence das Wort zum ersten Mal vorkommt: (→ U6/A) heißt z. B. Unité 6 / Approches.

Personen

Ben Jelloun, Tahar [bɛnʒəlun] (geb. 1944)
Marokkanischer Schriftsteller. Großer Erfolg in Frankreich und Deutschland mit seinen Jugendbüchern zu den Themen Rassismus und Islam („Le racisme expliqué à ma fille", „L'islam expliqué aux enfants"). Letzteres schrieb er nach dem Attentat am 11. September 2001. (→ U1/2)

Cartier, Jacques [kaʀtje] (ca. 1491 – ca. 1557)
Französischer Seefahrer. Er verließ Saint-Malo 1534 im Auftrag des Königs Franz I., um in der Gegend von Neufundland und Labrador Gold zu suchen. Er entdeckte Kanada und nahm es für den König von Frankreich in Besitz. (→ U6/Entr)

Charlemagne [ʃaʀləmaɲ] **Karl der Große** (747–814)
Als König der Franken unternahm er zahlreiche Eroberungskriege, in denen er die anderen Völker christianisierte und sein Reich vergrößerte. Er setzte eine Bildungsreform durch und ließ Schulen einrichten. Im Jahre 800 wurde Karl zum Kaiser gekrönt. Eine seiner beliebtesten Residenzen war → Aix-la-Chapelle (Aachen). (→ Supp/1, → Supp/3)

les ducs de Bretagne [dykdəbʀətaɲ] *m. pl.*
Seit 826 war die → Bretagne ein Herzogtum und unabhängig vom französischen König. Herzog François II (Franz II.) ließ 1466 das Schloss in → Nantes errichten (→ Château des ducs de Bretagne). Seine Tochter Anne heiratete 1491 den französischen König Charles VIII (Karl VIII.) und nach dessen Tod 1499 den König Louis XII (Ludwig XII.). Trotzdem blieb Anne Herzogin der Bretagne und die Bretagne unabhängig von der französischen Krone. Annes Tochter Claude überließ das Herzogtum ihrem Mann, König François Ier (Franz I.). Seit 1532 gehört die Bretagne zu Frankreich. (→ U2/A)

Sinsemilia [sɛ̃semilja]
Bei französischen Jugendlichen sehr beliebte Reggae-Gruppe aus → Grenoble. Bekannt für Texte gegen Intoleranz, Egoismus, soziale Ungleichheit und Rechtsextremismus. (→ U1/A)

Try Yann [tʀijan] *m. pl.*
Bretonische Folklore-Musikgruppe aus → Nantes, die bereits seit 1971 besteht und bis heute erfolgreich ist. (→ U6/Entr)

Verne, Jules [vɛʀn] (1828–1905)
Berühmter französischer Schriftsteller, geboren in → Nantes. Erster Autor von Science-Fiction-Romanen, z. B. „Cinq semaines en ballon" („Fünf Wochen im Ballon"), „Voyage au centre de la terre" („Reise zum Mittelpunkt der Erde"), „De la terre à la lune" („Von der Erde zum Mond"), „Vingt mille lieues sous les mers" („20 000 Meilen unter dem Meer"), „L'Île mystérieuse" („Die geheimnisvolle Insel") und „Le Tour du monde en 80 jours" („In 80 Tagen um die Welt"). Die Erfindungen der Technik, die er in seinen phantastischen Erzählungen erdachte, sind inzwischen zum größten Teil verwirklicht worden. (→ U2/A)

Zidane, Zinédine [zidan] (geb. 1972)
Französischer Fußballspieler algerischer Herkunft. Seit 2001 beim Verein Real Madrid, mehrmals Weltfußballer des Jahres. (→ U1/A)

Geographisches

Aix-la-Chapelle [ɛkslaʃapɛl] **Aachen**
250 000 Einwohner
Französischer Name für die deutsche Stadt Aachen, im 9. Jahrhundert Pfalz von → Charlemagne, wo er auch begraben wurde. Zahlreiche Monumente erinnern noch heute an diese Zeit und zeugen von deutscher und europäischer Geschichte. (→ Supp/1)

l'Auvergne [ovɛʀɲ] *f.*
Region im südfranzösischen Zentralmassiv mit der Hauptstadt → Clermont-Ferrand. Die Landschaft ist geprägt von ca. 60 Vulkankegeln und bis zu 1900 m hohen Bergketten. (→ U3/A, → Supp/1)

Belgique [bɛlʒik] *f.* **Belgien**
Westeuropäischer Staat. Belgien hat drei Amtssprachen: Niederländisch (Flämisch), Französisch und Deutsch. Die zweisprachige Hauptstadt Brüssel (Niederländisch/Französisch) ist Sitz der EU und des ständigen Rates der NATO. (→ U1/PR, U6/2)

Besançon [bəzɑ̃sɔ̃] 120 000 Einwohner
Ostfranzösische Stadt und Festung am → Doubs, Hauptstadt der Region Franche-Comté und des Departements → Doubs; wichtige Uhrenindustrie und Mikrotechnologie. (→ U3/A)

Bordeaux [bɔʀdo] 218 000 Einwohner
Hafenstadt, an der Garonne gelegen, fünftgrößte Stadt Frankreichs. Hauptstadt des Departements Gironde sowie Handels- und Bildungszentrum Südwestfrankreichs. In der Umgebung der Stadt liegen die Anbaugebiete der weltberühmten Bordeauxweine. (→ Rév/1)

Brest [bʀɛst] 160 000 Einwohner
Drittgrößte Stadt der → Bretagne (nach → Nantes und Rennes). Kriegshafen und U-Bootstützpunkt im Zweiten Weltkrieg. Die Stadt wurde im Verlauf des Krieges zum größten Teil zerstört. (→ U3/A)

la Bretagne [bʀətaɲ]
Halbinsel im Nordwesten Frankreichs. Hauptstadt Rennes. Eigene Traditionen (z.B. Trachten), eigener Baustil und eigene Sprache. Etwa eine Million Menschen sprechen Bretonisch (le breton), eine keltische Sprache, die mit dem Irischen und Walisischen eng verwandt ist. Der bretonische Name der Bretagne ist „Breizh" [bʀɛz]. Auch die keltische Musiktradition (→ Try Yann) ist in der Bretagne noch lebendig. (→ U6/2)

Carnac [karnak] 4 600 Einwohner
Badeort im Departement Morbihan in der Südbretagne. Carnac ist berühmt für die in Reihen aufgestellten vorgeschichtlichen Steine (menhirs). (→ 6/PR)

Cassis [kasi(s)] 8 000 Einwohner
Provenzalisches Hafenstädtchen und Badeort an der → Côte d'Azur, östlich von Marseille. Bekannt für die Calanques, schmale, tiefe Meeresbuchten zwischen schroffen weißen Kalksteinfelsen, die man von Cassis aus mit dem Boot erreicht. (→ Supp/1)

le château des ducs de Bretagne [ʃatodedykdəbʀətaɲ]
Ehemalige Burg der bretonischen Herzöge (→ Ducs de Bretagne) in → Nantes, geht auf einen Bau des 10. Jahrhunderts zurück, der 1466 von Herzog François II (Franz II.) neu errichtet und im 16. Jahrhundert erweitert wurde. Hier wurde 1598 das → Édit de Nantes unterzeichnet. Heute wird das Schloss für Ausstellungen genutzt. (→ U2/A)

les châteaux de la Loire [ʃatodlalwaʀ] *m. pl.*
Das Loiretal gehört zu den reizvollsten Landschaften Frankreichs und ist ein beliebtes Touristenziel. An der → Loire und ihren Nebenflüssen liegen zahlreiche Schlösser und Burgen aus dem 15. und 16. Jahrhundert, z. B. Blois, Chambord, Chenonceau und Amboise. (→ Rév/1)

Clermont-Ferrand
[klɛʀmɔ̃fɛʀɑ̃] 141 000 Einwohner
Hauptstadt der Region → Auvergne und des Departements Puy-de-Dôme im Zentralmassiv. Verkehrsknotenpunkt und Zentrum der Reifenindustrie (Michelin). (→ U3/A)

la Côte d'Azur
[kotdazyʀ]
Französische Mittelmeerküste zwischen → Cassis und der italienischen Grenze. Beliebtes Urlaubsziel. (→ Supp/1/ Supp/5)

le Doubs [du]
1. Ostfranzösisches Departement in der Franche-Comté, mit der Hauptstadt → Besançon. 2. Nebenfluss der Saône im östlichen Frankreich und der westlichen Schweiz (430 km), entspringt im französischen Jura und mündet bei Verdun-sur-le-Doubs. (→ U3/A)

le Fribourg [fʀibuʀ] **Freiburg**
Zweisprachiger Kanton in der französischen Schweiz, Hauptstadt Fribourg. Bekannte Erzeugnisse sind Käse und Schokolade. Die Mehrheit der Bevölkerung spricht Französisch, ein kleinerer Teil Deutsch. (→ Supp/2)

Genève [ʒənɛv] **Genf** 180 000 Einwohner
Hauptstadt des gleichnamigen Kantons der französischen Schweiz, am → Lac Léman gelegen. Genf liegt an der Rhône und ist Sitz vieler internationaler Organisationen (UNO, Weltgesundheitsorganisation, Internationales Rotes Kreuz). (→ Supp/2)

ANNEXE

Grenoble [gʀənɔbl]
160 000 Einwohner
Hauptstadt des Departements Isère, am Fluss Isère gelegen. Kultureller und wirtschaftlicher Mittelpunkt der französischen Alpen; Fremdenverkehrs- und Wintersportzentrum; Kernforschungslaboratorien; Gewinnung von Wasserenergie. (→ U3/A)

le Jardin des plantes [ʒaʀdɛ̃deplɑ̃t]
Botanischer Garten von → Nantes, wurde 1688 von Louis XIV (Ludwig XIV.) eingerichtet. Schon seit dem 17. Jahrhundert gab es in Nantes Gärten und Pflanzenzucht, da der Hafen die Einfuhr exotischer Pflanzen ermöglichte. Heute einer der umfangreichsten Botanischen Gärten Europas. (→ U1/1)

La Baule [labol] 16 000 Einwohner
Bedeutender Badeort mit einem langen Strand westlich von → Nantes. (→ U1/2)

le lac Léman [laklemɑ̃] *m.* **Genfer See**
See an der französisch-schweizerischen Grenze, der von der Rhône durchflossen wird. Mit 581 km² einer der größten Binnenseen Mitteleuropas. Das Südufer des Sees gehört zu Frankreich, das Nordufer mit seinen Weinanbaugebieten zur Schweiz. (→ Supp/1)

les Landes [lɑ̃d] *f. pl.*
Landschaft und Departement in Südwestfrankreich, am Atlantik gelegen. Größtes Waldgebiet Westeuropas (1 Million ha Wald). (→ Supp/1)

la Loire [lwaʀ]
Fluss in Westfrankreich, entspringt im Zentralmassiv und mündet bei Saint-Nazaire in den Atlantik. Mit 1020 km längster Fluss Frankreichs und einer der letzten naturbelassenen Flüsse Europas. (→ U1/2)

le Luxembourg [ləlyksɑ̃buʀ]
Das Großherzogtum Luxemburg hat drei Amtssprachen: Französisch, Deutsch und Luxemburgisch, ein deutscher Dialekt. Die Hauptstadt Luxemburg ist bedeutender Bankenstandort und Sitz europäischer Institutionen. Zusammen mit Belgien und den Niederlanden zählt Luxemburg seit 1958 zu den Benelux-Ländern. (→ Carte de France)

Nantes [nɑ̃t] 280 000 Einwohner
Größte Stadt der → Bretagne. Am Zusammenfluss von → Loire und Erdre gelegen. Stadt der Kunst, wichtiges Industriezentrum, Universitäts- und Hafenstadt. (→ U1/1)

Nice [nis] **Nizza** 346 000 Einwohner
Stadt an der → Côte d'Azur. Lage und Klima machen Nizza im Sommer wie im Winter zu einem viel besuchten Urlaubsort. (→ Supp/5)

Noirmoutier [nwaʀmutje]
11 000 Einwohner
Insel südlich der Loire-Mündung mit schönen Sandstränden und einem Schloss im Hauptort Noirmoutier en l'Île. Beliebtes Touristenziel. Bekannt für die Gewinnung von Meersalz. (→ U1/1)

la Normandie [nɔʀmɑ̃di]
Provinz im Nordwesten Frankreichs, am Ärmelkanal. Neben großen Industriezentren (Rouen) verfügt die Normandie über touristische Anziehungspunkte wie die Steilküste von Dieppe bis Étretat, die bis zu 120 Meter ins Meer abfällt. (→ Supp/1)

Océanopolis [ɔseanɔpɔlis]
2 600 m² großes Museumszentrum für Meeresforschung in → Brest mit den größten Freilichtaquarien Europas und einer Klinik für Seehunde. (→ U6/Entr)

Paris [pari] 2 175 000 Einwohner
Hauptstadt Frankreichs, politisches, wirtschaftliches und kulturelles Zentrum des Landes. Im Ballungsraum von Paris wohnt etwa ein Fünftel der französischen Bevölkerung. Bekannte Sehenswürdigkeiten: die gotische Kathedrale Notre-Dame, der Louvre, der Eiffelturm. (→ U1/3)

Saint-Domingue [sɛ̃domɛ̃g]
Bezeichnung der 1492 von Kolumbus entdeckten karibischen Insel, im 18. Jahrhundert eine der reichsten französischen Kolonien. 1791 kam es zum blutigen Aufstand der schwarzen Sklaven unter der Führung von Toussaint Louverture. Die Sklavenaufstände in Saint-Domingue sind weltweit die einzigen, die 1804 zur Gründung eines unabhängigen Staates, dem heutigen Haiti, führten. Heute ist Santo Domingo (Saint-Domingue) die Bezeichnung der Hauptstadt der Dominikanischen Republik, die den Westteil der Insel bildet. (→ Rév/1)

Saint Herblain [sɛ̃tɛrblɛ̃] 45 000 Einwohner
Stadt in der Nähe von → Nantes mit vielen Parks und Grünanlagen. (→ U1/A)

Serre-Ponçon [sɛʀpɔ̃sɔ̃]
Gebiet mit einem 3 000 ha großen, zur Gewinnung von Elektrizität angelegten Stausee im südlichen Teil der französischen Alpen. (→ Supp/5)

la Suisse [sɥis] **Schweiz**
7 070 000 Einwohner. Parlamentarische Bundesrepublik mit der Hauptstadt Bern. Sprachen: Deutsch, Französisch, Italienisch und Rätoromanisch (romanische Sprache, die nur in der Schweiz gesprochen wird). Wichtiger Wirtschaftsstandort. Industrie: Maschinen, Metalle, Chemikalien. Gebirgstourismus. Sitz verschiedener internationaler Organisationen wie z. B. EFTA, Europarat, OECD, OSZE. Wichtige Städte: Zürich, Basel, Bern, Genf, Lausanne. (→ Supp/2)

Val d'Isère [valdizɛʀ] 1 660 Einwohner
1 840 m Höhe. Beliebter Sommer- und Wintersportort in den französischen Alpen. (→ U3/A)

le Valais [valɛ] **Wallis**
Kanton in der Südschweiz, Hauptstadt Sion (Sitten). Durch das Wallis verläuft die deutsch-französische Sprachgrenze: Zwei Drittel der Bewohner sprechen Französisch, ein Drittel Deutsch. Neben dem Fremdenverkehr spielt die Landwirtschaft eine große Rolle. (→ Supp/2)

Vannes [van] 52 000 Einwohner
Stadt in der → Bretagne. Von dem gallischen Stamm der Veneter gegründet, hieß die Stadt unter römischer Herrschaft Darioritum. Vannes besitzt eine schöne Altstadt mit noch erhaltener Stadtmauer. (→ U6/1, U6/Entr)

Sonstiges

l'ASSR [aɛsɛsɛʀ] (Attestation scolaire de Sécurité Routière) [atɛstasjɔ̃skɔlɛʀdəsekyʀiteʀutjɛʀ] *f.*
Von der Grundschule an werden französische Schüler/innen in für sie wichtigen Themen der Verkehrssicherheit unterrichtet. Im collège wird das Programm mit dem Zeugnis zur Verkehrssicherheit (ASSR) abgeschlossen, das Voraussetzung für den Führerscheinerwerb ist. (→ U3/3)

l'Édit de Nantes [edidənɑ̃t] *m.* **Edikt von Nantes**
Seit 1562 tobten in Frankreich blutige Religionskriege zwischen Katholiken und Protestanten (Hugenotten). Um den Frieden wieder herzustellen, trat König Henri IV (Heinrich IV.) 1593 zum Katholizismus über. 1598 unterzeichnete er einen Erlass, das Edikt von Nantes, das den Protestanten Religionsfreiheit und weitere Rechte garantierte und so die Auseinandersetzungen beenden sollte. 1685 hob König Louis XIV (Ludwig XIV.) das Edikt von Nantes und damit alle Rechte, die Henri IV (Heinrich IV.) den Protestanten zuerkannt hatte, jedoch wieder auf. Es begann eine erneute Verfolgung der Protestanten, von denen ca. 200 000 aus Frankreich flüchteten. (→ U2/A)

l'esclavage [ɛsklavaʒ] *m.*
Im Laufe des 16. und 17. Jahrhunderts wurden in die französischen, britischen, spanischen und portugiesischen Kolonien in Amerika Hunderttausende von afrikanischen Sklaven transportiert. Menschen wurden gegen Geld und Waren über europäische Hafenstädte als Sklaven ohne eigene Rechte nach Übersee verkauft. In Frankreich profitierten vor allem die Hafenstädte → Nantes und → Bordeaux von diesem Menschenhandel. 1848 wurde in den damaligen französischen Kolonien die Sklaverei offiziell abgeschafft. (→ Rév/1)

la Révolution (française) [ʀevolysjɔ̃fʀɑ̃sɛz]
Französische Revolution
Ereignisse in Frankreich zwischen 1789–1799, bei denen es zur Ablösung der Monarchie durch die Republik kam. Am 14.7.1789 stürmte der dritte Stand (Bürger, Handwerker und Bauern) die Bastille, das Symbol des alten Regimes. Er forderte politische Rechte ein und wollte die Privilegien von Adel und Geistlichen abschaffen. Das Motto der Französischen Revolution „Liberté, égalité, fraternité!" („Freiheit, Gleichheit, Brüderlichkeit") spiegelt sich auch in der Erklärung der Menschenrechte 1789 wider. Die Französische Revolution war ein wichtiges Signal für alle fortschrittlichen Kräfte in Europa. Der 14. Juli ist heute in Frankreich Nationalfeiertag. (→ Rév/1)

le TGV [teʒeve]
Abkürzung für „Train à grande vitesse". Hochgeschwindigkeitszug, der 1990 mit 513 km/h einen neuen Geschwindigkeitsrekord aufstellte. Der TGV fährt nicht nur innerhalb Frankreichs, sondern auch in den Nachbarländern. Seit 2007 gibt es z. B. Verbindungen von Frankfurt/Main und Saarbrücken nach Paris. (→ U1/3)

Grundschrift: obligatorischer Wortschatz
kursiv: fakultativer Wortschatz

Symbole und Abkürzungen

- ~ bezeichnet die Lücke, in die das neue Wort einzusetzen ist.
- ~[1] Die Fußnote zeigt dir an, dass du auf die Angleichung des Wortes achten musst. Die richtige Lösung findest du auf einem grauen Streifen **am Ende jeder Séquence**.
- ⚠ Hier musst du besonders gut aufpassen.
- ≠ Gegenteil von
- Vergleiche mit dem Englischen.

→ Civilisation zeigt dir an, dass du im Petit dictionnaire de civilisation, S. 148–151, weitere Informationen zu dem Begriff findest.

→ Verbes zeigt dir an, dass du in der Liste des verbes, S. 145–147, die Konjugation des Verbs findest.

etw.	etwas	*Pl.*	Plural (Mehrzahl)	*fam.*	familier (umgangssprachlich)
jdm/jdn	jemandem/jemanden	*Pron.*	Pronomen	*f.*	féminin (weiblich)
f.	feminin (weiblich)	*Inf.*	Infinitiv	*m.*	masculin (männlich)
m.	maskulin (männlich)	*adj.*	adjectif (Adjektiv)	*pl.*	pluriel (Plural)
umg.	umgangssprachlich	*adv.*	adverbe (Adverb)	*qc*	quelque chose (etwas)
Pers.	Person	*conj.*	conjonction (Bindewort)	*qn*	quelqu'un (jemand)
Sg.	Singular (Einzahl)	*prép.*	préposition (Präposition)		

Lerntipps

1. Viele Wörter kannst du verstehen, wenn du dir überlegst, ob du ein ähnlich lautendes deutsches oder englisches Wort kennst. Lege dir deshalb ein Vokabelheft (Französisch–Englisch–Deutsch) an, in dem du solche ähnlich lautenden Wörter sammelst. Manchmal schreiben sich diese Wörter aber anders oder sie sprechen sich anders aus. Markiere in deinem Vokabelheft also auch immer die Unterschiede, die du beachten musst. Überall, wo dir diese Lupe begegnet, solltest du nach dem entsprechenden englischen Wort suchen.
(→ Lösungen, S. 223)

2. Zum Vokabellernen kannst du dir eine Schablone basteln.
Dazu nimmst du ein weißes A4-Blatt hochkant. 5 mm vom oberen Rand entfernt ziehst du eine Linie. Auf dieser Linie markierst du die beiden Punkte, die vom rechten bzw. linken Rand jeweils 7,5 cm entfernt sind. Diese Stellen schneidest du bis zur Linie ein. Nun faltest du die beiden äußeren Teile entlang der Linie nach unten (siehe Zeichnung). Fertig ist die Seite 1, le côté français–allemand. Willst du mit Seite 2, le côté allemand–français, üben, klappst du die Seitenteile einfach wieder hoch und faltest das Mittelteil entlang der Linie nach unten.

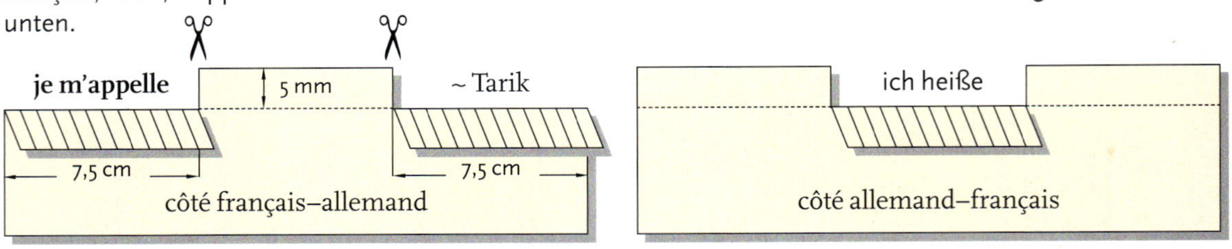

So lernst du Vokabeln mit der Schablone:

Seite 1: *français–allemand*
Lies das französische Wort. Ergänze den Satz, indem du das neue Wort an die Stelle der Tilde (~) setzt. Übersetze das Wort dann ins Deutsche.
Anschließend schiebst du die Schablone nach unten und überprüfst deine Übersetzung.

Seite 2: *allemand–français*
Mit dieser Seite überprüfst du, ob du die deutschen Wörter auch ins Französische übersetzen kannst. Wenn dir der französische Ausdruck nicht gleich einfällt, schaust du unter der rechten Klappe nach und versuchst dich mit Hilfe des Satzes an den Ausdruck oder das Wort zu erinnern.

UNITÉ 1, Approches

le nom [lənɔ̃]	der Name	Mon ~ est Julia Kahn.
l'adresse [ladʀɛs] *f.*	die Adresse	Catherine note l'~ de Sylvie dans un agenda.
je suis né(e) [ʒəsɥine]	ich bin geboren *1. Pers. Sg. von* être né/e	Devine quand ~.

⚠ être né(e/s) [ɛtʀəne]

je	suis né	je	suis née
tu	es né	tu	es née
il	est né	elle	est née
nous	sommes nés	nous	sommes nées
vous	êtes né/nés	vous	êtes née/nées
ils	sont nés	elles	sont nées

nager [naʒe]	schwimmen	Charlotte va souvent à la piscine parce qu'elle adore ~.
Sinsemilia [sɛ̃semilja]	*beliebte französische Reggae-Gruppe* → Civilisation, p. 148	
le soleil [ləsɔlɛj]	die Sonne	Aujourd'hui, il n'y a pas de ~.
les vacances [levakɑ̃s] *f. pl.*	die Ferien	Paul aime bien l'école mais préfère ~.
la langue [lalɑ̃g]	die Sprache *auch:* die Zunge	Je voudrais parler trois ~[1].
Brad Pitt [bʀadpit]	*amerikanischer Schauspieler*	
réaliste [ʀealist] *m./f. adj.*	realistisch	Ce n'est pas ~.
le signe [ləsiɲ]	das Zeichen, das Sternzeichen	Le ~ de mon frère, c'est poisson.
le scorpion [ləskɔʀpjɔ̃]	der Skorpion	Son signe, c'est ~.
le vélo [ləvelo]	das Fahrrad	– Tu vas au collège à ~ aujourd'hui? – Non, je prends le bus.
le hip-hop [ləipɔp]	der Hip-Hop ⚠ *Der bestimmte Artikel* le *wird vor* hip-hop *nicht apostrophiert.*	Clémence n'aime pas le ~.
le voyage [ləvwajaʒ]	die Reise	Je vais bientôt faire un ~.
garder qn/qc [gaʀde]	auf jdn/etw. aufpassen *auch:* etw. behalten/aufbewahren	Le mercredi après-midi, Nicole ~[2] sa sœur.
le champion / la championne [ləʃɑ̃pjɔ̃/laʃɑ̃pjɔn]	der Meister, der Champion	
célèbre [selɛbʀ] *m./f. adj.*	berühmt	Un jour, je voudrais être ~.
Zinédine Zidane [zinedinzidan]	*französischer Fußballspieler* → Civilisation, p. 148	
la guitare [lagitaʀ]	die Gitarre *(nur auf der CD)*	Yann a une ~.
San Francisco [sɑ̃fʀɑ̃sisko]	*Stadt in Kalifornien (USA) (nur auf der CD)*	
le chanteur / la chanteuse [ləʃɑ̃tœʀ/laʃɑ̃tøz]	der Sänger / die Sängerin *(nur auf der CD)*	Le ~ de Sinsemilia est assez célèbre en France.

1 langues 2 garde

UNITÉ 1, SÉQUENCE 1

l'échange [leʃɑ̃ʒ] *m.*	der Austausch	Nous allons faire un ~ avec un collège de Berlin.
rester [ʀɛste]	bleiben	Valérie ne va pas bien. Elle ne va pas à l'école, elle ~[1] à la maison.
le programme [ləpʀɔgʀam]	das Programm	Les élèves préparent un ~ pour leurs amis.
le/la corres [lə/lakɔʀɛs] *fam.* ou: **le/la correspondant/e** [ləkɔʀɛspɔ̃dɑ̃/lakoʀɛspɔ̃dɑ̃t]	*hier:* der/die Austauschpartner/in *auch:* der/die Brieffreund/in	Ton ~, il s'appelle comment?
juste [ʒyst] *m./f. adj.*	gerecht *auch:* richtig	– Tu ne regardes pas la télé, ce soir. – Ce n'est pas ~, maman!
ceci [səsi]	dies(es), das	~ n'est pas un éléphant, c'est une souris.
cela [səla] ⚠ ça *ist die verkürzte Form von* cela.	jenes, dieses, das	Avec Sarah, on parle de ceci et de ~.

parler de ceci et de cela = über dieses und jenes sprechen

l'excursion [lɛkskyʀsjɔ̃] *f.*	der Ausflug, die Exkursion	Mardi, on fait une ~ avec la prof de SVT.
proposer qc à qn [pʀɔpoze]	jdm etw. vorschlagen	Qu'est-ce qu'on regarde? Je ~[2] un film sur Lyon.
le tableau [lətablo] / ⚠ **les tableaux** [letablo] *pl.*	die Tafel	Va au ~, s'il te plaît.
écris [ekʀi]	Schreibe! *Imperativ Sg. von* écrire → Verbes, p. 146	
écrire qc à qn [ekʀiʀ]	jdm etw. schreiben	~[3] un message à ta tante, s'il te plaît.

écrire comme un chat = unsauber schreiben

l'effort [lefɔʀ] *m.*	die Anstrengung	Souvent, il faut faire des ~[4].

faire un effort = sich anstrengen

pour [puʀ] + *inf.*	um … zu + *Inf.*	Vincent vient chez moi ~ préparer l'interro de maths.
comme il faut [kɔmilfo]	ordentlich, wie es sich gehört	
il faut [ilfo] + *Verb*	*hier:* wir müssen, man muss	Charlotte est en retard. ~ l'attendre.
Nantes [nɑ̃t]	*größte Stadt der Bretagne* → Civilisation, p. 150	
le Jardin des plantes [ləʒaʀdɛ̃deplɑ̃t]	der Botanische Garten → Civilisation, p. 150	
on pourrait [ɔ̃puʀɛ]	wir könnten, man könnte	~ aller au ciné demain soir.
le rallye [ləʀali]	die Rallye	Les élèves font un ~ à Nantes.
je suis pour [ʒəsɥipuʀ] ⚠ être pour ≠ être contre	ich bin dafür, ich bin für etw.	

la mer [lamɛʀ]	das Meer	J'adore nager dans la ~.
pour quoi faire? [puʀkwafɛʀ]	wozu?	– Je voudrais un éléphant. – ~ ?
l'océan Atlantique [loseɑ̃atlɑ̃tik] *m.*	der atlantische Ozean	
Il fait froid. [ilfɛfʀwa]	Es ist kalt.	Aujourd'hui, ~.
Il pleut. [ilplø]	Es regnet.	Trop nul! C'est dimanche et ~.
pleuvoir [pløvwaʀ]	regnen → Verbes, p. 146 ⚠ *nur 3. Pers. Sg.*	
le festival [ləfɛstival] / ⚠ **les festivals** [lefɛstival] *pl.*	das Festival	Il y a un ~ de hip-hop à Nantes.
seul/e [sœl] *adj.*	allein	Manon est ~[5] à la maison: ses parents ne sont pas là.
cool [kul] *m./f. adj. fam.* ⚠ *unveränderlich*	cool	Le hip-hop, c'est trop ~!
penser [pɑ̃se]	denken	David ~[6] que Sabine va bientôt arriver.
l'Allemand [lalmɑ̃] *m.* / **l'Allemande** [lalmɑ̃d] *f.*	der/die Deutsche	Les ~[7] arrivent samedi.
allemand/e [almɑ̃/almɑ̃d] *adj.*	deutsch	Est-ce que le père de Lisa est ~?

⚠ *Unterscheide:* Les Allemands sont pour le festival de hip-hop. – Le corres de Jacques est allemand.

Merke: Die Sprache schreibst du mit kleinem Anfangsbuchstaben, die Person mit großem.

l'anglais (Englisch) – l'Anglais/e (der/die Engländer/in)
l'allemand (Deutsch) – l'Allemand/e (der/die Deutsche)
le français (Französisch) – le Français / la Française (der Franzose / die Französin)

Julia parle l'allemand, le français et l'anglais avec les Allemands, les Français et les Anglais.

une heure après [ynœʀapʀɛ]	nach einer Stunde	
enfin [ɑ̃fɛ̃] *adv.*	*hier:* jedenfalls	
presque [pʀɛsk] *adv.*	fast	
Noirmoutier [nwaʀmutje]	*Insel südlich der Loire-Mündung* → Civilisation, p. 150	
le bateau [ləbato] / ⚠ **les bateaux** [lebato] *pl.*	das Boot, das Schiff	Charlotte et Julia font une promenade en ~.
comme ça [kɔmsa]	so	Pourquoi est-ce que tu me regardes ~?

1 reste 2 propose 3 Écris 4 efforts 5 seule 6 pense 7 Allemands

UNITÉ 1, SÉQUENCE 2

la lettre [lalɛtʀ]	der Brief	Charlotte écrit une ~ à Julia.
en français [ɑ̃fʀɑ̃sɛ]	auf Französisch	Charlotte écrit sa lettre ~.
mal [mal] *adv.*	schlecht	– Ça va aujourd'hui? – Pas trop ~.
si [si] *conj.*	ob	Ma sœur me demande souvent ~ j'ai déjà un ami.

dur/e [dyʀ] *adj.*	hart, schwierig	Quand on a beaucoup de devoirs, c'est ~.
le caractère [ləkaʀaktɛʀ]	der Charakter	Gabriela a beaucoup de ~.

avoir un caractère de chien =
einen schwierigen Charakter haben

dormir [dɔʀmiʀ]	schlafen *wird wie* sortir *konjugiert* → Verbes, p. 147	Les chats ~[1] beaucoup.
de [də] **... à** [a]	von ... bis *zeitlich*	Les correspondants restent à Saint Herblain ~[2] samedi ~[3] vendredi.

de *und* à *verschmelzen mit dem Artikel des nachfolgenden Nomens:*
de + le = du, à + le = au, *z. B.* du matin au soir

le dictionnaire [lədiksjɔnɛʀ]	das Wörterbuch	Au CDI, il y a des ~[4].
la librairie [lalibʀeʀi]	die Buchhandlung	Dans notre rue, il y a une ~.

⚠ „faux ami":

la librairie (die Buchhandlung) ≠ the library (die Bücherei)

Wenn ein Wort in zwei Sprachen gleich oder sehr ähnlich lautet, aber trotzdem zwei verschiedene Bedeutungen hat, nennt man es einen „falschen Freund" – auf Französisch „un faux ami".

Auchan [oʃɑ̃]	*französische Supermarktkette*	M. Perret fait ses courses chez ~.
tu veux savoir si [tyvøsavwaʀsi]	du willst wissen, ob	
pratiquer qc [pʀatike]	etw. praktizieren	Régis ~ le VTT le week-end.
jouer de qc [ʒwe]	etw. (ein Instrument) spielen	Yann ~[5] la guitare.
l'instrument [lɛ̃stʀymɑ̃] *m.*	das Instrument	Est-ce que tu joues d'un ~?
l'accordéon [lakɔʀdeɔ̃] *m.*	das Akkordeon	Charlotte joue de l'~.
le piano [lepjano]	das Klavier	Christine apprend le ~ au conservatoire.
Il fait beau. [ilfɛbo]	Es ist schönes Wetter.	Aujourd'hui ~.

Il pleut.  Il fait beau.  Il fait chaud.  Il fait froid. 

la Baule [labol]	*Badeort an der Atlantikküste* → Civilisation, p. 150	
jouer à qc [ʒwe]	etw. (ein Spiel) spielen	Laurent ~[6] foot.

⚠ *Unterscheide:*

jouer à qc = ein Spiel spielen
jouer de qc = ein Instrument spielen

le tennis de table [lətɛnisdətabl]	das Tischtennis	Nicolas aime le handball, Mélanie préfère le ~.

la carte [lakaʀt]	die Karte	Ce soir, Sébastien et Stéphane jouent aux ~[7].

jouer aux cartes

écrire une carte (postale)

regarder la carte de France

l'article [laʀtikl] *m.*	der Artikel	Qui écrit un ~ sur notre excursion à la mer avec moi?
As de cœur [asdəkœʀ] *m.*	Herz-Ass *Name der Schülerzeitung*	Charlotte écrit un article pour «~».
nous lisons [nulizɔ̃]	wir lesen *1. Pers. Pl. von* lire	
lire qc [liʀ]	etw. lesen → Verbes, p. 146	Est-ce que vous ~[8] souvent des bédés?
Tahar Ben Jelloun [taaʀbɛnʒelun]	*marokkanischer Schriftsteller* → Civilisation, p. 148	
la Loire [lalwaʀ]	*längster Fluss Frankreichs* → Civilisation, p. 150	
sûr/e [syʀ] *adj.*	sicher	– Demain, on a une interro de physique. – C'est ~?
donner qc à qn [dɔne]	jdm etw. geben	Tu ~[9] l'atlas à Jacques, s'il te plaît?

donner le bonjour à qn = jdn grüßen

la bise [labiz] ou: **le bisou** [ləbizu] *fam.*	der Kuss, das Küsschen *hier:* Gruß am Ende eines Briefs	À bientôt! ~[10], Clémence
le tennis [lətɛnis] (p. 16/3)	das Tennis	Aurélie aime jouer au ~.
les dominos [ledomino] *m. pl.* (p. 16/3)	das Dominospiel	Marc joue très bien aux ~.
le basket [ləbaskɛt] (p. 16/3)	Basketball	Les enfants jouent au ~.
le saxophone [ləsaksɔfɔn] (p. 16/3)	das Saxophon	Léna joue du ~.
le violon [ləvjɔlɔ̃] (p. 16/3)	die Geige	Marc joue du ~.
la batterie [labatʀi] (p. 16/3)	das Schlagzeug	Marie joue de la ~.
la flûte [laflyt] (p. 16/3)	die Flöte	Claire joue de la ~.

1 dorment 2 du 3 au 4 dictionnaires 5 joue de 6 joue au 7 cartes 8 lisez 9 donnes 10 Bises

UNITÉ 1, SÉQUENCE 3

le groupe [ləgʀup]	die Gruppe	Devant l'école, il y a un ~ d'enfants.
le/la jeune [lə/lajœn]	der/die Jugendliche	Les ~[1] attendent leurs correspondants français.
jeune [jœn] *m./f. adj.*	jung	
le quai [ləke]	*hier:* der Bahnsteig	Dans cette gare, il y a cinq ~[2].

ce [sə] *m.* / **cet** [sɛt] *m.* / **cette** [sɛt] *f.* / **ces** [se] *pl.*	dieser, diese, dieses	Tu aimes ~[3] ville?

ce matin = heute Morgen
ce soir = heute Abend
cet après-midi = heute Nachmittag
cette semaine = diese Woche, in dieser Woche

l'embouteillage *m.* [lɑ̃butɛjaʒ]	der Verkehrsstau	Il y a beaucoup d'~[4] dans les rues de Paris.

Vergleiche:

la bouteille   l'em**bouteill**age

être bloqué/e [ɛtʀəblɔke]	verstopft/blockiert sein *auch:* gesperrt sein	Charlotte est en retard parce que tout ~[5].
le train [lətʀɛ̃]	der Zug	Le ~ arrive à 14 heures 30.
le TGV [ləteʒeve]	der TGV *französischer Hochgeschwindigkeitszug, entspricht dem ICE* → Civilisation, p. 151	Elles prennent le ~.
Paris [paʀi]	*Hauptstadt Frankreichs* → Civilisation, p. 150	
dans [dɑ̃] *prép.*	in *zeitlich*	Les correspondants vont partir ~ deux jours.
je descends [ʒədesɑ̃]	*hier:* ich steige aus *1. Pers. Sg. von* descendre	
descendre [desɑ̃dʀ]	aussteigen *auch:* hinuntergehen *wird wie* attendre *konjugiert* → Verbes, p. 145	Ils ~[6] à la gare de Nantes.
le blond [ləblɔ̃] / **la blonde** [lablɔ̃d]	der/die Blonde	Cette ~[7], c'est ma tante.
garer qc [gaʀe]	etw. (einen Wagen) einparken	
la voiture [lavwatyʀ]	der Wagen, das Auto	Mme Bouvier gare sa ~ devant la maison.

Verkehrsmittel, auf die man aufsteigt, gibt man mit «à» an, z. B. aller à vélo, aller à mobylette; *Verkehrsmittel, in die man einsteigt oder hineinschlüpft, hingegen mit «en», z. B.* aller en rollers, aller en voiture, aller en bus, aller en train *und* aller en bateau.

retrouver qn/qc [ʀətʀuve]	jdn wieder treffen / etw. wieder finden	– Où est-ce que je te ~[8]? – Devant le ciné.
la voie [lavwa]	das Gleis	Notre train part de la ~ 5.
le métro [ləmetʀo] (p. 23/4)	die U-Bahn (die Untergrundbahn)	– Tu vas à l'école en bus? – Non, en ~.

le tram [lətʀam] *fam.* ou: ***le tramway*** [lətʀamwɛ] (p. 23/4)	die Straßenbahn	À Paris, il n'y a pas beaucoup de ~.
la mobylette [lamɔbilɛt] (p. 23/4)	das Mofa	

LERNEN!!

… scendent 7 blonde 8 retrouve

UNITÉ 2, Approches

commencé [kɔmɑ̃se]	angefangen, begonnen *Partizip Perfekt von* commencer	
commencer [kɔmɑ̃se] ⚠ nous commençons	anfangen, beginnen → Verbes, p. 145	Julie et Frédéric arrivent au cinéma en retard. Le film a ~[1].
déjà [deʒa] *adv.*	schon	Il est midi. Clémence est ~ à la maison.
le roman [ləʀɔmɑ̃]	der Roman	À l'école, nous lisons un ~ de Jules Verne.
Jules Verne [ʒylvɛʀn]	*französischer Schriftsteller* → Civilisation, p. 148	
le château [ləʃɑto] / ⚠ **les châteaux** [leʃɑto]	das Schloss	À Nantes, il y a un ~.
les ducs de Bretagne [ledykdəbʀətaɲ] *m. pl.*	die bretonischen Herzöge → Civilisation, p. 148	
la date [ladat]	das Datum	
l'Édit de Nantes [ledidənɑ̃t] *m.*	das Edikt von Nantes → Civilisation, p. 151	
gagner qc [gaɲe]	etw. gewinnen *auch:* (Geld) verdienen	Charlotte et ses amis ont ~[2] le rallye.
quelqu'un [kɛlkɛ̃]	jemand	Est-ce que ~ a trouvé mon agenda?
oublier qc [ublije]	etw. vergessen	Ma copine ~[3] souvent son livre de français à la maison.
le porte-monnaie [ləpɔʀtmɔnɛ]	das Portmonee, der Geldbeutel	J'ai encore cinq euros dans mon ~.

1 commencé 2 gagné 3 oublie

UNITÉ 2, SÉQUENCE 1

ils voient [ilvwa]	sie sehen *3. Pers. Pl. von* voir	
voir qn/qc [vwaʀ]	jdn/etw. sehen → Verbes, p. 147	Ils ~[1] un chien dans leur jardin.
perdu [pɛʀdy]	verloren *Partizip Perfekt von* perdre	
perdre qn/qc [pɛʀdʀ]	jdn/etw. verlieren *wird wie* attendre *konjugiert* → Verbes, p. 145	Élise a ~[2] son agenda.
perdre sa langue [pɛʀdʀəsalɑ̃g]	jdm die Sprache verschlagen *wörtlich:* seine Zunge verlieren	

ouais [wɛ] *fam.*	*umgangssprachliche Form von* oui	
être en forme [ɛtʀɑ̃fɔʀm]	in Form sein	Clémence ~[3], ce soir.
Les voilà. [levwala]	Da sind sie ja.	
Comment allez-vous? [kɔmɑ̃talevu]	Wie geht es euch? / Wie geht es Ihnen?	~, les enfants?
Comment vas-tu? [kɔmɑ̃vaty]	Wie geht es dir?	~, Nathalie?
fatigué/e [fatige] *adj.*	müde	Est-ce que tu es ~, Yann?
c'est normal [sɛnɔʀmal]	es ist normal	
hier [jɛʀ] *adv.*	gestern	~, j'ai oublié mon sac dans la classe.
fait [fɛ]	gemacht *Partizip Perfekt von* faire → p. 39/4	Hier j'ai ~ un gâteau.
pris [pʀi]	genommen *Partizip Perfekt von* prendre, p. 39/4	Ce matin, on a ~ le bus.
le tramway [lətʀamwɛ] ou: **le tram** [lətʀam] *fam.*	die Straßenbahn	À Paris, il n'y a pas de ~.
marcher [maʀʃe]	*hier:* laufen	
vu [vy]	gesehen *Partizip Perfekt von* voir → p. 39/4	Tu as ~ ce film avec Depardieu?
la cathédrale [lakatedʀal]	die Kathedrale	Les élèves ont vu la ~ de Nantes.
attendu [atɑ̃dy]	gewartet *Partizip Perfekt von* attendre → p. 39/4	Hier, j'ai ~ ma copine devant le collège.
la cabine (téléphonique) [lakabintelefɔnik]	die Telefonzelle	Dans la ~, il y a un monsieur avec son chien.

⚠ *Du kannst dir Wörter leichter merken, wenn du sie mit Wörtern der gleichen Familie, die du schon kennst, in Verbindung bringst.*

Vergleiche:
le **téléphone** = das Telefon
téléphoner à qn = jdn anrufen
la cabine **téléphonique** = die Telefonzelle

eu [y]	gehabt *Partizip Perfekt von* avoir → p. 39/4	Tu as ~ des problèmes avec tes devoirs?
compris [kɔ̃pʀi]	verstanden *Partizip Perfekt von* comprendre → p. 39/4	– Est-ce que je parle trop vite? – Non, j'ai ~.
appris [apʀi]	gelernt *Partizip Perfekt von* apprendre → p. 39/4	J'ai ~ la fable.
la chose [laʃoz]	die Sache	Nous faisons beaucoup de ~[4] ensemble.
le centre [ləsɑ̃tʀ]	das Zentrum	Pascal habite dans le ~ de Nantes.
le passage [ləpasaʒ]	die Einkaufspassage	Charlotte photographie Julia dans le ~ Pommeraye.
le souvenir [ləsuvniʀ]	*hier:* das Souvenir, das Andenken *auch:* die Erinnerung	Sophia n'aime pas les ~[5].

1 voient 2 perdu 3 est en forme 4 choses 5 souvenirs

(ê)**allé** [ale]	gegangen *Partizip Perfekt von* aller → p. 38/3	Alice et Zoé sont ~[1] à l'école ensemble.
le commissariat [ləkɔmisaʀja]	die Polizeidienststelle	Mon père est policier. Il travaille dans un ~.
être à table [ɛtʀatabl]	zu Abend oder Mittag essen *wörtlich:* am Tisch sein	Les Noguez ~[2].
(ê)**sorti** [sɔʀti]	hinausgegangen *Partizip Perfekt von* sortir → p. 39/4	Vanessa et Annick sont ~[3] de la boulangerie avec des pains au chocolat.
(ê)**retourner** [ʀətuʀne]	zurückgehen, zurückkehren	Yann est ~[4] au collège parce qu'il a oublié son livre.
(ê)**(re)monter** [(ʀə)mɔ̃te]	(noch einmal / wieder) hinaufsteigen *auch:* einsteigen *in ein Verkehrsmittel*	Charlotte et Julia ~[5] au château.

Il monte **dans** le bus.

Elles montent **au** château.

Il monte **sur** une chaise.

(ê)**(re)descendu** [ʀədesɑ̃dy]	noch einmal / wieder hinuntergegangen *Partizip Perfekt von* redescendre → p. 39/4	Les filles sont ~[6] du château.
été [ete]	gewesen *Partizip Perfekt von* être → p. 39/4	Aujourd'hui, Anne et Maryse ont ~ au musée.

Das Verb être *bildet das* passé composé *mit* avoir.

partout [paʀtu] *adv.*	überall	J'ai cherché ~, mais je n'ai pas trouvé mon cahier de textes.
déprimé/e [depʀime] *adj.*	deprimiert, niedergeschlagen	Nassim est ~: il a perdu sa montre.
la carte d'identité [lakaʀtdidɑ̃tite]	der Personalausweis	Prends ta ~!
la valise [lavaliz]	der Koffer	Mets ta ~ dans la voiture, s'il te plaît.
C'est déjà ça. [sɛdeʒasa]	Wenigstens etwas. / Das ist ja schon etwas.	
le dessert [lədesɛʀ]	das Dessert, der Nachtisch	– Tu prends un ~? – Non, merci.
déranger qn [deʀɑ̃ʒe]	jdn stören	Notre chien ~[7] souvent les voisins.
heureux/-euse [øʀø/øʀøz] *adj.*	glücklich	Antoine est très ~: il part chez ses grands-parents demain.

être heureux/heureuse comme tout = überglücklich / sehr glücklich sein

pu [py]	gekonnt *Partizip Perfekt von* pouvoir → p. 39/4	Tu as ~ photographier la cathédrale?
le papier [ləpapje]	das Papier *hier:* der Zettel	Nous cherchons le ~ avec le numéro de téléphone d'Amélie.

faire un numéro [fɛʀɛ̃nymeʀo]	eine Nummer wählen	
ça fait deux [safɛdø] *fam.*	das sind zwei Dinge, die nicht zusammenpassen	Le sport et moi, ~.
savoir qc par cœur [savwaʀpaʀkœʀ]	etw. auswendig können	Je ~[8] cette fable ~.
appeler [ap(ə)le]	anrufen	Antoine ~[9] toujours ses grands-parents le samedi.
expliquer qc à qn [ɛksplike]	jdm etw. erklären	Je n'ai pas compris. Tu peux m'~ l'exercice?
(ê)**venu** [vəny]	gekommen *Partizip Perfekt von* (ê)venir → p. 39/4	Ma corres est ~[10] en TGV.
tout de suite [tutsɥit] *adv.*	sofort	– Tu ne manges pas ton dessert? – Si, ~.
le match [ləmatʃ]	das (Fußball-)Spiel	Ce soir, mes copains regardent le ~ de foot à la télé.
le porte-bonheur [ləpɔʀtbɔnœʀ]	der Glücksbringer	Julien a toujours un ~ dans son sac.
l'équipe [lekip] *f.*	die Mannschaft, das Team	L'~ de Jean-Louis va gagner, c'est sûr.

1 allées 2 sont à table 3 sorties 4 retourné 5 remontent 6 redescendues 7 dérange 8 sais 9 appelle 10 venue

UNITÉ 2, SÉQUENCE 3

vous devez [vudəve]	ihr müsst / Sie müssen *2. Pers. Pl. von* devoir	
devoir [dəvwaʀ]	müssen → Verbes, p. 146	Pourquoi est-ce que tu ~[1] déjà rentrer?
passer [pase]	*hier:* verbringen *zeitlich*	Aude et Thomas ~[2] beaucoup de temps dehors.
voulu [vuly]	gewollt *Partizip Perfekt von* vouloir → p. 39/4	Les élèves ont ~ faire une excursion à Noirmoutier.
laisser qc [lese]	etw. hinterlassen, etw. lassen	Quand je vais à la piscine, je ~[3] ma carte d'identité à la maison.
malade [malad] *m./f. adj.*	krank	Pierre ne va pas au collège aujourd'hui: il est ~.
possible [pɔsibl] *m./f. adj.*	möglich	Je voudrais aller en France en août. C'est ~?
le concert [ləkɔ̃sɛʀ]	das Konzert	Le ~ de Sinsemilia, c'est quand?
C'était trop cool! [setɛtʀokul] *fam.*	Es war super cool!	
sévère [sevɛʀ] *m./f. adj.*	streng	Ma prof de maths est très ~.
bouger [buʒe]	sich bewegen *auch*: unterwegs sein	Cet enfant ~[4] tout le temps.
espérer [ɛspeʀe]	hoffen *wird wie* préférer *konjugiert* → Verbes, p. 145	J'~[5] que tu vas venir chez moi demain soir.

2

le contact [ləkɔ̃takt]	der Kontakt	Nous voulons rester en ~ avec nos correspondants.
le week-end [ləwikɛnd]	das Wochenende *auch:* am Wochenende	Nous passons le ~ chez notre grand-père.
le port [ləpɔʀ]	der Hafen	Nos corres ont visité le ~ de Nantes.
l'île [lil] *f.*	die Insel	L'~ de Noirmoutier est près de Nantes.
sous le soleil [suləsɔlɛj]	bei Sonnenschein	
fantastique [fɑ̃tastik] *m./f. adj.*	fantastisch	Ce film est ~. Tu l'as vu?
inviter qn [ɛ̃vite]	jdn einladen	C'est l'anniversaire de Louisa. Elle a ~[6] ses amis.
Il a fait beau. [ilafɛbo]	Das Wetter war schön.	Ce matin, il ~.
Il a plu. [ilaply]	Es hat geregnet. *3. Pers. Sg. passé composé von* pleuvoir → Verbes, p. 146	Mais hier, il ~.
venir voir qn [vəniʀvwaʀ]	jdn besuchen	

⚠ *Unterscheide:* visiter qc ≠ venir voir qn

(ê)**(re)venir** [ʀəvniʀ]	wiederkommen, zurückkommen *wird wie* venir *konjugiert* → p. 147	Quand est-ce qu'on peut ~?
la connaissance [lakɔnɛsɑ̃s]	die Bekanntschaft	Julia a fait la ~ de la famille Bouvier.

faire la connaissance de qn = jdn kennen lernen

(re)voir qn/qc [ʀəvwaʀ]	jdn/etw. wiedersehen *wird wie* voir *konjugiert* → p. 147	Tu as ~[7] ton corres après l'échange?

Die Vorsilbe re- *bei Verben entspricht häufig dem deutschen* wieder *oder* zurück. *Folgende Verben kennst du schon:* redescendre, remonter, retourner, retrouver, revenir, revoir.

le début [ləde by]	der Anfang	Le skate, au ~, ce n'est pas facile!
l'amitié [lamitje] *f.*	die Freundschaft	L'~, c'est trop cool!

Vergleiche: l'ami/l'amie = der Freund / die Freundin
l'amitié = die Freundschaft

la main [lamɛ̃]	die Hand	– Qu'est-ce que tu as dans ta ~? – Un caillou. C'est mon porte-bonheur.
le progrès [ləpʀɔgʀɛ]	der Fortschritt	Je trouve qu'Étienne a fait beaucoup de ~ en anglais.
l'expression [lɛkspʀɛsjɔ̃] *f.*	der Ausdruck	Elle est trop drôle, cette ~.
C'est pas le pied! [sɛpaləpje] *fam.*	Das kannst du vergessen!	

1 dois 2 passent 3 laisse 4 bouge 5 espère 6 invité 7 revu

ANNEXE

UNITÉ 3, Approches

faire du sport [fɛʀdyspɔʀ]	Sport treiben	Le jeudi, nous ~[1].
Grenoble [gʀənɔbl]	*Stadt in den französischen Alpen* → Civilisation, p. 150	
le ski [ləski]	der Ski, das Skifahren	Tu sais faire du ~?
le surf [ləsœʀf]	das Wellenreiten, Surfen	Je voudrais apprendre le ~.

faire du surf = Snowboard fahren

Val-d'Isère [valdizɛʀ]	*berühmter Wintersportort in den Alpen* → Civilisation, p. 151	
Brest [bʀɛst]	*wichtige Hafenstadt in der Bretagne* → Civilisation, p. 149	
la voile [lavwal]	das Segel, das Segeln	À Noirmoutier, on peut faire de la ~.
Clermont-Ferrand [klɛʀmɔ̃fɛʀɑ̃]	*politisches und wirtschaftliches Zentrum der Auvergne* → Civilisation, p. 149	
le VTT [ləvetete] ou: **le vélo tout terrain** [ləvelotutɛʀɛ̃]	das Mountainbike	Ce week-end, on fait un tour en ~.
l'Auvergne [lovɛʀɲ] *f.*	*Region im südfranzösischen Zentralmassiv* → Civilisation, p. 148	
parisien/ne [paʀizjɛ̃/paʀizjɛn] *adj.*	Pariser, aus Paris	Le corres de Bettina est ~.
l'athlétisme [latletizm] *m.*	die Leichtathletik	J'adore l'~!
le stade [ləstad]	das Stadion	Le ~ de France est à Saint-Denis près de Paris.
l'acrobatie [lakʀɔbasi] *f.*	die Akrobatik	L'~, ce n'est pas facile!
Besançon [bəzɑ̃sɔ̃]	*politisches und wirtschaftliches Zentrum des Departement Doubs* → Civilisation, p. 149	
le kayak [ləkajak]	der Kajak	Fabrice est dans un club de ~.
le Doubs [lədu]	*Fluss und Departement im Osten Frankreichs* → Civilisation, p. 149	

1 faisons

UNITÉ 3, SÉQUENCE 1

sans [sɑ̃] *prép.*	ohne	Émilien vient ~ sa sœur parce qu'elle est en Allemagne.
l'exposé [lɛkspoze] *m.*	das Referat, der Vortrag	On prépare notre ~ ensemble?
Okapi [okapi]	*beliebte französische Jugendzeitschrift*	
gentil [ʒɑ̃ti] / **gentille** [ʒɑ̃tij] *adj.*	nett	Mme Duval, notre prof de maths, est très ~[1].
commencer par qc [kɔmɑ̃separ]	mit etw. anfangen/beginnen	Bon, on va ~ les devoirs de maths.

passer avant qn/qc [paseavɑ̃]	vor etw./jdm Vorrang haben, vorgehen	Ma famille ~[2] tout.
le plaisir [ləplezir]	das Vergnügen, die Freude	Aller au cinéma, c'est mon ~ du lundi.

faire plaisir à qn = jdm eine Freude machen

aider qn [ede]	jdm helfen	Tu peux m'~, s'il te plaît?
la soif [la swaf]	der Durst	Vous avez ~?

⚠ *Wenn Du sagen willst, dass du Hunger oder Durst hast, verwendest du die Nomen* faim *und* soif *ohne Artikel nach dem Verb* avoir.

Vergleiche: avoir faim = Hunger haben
avoir soif = Durst haben

le verre [ləvɛʀ]	das Glas	Loïc met les assiettes et les ~[3] sur la table.

⚠ *Nicht verwechseln:*

le verre  

le pot

le lait [ləlɛ]	die Milch	Yann achète du ~.
quel/quelle [kɛl]	welcher, welche, welches	~[4] musique est-ce que tu aimes?
la mousse au chocolat [lamusoʃɔkɔla]	*französische Schokoladencreme*	Pour son anniversaire, Clémentine demande toujours de la ~.
l'œuf [lœf] *m.* / ⚠ **les œufs** [lezø] *pl.*	das Ei	Les ~[5], c'est bon.
il faut [ilfo] *(+ Nomen)*	man braucht / wir brauchen	Pour faire un gâteau, ~ de la farine.
la mangue [lamɑ̃g]	die Mango	Tu aimes les ~[6]?
le citron [ləsitʀɔ̃]	die Zitrone	Il faut manger du ~ pour être en forme.
le sucre [ləsykʀ]	der Zucker	Je mets toujours du ~ dans mon café.
la recette [laʀəsɛt]	das Kochrezept	Doris donne la ~ des truffes au chocolat à Dana.
combien de qc [kɔbjɛ̃də]	wie viel, welche Menge von etw.	~ farine est-ce qu'il faut?
le gramme [ləgʀam]	das Gramm	Pour ce gâteau, il faut 250 ~[7] de farine.
150 / cent cinquante [sɑ̃sɛ̃kɑ̃t]	150	

Die Zahlen findest du auf Seite 143–144.

peler qc [pəle]	etw. schälen *wird wie* peser *konjugiert* → Verbes, p. 145	Je ~[8] toujours les pêches.
la radio [laʀadjo]	das Radio	Quand je fais mes devoirs, je n'écoute pas la ~.
NRJ [ɛnɛʀʒi]	*französischer Radiosender*	
l'émission [lemisjɔ̃] *f.*	die Sendung	Tu regardes l'~ avec Ronaldo ce soir?
passer qc (à la radio) [pase]	*hier:* etw. im Radio senden/spielen	J'espère qu'ils vont ~ Sinsemilia ce soir.

Ils passent leurs vacances à la mer.

Le temps passe trop vite.

On passe une chanson sympa à la radio.

Les amis passent avant la télé.

le test [lətɛst]	der Test	Gaëlle et moi, on a fait un ~ dans Okapi.

Vergleiche: l'interrogation *f.* = die Klassenarbeit
le test = der Test

le caractère [ləkaʀaktɛʀ]	*hier:* die starke Persönlichkeit	
le Moyen-Âge [ləmwajɛnɑʒ]	das Mittelalter	En histoire, on travaille sur le ~.
la musique d'aujourd'hui [lamyzikdoʒuʀdɥi]	die Musik von heute	

1 gentille 2 passe avant 3 verres 4 quelle 5 œufs 6 mangues 7 grammes 8 pèle

UNITÉ 3, SÉQUENCE 2

le rendez-vous [ləʀɑ̃devu]	das Treffen, die Verabredung, der Termin	Virginie a ~ avec une copine.

avoir rendez-vous avec qn = mit jdm verabredet sein
donner (un) rendez-vous à qn = sich mit jdm verabreden

la quatrième [lakatʀijɛm]	die „Vierte" *die dritte Jahrgangsstufe nach Beendigung der fünfjährigen Grundschule (in Frankreich werden die Klassen rückwärts gezählt!); entspricht der 8. Klasse in Deutschland*	Rémi est en ~.
depuis [dəpɥi] *prép.*	seit	~ mon anniversaire, j'ai un vélo.
l'endroit [lɑ̃dʀwa] *m.*	der Ort	À quel ~ est-ce qu'il a garé sa voiture?
où [u]	wo *Relativpronomen, steht anstelle der Ortsangabe*	C'est la boulangerie ~ j'achète mon pain au chocolat.
la discipline [ladisiplin]	die Disziplin, das Fach	
que [kə]	den, die, das *Relativpronomen, immer direktes Objekt des Relativsatzes*	Voilà un CD ~ j'écoute souvent.

⚠ que *ist unveränderlich, wird aber ins Deutsche unterschiedlich übersetzt:*

C'est le garçon **que** ma sœur adore. = ... der Junge, den meine Schwester toll findet.
J'ai invité une copine **que** tu ne connais pas encore. = ... eine Freundin, die du noch nicht kennst.
Samedi soir, à la télé, il y a un match **que** je veux voir. = ... ein Spiel, das ich sehen will.
Je fais des photos **que** je vais montrer à mes parents. = ... Fotos, die ich meinen Eltern zeigen werde.

il connaît [ilkɔnɛ]	er kennt *3. Pers. Sg. von* connaître	
connaître qn/qc [kɔnɛtʀ]	jdn/etw. kennen → Verbes, p. 146	Je ne ~[1] pas encore les parents de mon corres.

Vergleiche: la connaissance = die Bekanntschaft
connaître qn/qc = jdn/etw. kennen
faire la connaissance de qn = jdn kennen lernen

le chemin [ləʃ(ə)mɛ̃]	der Weg	Vous pouvez me montrer le ~ pour l'hôpital?
vous savez [vusave]	wisst ihr; ihr wisst? *auch:* wissen Sie; Sie wissen *2. Pers. Pl. von* savoir	

⚠ vous savez [vusave] ≠ vous avez [vuzave]
Unterscheide: savoir faire qc = Geneviève a appris sa leçon: maintenant elle sait faire les exercices.
pouvoir faire qc = Aujourd'hui, je suis en forme: je peux jouer au foot pendant 5 heures.

savoir qc [savwaʀ]	etw. wissen → Verbes p. 147	Qu'est-ce que vous ~[2] sur la France?
traverser qc [tʀavɛʀse]	1. etw. überqueren (z. B. eine Straße), 2. etw. durchqueren (z. B. einen Park)	La dame a ~[3] la place.
tout droit [tudʀwa] *adv.*	geradeaus	– S'il vous plaît, pour aller à la cathédrale? – Allez ~ jusqu'au parc et puis c'est à gauche.
deuxième [døzjɛm] *m./f.*	zweiter, zweite, zweites	– S'il vous plaît, pour aller au musée Jules Verne? – Prenez la ~ rue à droite.
le feu rouge [ləføʀuʒ]	die Ampel	Je peux descendre au ~?
premier [pʀəmje] *m.* / **première** [pʀəmjɛʀ] *f. adj.*	erster, erste, erstes	La rue Crébillon, c'est la ~[4] rue à droite, Madame.
le carrefour [ləkaʀfuʀ]	die Kreuzung	Il est encore loin, ce ~?
tourner [tuʀne]	abbiegen	Après le musée, il faut ~ à gauche.
redemander qc [ʀədəmɑ̃de]	nach etw. noch einmal fragen	Quand on n'a pas compris, il faut ~.
la fois [lafwa]	das Mal	Je vais à Nantes pour la première ~.

pour la première fois [puʀlapʀəmjɛʀfwa] = zum ersten Mal

le trapèze [lətʀapɛz]	das Trapez	J'adore le ~ comme discipline de cirque.
l'attention [latɑ̃sjɔ̃] *f.*	die Aufmerksamkeit, die Vorsicht	Au carrefour, il faut toujours faire ~.

Attention! = Achtung! faire attention = aufpassen, aufmerksam/vorsichtig sein

le filet [ləfilɛ]	das Netz	Achète un ~ d'oranges, s'il te plaît.
le dos [lədo]	der Rücken	Qui a collé un poisson dans le ~ de Luc?
sinon [sinɔ̃] *conj.*	sonst	Va à l'anniversaire de Julie, ~ elle va être triste.

Ça fait mal. [safɛmal]	Das tut weh.	
faire mal à qn [fɛʀmal]	jdm wehtun	Arrête! Tu ~[5] à mon chien!
jongler [ʒɔ̃gle]	jonglieren	– Tu sais ~? – Moi pas.
la cuillère [lakɥijɛʀ] ou: **la cuiller** [lakɥijɛʀ]	der Löffel	Tu me donnes la ~ qui est sur la table?
le couvert [ləkuvɛʀ]	das Besteck	
mettre le couvert [mɛtʀələkuvɛʀ]	den Tisch decken	Qui m'aide à ~?
pendant des heures [pɑ̃dɑ̃dezœʀ]	stundenlang	Je peux écouter cette chanson ~.
il va voir qn/qc [ilvavwaʀ]	*hier:* er geht zu jdm/etw.	Aujourd'hui, François ~ ses grands-parents.
ridicule [ʀidikyl] *m./f. adj.*	lächerlich	Je trouve Alain ~ en clown.
tu voudrais [tyvudʀɛ]	du möchtest	Qu'est-ce que ~ faire?
dommage [dɔmaʒ]	schade	On ne va pas au festival de hip-hop? C'est ~.

1 connais 2 savez 3 traversé 4 première 5 fais mal

UNITÉ 3, SÉQUENCE 3

l'ASSR [laɛsɛsɛʀ] ou: **l'Attestation Scolaire de Sécurité Routière** [latɛstasjɔ̃skɔlɛʀdəsekyʀiteʀutjɛʀ] *f.*	*Zeugnis zur Verkehrssicherheit* → Civilisation, p. 151	
porter qc [pɔʀte]	etw. tragen	Tu peux ~ ma valise, s'il te plaît?
le casque [ləkask]	der Helm	Pour faire du vélo, on doit mettre un ~?
quand même [kɑ̃mɛm] *adv.*	dennoch	
qui [ki]	der, die, das *Relativpronomen, immer Subjekt des Relativsatzes*	Paul attend le bus ~ est en retard ce matin.

⚠ qui *ist unveränderlich, wird aber ins Deutsche unterschiedlich übersetzt:*

Tu as vu le garçon **qui** vient du Canada? = ... den Jungen, der aus Kanada kommt.
Véronique attend son amie **qui** habite à Narbonne. = ... ihre Freundin, die in Narbonne wohnt.
Jean a aidé l'enfant **qui** est tombé. = ... dem Kind geholfen, das gefallen ist.
Marion est avec les filles **qui** chantent fort. = ... bei den Mädchen, die laut singen.

la mobylette [lamɔbilɛt]	das Mofa	Bruno aime le VTT; Vanessa préfère la ~.
la route [laʀut]	die Fernverkehrsstraße, die Landstraße	Vous devez prendre la ~ pour Nantes.

Vergleiche: la route = die Fernverkehrsstraße, die Landstraße
la rue = die Straße (in der Stadt)

doubler qn [duble]	jdn überholen	Fais bien attention quand tu ~[1] une mobylette!

rouler [ʀule]	fahren, rollen	Elle ~[2] vite!
le trottoir [lətʀɔtwaʀ]	der Bürgersteig, der Gehweg	Ne gare pas ta voiture sur le ~.
large [laʀʒ] *m./f. adj.*	weit, breit	Ce fleuve est très ~.
km/h ou: **kilomètre/heure** [kilɔmɛtʀœʀ]	Stundenkilometer	
le kilomètre [ləkilɔmɛtʀ]	der Kilometer	Une excursion de 35 ~[3], c'est dur.
l'autoroute [lotoʀut] *f.*	die Autobahn	On prend souvent l'~ pour aller à la mer.
l'avis [lavi] *m.*	die Meinung	Brian donne toujours son ~.

donner son avis = seine Meinung sagen

à ton avis [atɔ̃navi]	deiner Meinung nach	~, l'interro d'histoire va être facile?

je:	à mon avis
tu:	à ton avis
il/elle:	à son avis
nous:	à notre avis
vous:	à votre avis
ils/elles:	à leur avis

le danger [lədɑ̃ʒe]	die Gefahr	
être en danger [ɛtʀɑ̃dɑ̃ʒe]	in Gefahr sein	Quand mon copain ~[4], je l'aide.
le conducteur [ləkɔ̃dyktœʀ] / **la conductrice** [lakɔ̃dyktʀis]	der/die Fahrer/in	Tu connais le ~ de ce bus?
c'est pourquoi [sɛpuʀkwa]	deshalb	
la réponse [laʀepɔ̃s]	die Antwort	Tu trouves toujours la ~.

Vergleiche: répondre à qn/qc = jdm/auf etw. antworten
répondre qc à qn = jdm etw. antworten
la réponse = die Anwort

la protection [lapʀɔtɛksjɔ̃]	der Schutz, die Unterstützung	Pour faire du roller, tu ne dois pas oublier tes ~[5].
la personne [lapɛʀsɔn]	die Person	J'ai vu une ~ derrière la maison.
dangereux/-euse [dɑ̃ʒʀø/dɑ̃ʒʀøz] *adj.*	gefährlich	Fais attention! C'est ~.

Vergleiche: le **danger** = die Gefahr
être en **danger** = in Gefahr sein
dangereux/-euse = gefährlich

interdit/e [ɛ̃tɛʀdi/ɛ̃tɛʀdit] *adj.*	verboten	Traverser sans regarder, c'est ~.
la vitesse [lavitɛs]	die Geschwindigkeit	À quelle ~ roule notre TGV?
être limité/e [ɛtʀəlimite]	begrenzt sein	

le geste [ləʒɛst]	die Geste, die Handbewegung	Notre prof de français fait beaucoup de ~[6] quand elle parle.
l'angle mort [lɑ̃glmɔʀ] *m.*	der tote Winkel	Dans l'~, on ne voit pas le danger.

1 doubles 2 roule 3 kilomètres 4 est en danger 5 protections 6 gestes

UNITÉ 4, Approches

la violence [lavjɔlɑ̃s]	die Gewalt	Nous sommes contre la ~.
même [mɛm] *m./f. adj.*	der/die/das gleiche der-/die-/dasselbe	Nathalie et Victor ont acheté le ~ CD.

On est dans le même bateau. = Wir sitzen alle im selben Boot.

la terre [latɛʀ] / **la Terre** [latɛʀ]	die Erde, der Boden	
être solidaire [ɛtʀəsɔlidɛʀ] *m./f.*	zusammenhalten	Nous ~[1].
solidaire [sɔlidɛʀ] *m./f. adj.*	solidarisch	
brun/e [bʀɛ̃/bʀyn] *adj.*	braun, dunkelhaarig	Clémence est ~[2].
blond/e [blɔ̃/blɔ̃d] *adj.* blond ≠ brun	blond	Anna est ~[3].
lui [lɥi]	ihm, ihr *indirektes Objektpronomen, steht für männliches oder weibliches indirektes Objekt im Sg.*	Est-ce que tu peux ~ donner un livre?
leur [lœʀ]	ihnen *indirektes Objektpronomen, steht für männliches oder weibliches indirektes Objekt im Pl.*	Je ~ parle souvent de la France.
les paroles [lepaʀɔl] *f. pl.* (p. 62)	*der Text eines Liedes*	Tu connais les ~ de cette chanson?

1 sommes solidaires 2 brune 3 blonde

UNITÉ 4, SÉQUENCE 1

agresser qn [agʀɛse]	jdn angreifen	Ludovic a ~[1] Didier hier devant l'école.
le petit [ləpti] / **la petite** [laptit]	der/die Kleine	La ~[2] pleure.
nous [nu]	uns *hier: indirektes Objektpronomen*	Marie ~ répond toujours très vite.
te [tə]	dir *hier: indirektes Objektpronomen*	Je voudrais ~ donner la main.
le portable [ləpɔʀtabl]	das Handy	C'est cher, un ~?

Vergleiche:
porter qc = etw. tragen, etw. bringen
le porte-monnaie = das Portmonee (der Beutel, in dem man sein Geld trägt)
le porte-bonheur = der Glücksbringer
le portable = das Handy (das Telefon, das man mit sich herumträgt)

casser qc [kase]	etw. brechen, zerbrechen, kaputtmachen	Arrête! Tu vas ~ l'ordinateur
la dent [ladɑ̃]	der Zahn	Le bébé de Mélanie a déjà trois ~[3].
hésiter [ezite]	zögern	Marc ~[4] un moment, puis il entre au commissariat.
voler qc [vɔle]	etw. stehlen	Où est-ce qu'on a ~[5] votre sac?
la peur [lapœʀ]	die Angst	Devant la boulangerie, il y a un chien. Nathalie a ~.

avoir peur (de qn/qc) = (vor jdm/etw.) Angst haben

ouh, là, là [ulala]	Oje!	
faire qc à qn [fɛʀ]	jdm etw. (an)tun	– Qu'est-ce qu'il t'~[6]? – Il m'a bousculé.

faire peur à qn = jdm Angst machen

mignon/ne [miɲɔ̃/miɲɔn] *adj.*	süß, niedlich	Dis, elle est ~[7], ta sœur!
courageux/-euse [kuʀaʒø/kuʀaʒøz] *adj.*	mutig	Yann est ~.
lâcher qn/qc [lɑʃe]	jdn/etw. loslassen	Enfin, le chat ~[8] la souris.
tenir qc [təniʀ]	etw. halten *wird wie* venir *konjugiert* → Verbes p. 147	Patricia ~[9] la main de son copain.
le bras [ləbʀa]	der Arm	Léonie prend toujours mon ~ pour traverser.
crier [kʀije]	schreien	Pourquoi est-ce que tu ~[10] comme ça?

⚠ „faux ami":
crier (schreien) ≠
to cry (weinen)

il crie

elle pleure

Au secours! [oskuʀ]	(Zu) Hilfe!	~! Un monstre sous mon lit!
le jeune homme [ləʒœnɔm]	der junge Mann	Un ~ aide le petit.
quand [kɑ̃]	als *zeitlich*	~ je suis arrivé, il est parti.
si [si] *adv.*	so	Brad Pitt, il est ~ mignon!
vous [vu]	euch, Ihnen *hier: indirektes Objektpronomen*	On va ~ écrire après l'échange.
dire merci à qn [diʀmɛʀsi]	sich bei jdm bedanken	Quand on te fait un cadeau, il faut ~.
malheureux/-euse [maløʀø/maløʀøz] *adj.* ⚠ malheureux ≠ heureux	unglücklich	Pierre est ~. Son équipe a perdu le match.
à cause de [akozdə] *prép.*	wegen	– Pourquoi est-ce que tu es encore là? – ~ mon frère. Il est en retard.

avoir mal [avwaʀmal]	Schmerzen haben, wehtun	Où est-ce que tu ~[11]?

⚠ j'ai mal à la tête / à la main / au pied = mir tut der Kopf / die Hand / der Fuß weh
aber: j'ai mal au cœur = mir ist übel

faire mal à qn = jdm weh tun

être blessé/e [ɛtʀəblɛse]	verletzt sein	Le garçon est tombé. Maintenant, il ~[12].
Fais voir! [fɛvwaʀ]	Zeig her!	– J'ai trouvé un portable dans la cour. – ~!
le ventre [ləvɑ̃tʀ]	der Bauch	Alice a mangé trop de chocolat. Maintenant, elle a mal au ~.
la jambe [laʒɑ̃b]	das Bein	Mehdi est tombé: il a mal à la ~.
grave [gʀav] *m./f. adj.*	schlimm	Il est blessé mais ce n'est pas ~!
la pharmacie [lafaʀmasi]	die Apotheke	Près du collège, il y a une ~.

⚠ *Apotheken erkennst du in Frankreich an einem grünen Kreuz.*

la police [lapɔlis] (p. 67/7)	die Polizei	La mère de Tom travaille dans la ~.

1 agressé 2 petite 3 dents 4 hésite 5 volé 6 a fait 7 mignonne 8 lâche 9 tient 10 cries 11 as mal 12 est blessé

UNITÉ 4, SÉQUENCE 2

accepter qn/qc [aksɛpte]	jdn/etw. akzeptieren, gelten lassen	Quand un élève fait mal à un petit, on ne peut pas ~ ça.
ne ... personne [nə...pɛʀsɔn]	niemand	Yann ~ connaît ~ à Paris.
tout le monde [tul(ə)mɔ̃d]	alle, jedermann	~ est content.
le monde [ləmɔ̃d]	die Welt	J'aimerais faire le tour du ~.
il ouvre [iluvʀ]	er öffnet *3. Pers. Sg. von* ouvrir	
ouvrir qc [uvʀiʀ]	etw. öffnen (→ Verbes, p. 146)	Aurélie ~[1] son cadeau.

ouvrir *endet im Infinitiv auf* -ir, *wird aber im Präsenz wie ein Verb auf* -er *konjugiert.*
Partizip Perfekt: ouvert

exagérer qc [ɛgzaʒeʀe]	etw. übertreiben	Cinq euros pour cette bédé? Le marchand ~[2].
ne ... jamais [nə...ʒamɛ]	nie, niemals	Katja ~ est ~[3] allée en France.

être à l'heure [ɛtʀalœʀ]	pünktlich sein/kommen	Notre prof de français ~ toujours ~[4].

Il est en avance. Elle est à l'heure. Il est en retard.

offrir qc à qn [ɔfʀiʀ]	jdm etw. anbieten, etw. schenken *wird wie* ouvrir *konjugiert* → Verbes, p. 146	Charlotte et Loïc nous ~[5] des jus de fruits.
je suis désolé/e [ʒəsɥidezɔle]	es tut mir Leid	
le/la camarade [lə/lakamaʀad]	der/die (Klassen)Kamerad/in	Tu téléphones souvent à tes ~[6]?
un des deux [ɛ̃dedø]	einer von beiden	
frapper qn/qc [fʀape]	jdn/etw. schlagen	– Regarde le monsieur là-bas! Il ~[7] son chien. – Mais c'est l'horreur!
les affaires [lezafɛʀ] *f. pl.*	die Sachen	Ma sœur ne range jamais ses ~.

les affaires de classe = die Schulsachen

oser [oze]	sich etw. trauen	Il n'~[8] pas sonner chez les voisins.
ne ... rien [ne...ʀjɛ̃]	nichts	Arrête la télé! On ~ comprend ~.

Du kennst die folgenden Verneinungen: ne ... pas, ne ... plus, ne ... rien, ne ... jamais, ne ... personne.
⚠ Il n'a parlé à personne.

le/la principal/e [lə/lapʀɛ̃sipal]	der/die Direktor/in, der/die Schulleiter/in	Bonjour, Monsieur le ~.
dénoncer qn [denɔ̃se] ⚠ **nous dénonçons**	jdn verraten, verpetzen *wird wie* commencer *konjugiert* → Verbes, p. 145	Mon frère m'a pris mes CD, mais je ne veux pas le ~.
recommencer [ʀəkɔmɑ̃se] ⚠ **nous recommençons**	wieder (von vorn) anfangen *wird wie* commencer *konjugiert* → Verbes, p. 145	Après les vacances, l'école va ~.
avoir raison [avwaʀɛzɔ̃]	Recht haben	Tu ~[9].
lancer qc [lɑ̃se] ⚠ **nous lançons**	*hier:* etw. veranlassen, etw. ins Leben rufen *wird wie* commencer *konjugiert* → Verbes, p. 145	
l'opération [lɔpeʀasjɔ̃] *f.*	die Operation, die Aktion	Votre ~ est super!
le ruban vert [ləʀybɑ̃vɛʀ]	das grüne Band	Les élèves lancent une opération «~».
vert/e [vɛʀ/vɛʀt] *adj.*	grün	Le sac de Lola est ~.
la charte [laʃaʀt]	die Charta	On a écrit la ~ de l'opération «ruban vert» en cours de français.

ça veut dire [savødiʀ]	das bedeutet, das heißt	
le bureau [ləbyʀo] / ⚠ ***les bureaux*** [lebyʀo] *pl.* (p. 70/7)	das Büro	– Où est le principal? – Dans son ~.

1 ouvre 2 exagère 3 n'... jamais 4 est ... à l'heure 5 offrent 6 camarades 7 frappe 8 ose 9 as raison

UNITÉ 4, SÉQUENCE 3

réagir à qc [ʀeaʒiʀ]	auf etw. reagieren → Verbes, p. 145	Clément a vite ~[1] à ma lettre.
la réaction [laʀeaksjɔ̃]	die Reaktion	Je ne comprends pas ta ~, Yann! Pourquoi es-tu triste?
joli/e [ʒɔli] *adj.*	hübsch, niedlich	Ton dessin est très ~.
inutile [inytil] *m./f. adj.*	unnütz	Apprendre des langues, ce n'est pas ~.
réfléchissez [ʀefleʃise]	überlegt!, denkt nach! *Imperativ 2. Pers. Pl. von* réfléchir	
réfléchir [ʀefleʃiʀ]	überlegen *wird wie* réagir *konjugiert* → Verbes, p. 145	Attendez, il faut ~.
servir à qc [sɛʀviʀ]	etw. nützen *wird wie* sortir *konjugiert* → Verbes, p. 147	À mon avis, l'opération «ruban vert» ne ~[2] à rien.
égoïste [egɔist] *m./f. adj.*	egoistisch	Pourquoi est-il si ~?

Die zwei Punkte über dem ï *heißen Trema* (le tréma). *Sie zeigen an, dass die beiden Vokale* o *und* ï *getrennt ausgesprochen werden.*

l'agresseur [lagʀɛsœʀ] *m.* ⚠ *Es gibt nur die männliche Form!*	der/die Angreifer/in	J'ai vu l'~! Je le connais.
la fenêtre [laf(ə)nɛtʀ]	das Fenster	Ferme la ~, s'il te plaît, il fait froid.
ils applaudissent [ilzaplodis]	sie klatschen Beifall *3. Pers. Pl. von* applaudir	
applaudir [aplodiʀ]	Beifall klatschen, applaudieren *wird wie* réagir *konjugiert* → Verbes, p. 145	Est-ce que les gens ont beaucoup ~[3]?
peut-être [pøtɛtʀ] *adv.*	vielleicht	– On va à la mer, ce week-end? – ~.
nous agissons [nuzaʒisɔ̃]	wir handeln *1. Pers. Pl. von* agir	
agir [aʒiʀ]	handeln *wird wie* réagir *konjugiert* → Verbes, p. 145	Parler, c'est inutile. Il faut ~ maintenant.
respecter qn/qc [ʀɛspɛkte]	jdn/etw. achten, respektieren	À vélo, on doit aussi ~ les feux rouges.
nombreux/-euse [nɔ̃bʀø/nɔ̃bʀøz] *adj.*	zahlreich	Pour préparer le rallye, on est assez ~.

Adjektive auf -eux *bilden die weibliche Form auf* -euse.
Du kennst schon courageux/courageuse, dangereux/dangereuse, heureux/heureuse, malheureux/malheureuse.

le signe [lesiɲ]	das Zeichen, das Symbol	Le ruban vert est un ~ contre la violence.
la victime [laviktim]	das Opfer	Il faut aider les ~[4] de la violence.
aie [ɛ]	habe! *Imperativ 2. Pers. Sg. von* avoir	N'~ pas peur!
l'œil [lœj] *m.* ⚠ **les yeux** [lezjø] *pl.*	das Auge	Tim a les ~[5] bleus.
l'oreille [lɔʀɛj] *f.*	das Ohr	Ne crie pas si fort. J'ai mal aux ~[6].
le mot [ləmo]	das Wort	Je connais déjà beaucoup de ~[7] en français.

Les mots *(pl.) hat im Deutschen zwei Bedeutungen:*
1. Écris ces mots dans ton cahier. = Schreib diese Wörter in dein Heft.
2. Contre la violence, les mots ne sont pas assez forts. = Worte sind gegen (die) Gewalt nicht stark genug.

car [kaʀ] *conj.*	denn, weil	Magali est heureuse ~ elle a gagné un CD.
choisir qc [ʃwaziʀ]	etw. aussuchen, auswählen *wird wie* réagir *konjugiert* → Verbes, p. 145	– Vous avez ~[8], Monsieur? – Oui, je prends une andouillette.
le camp [lekɑ̃]	das Lager	En juillet, Élodie part en ~ de vacances.

Il faut choisir son camp. = Man muss sich entscheiden, auf welcher Seite man steht.

longtemps [lɔ̃tɑ̃] *adv.*	lange	Hier soir, nous avons dû attendre Paul ~.
l'exemple [lɛgsɑ̃pl] *m.*	das Beispiel	– Qu'est-ce qu'on fait ce soir? – On peut aller au cinéma, par ~.

par exemple = zum Beispiel
donner l'exemple à qn = Vorbild sein für jdn
prendre exemple sur qn = sich an jdm ein Beispiel nehmen

⚠ *Vergleiche mit dem Englischen:* l'exemple – the example

soyez [swaje]	seid! *Imperativ 2. Pers. Pl. von* être	Ne ~ pas triste!
apporter qc [apɔʀte]	etw. mitbringen	Tu as ~[9] ta guitare?
le judo [ləʒydo]	das Judo	Michel fait du ~.
utile [ytil] *m./f. adj.*	nützlich	Mon agenda est très ~.
critiquer qn/qc [kʀitike]	jdn/etw. kritisieren	Pourquoi est-ce que tu me ~[10] aussi souvent?
Ça m'est égal. [samɛtegal] *fam.*	Das ist mir egal.	
agressif/-ve [agʀɛsif/agʀɛsiv] *adj.* (p. 72/2)	aggressiv	Fais attention! Le chien est ~.
la citrouille [lasitʀuj] (p. 72/5)	der Kürbis	Yann adore la ~.

1 réagi 2 sert 3 applaudi 4 victimes 5 yeux 6 oreilles 7 mots 8 choisi 9 apporté 10 critiques

4

ANNEXE

les vêtements [levɛtmɑ̃] *m. pl.*	die Kleidung	J'aime acheter des ~.
la couleur [lakulœʀ]	die Farbe	Est-ce que tu aimes la ~ de mon sac?

De quelle couleur **est** (ton agenda)? = Welche Farbe **hat** (dein Kalender)?

le tee-shirt [lətiʃœʀt]	das T-Shirt	Comment tu trouves mon ~?
blanc [blɑ̃] *m.* / **blanche** [blɑ̃ʃ] *f. adj.*	weiß	Laure a une chienne ~[1].
le jean [lədʒin] ⚠ *ohne -s am Ende*	die Jeans	Hier, j'ai acheté un ~ trop cool.
bleu/e [blø] *adj.*	blau	Est-ce que tu as un vélo ~?
le pull [ləpyl] ou: **le pull-over** [ləpylɔvɛʀ]	der Pulli / der Pullover	J'aime bien le ~ blanc de Mehdi.
noir/e [nwaʀ] *adj.*	schwarz	Nathalie a un chat ~.
rouge [ʀuʒ] *m./f. adj.*	rot	Tu préfères les poivrons ~[2] ou les poivrons verts?
la veste [lavɛst]	die Jacke ⚠ „faux ami“: la veste ≠ die Weste (le gilet)	Maman, où est ma ~ bleue?
la chemise (à carreaux) [laʃ(ə)miz(akaʀo)]	das (karierte) Hemd	Pour mon anniversaire, mon père m'a offert une ~.
la robe [laʀɔb]	das Kleid	Vanessa adore les ~[3].
rose [ʀoz] *m./f. adj.*	rosa	J'aime beaucoup ton tee-shirt ~.
gris/e [gʀi/gʀiz] *adj.*	grau	Nathalie a une souris ~[4].
la casquette [lakaskɛt]	die Schirmmütze	Yann a perdu sa ~.
la jupe [laʒyp]	der Rock	Tu as vu la ~ de Clémence? Elle est super!
la chaussure [laʃosyʀ]	der Schuh	Comment tu trouves mes ~[5]?
les baskets [lebaskɛt] *f. pl.*	die Turnschuhe, die Sportschuhe	J'ai oublié mes ~ au collège.

⚠ *Unterscheide:*

le basket (jouer au basket)

les baskets *f. pl.*

jaune [ʒon] *m./f. adj.*	gelb	Est-ce que tu aimes les vêtements ~[6]?
le pantalon [ləpɑ̃talɔ̃]	die Hose	Charlotte n'aime pas les jupes. Elle préfère les ~[7].

les lunettes (de soleil) [lelynɛt(dəsɔlɛj)] *f. pl.*	die (Sonnen)Brille	J'ai mal aux yeux sans mes ~.

⚠ *Die Brille steht im Französischen immer im Plural:* les lunettes.
Das kannst du dir daran merken, dass eine Brille aus zwei Brillengläsern besteht.

1 blanche 2 rouges 3 robes 4 grise 5 chaussures 6 jaunes 7 pantalons

UNITÉ 5, SÉQUENCE 1

être fâché/e [ɛtʀəfɑʃe]	verärgert, böse sein	Mme Amadou ~[1]: sa sœur a oublié son anniversaire.
le désordre [lədezɔʀdʀ]	die Unordnung	Quel ~! Range ta chambre, maintenant!

être en désordre = unaufgeräumt sein

la teinture [latɛ̃tyʀ]	das Färbemittel *für Haare, Stoffe usw.*	Charlotte a acheté un tube de ~.
les cheveux [leʃ(ə)vø] *m. pl.*	die Haare	Mon grand-père n'a plus beaucoup de ~.

⚠ *Die Haarfarbe gibst du – anders als im Deutschen – mit dem bestimmten Artikel an. Vergleiche:*
avoir **les** cheveux noirs/bruns/blonds = schwarze/braune/blonde Haare haben

beau/bel [bo/bɛl] *m.* / **belle** [bɛl] *f.* / **beaux** [bo] *m. pl.* / **belles** [bɛl] *f. pl. adj.*	schön	Clémence a un ~[2] pull vert.

le beau pull
le bel exemple
les beaux vêtements / les beaux impers
la belle fille
les belles couleurs / les belles excursions

colorer qc [kɔlɔʀe]	etw. färben	Charlotte veut ~ ses cheveux.

Vergleiche: la couleur = die Farbe
colorer qc = etw. färben

perdre la tête [pɛʀdʀlatɛt]	den Verstand verlieren	

5

ANNEXE

nouveau/nouvel [nuvo/nuvɛl] *m.* / **nouvelle** [nuvɛl] *f.* / **nouveaux** [nuvo] *m. pl.* / **nouvelles** [nuvɛl] *f. pl. adj.*	neu	Ta ~[3] robe est super.

le nouveau copain
le nouvel élève
les nouveaux immeubles / les nouveaux vêtements
la nouvelle école
les nouvelles amies

la mode [lamɔd]	die Mode	Sabine, c'est une victime de la ~.
fouiller dans qc [fuje]	in etw. wühlen, kramen	Pourquoi est-ce que tu ~[4] dans ton sac? Tu cherches quelque chose?
le sweat [ləswɛt]	das Sweatshirt	Regarde, Mehdi a un nouveau ~.
être à qn [ɛtʀ]	jdm gehören	Cette mobylette, elle ~[5] toi?
échanger qc [eʃɑ̃ʒe] **(contre qc)**	etw. (gegen etw.) tauschen	Tu ~[6] ton jean noir contre mon pull blanc?

Vergleiche: l'échange *m.* = der Austausch
échanger qc = etw. tauschen, austauschen

plaire à qn [plɛʀ]	jdm gefallen → Verbes, p. 146	Ton nouveau portable me ~[7] beaucoup.
c'était [setɛ]	es war	Quand il est arrivé, ~ déjà trop tard.
aller bien avec qc [alebjɛ̃avɛk]	gut zusammenpassen	Le rose, ça ~[8] avec le vert, non?
l'artiste [laʀtist] *m./f.*	der/die Künstlerin ⚠ „faux ami": l'artiste ≠ der/die Artist/in (l'acrobate *m./f.*)	C'est un ~ célèbre.
aux cheveux rouges [oʃ(ə)vøʀuʒ]	mit rot gefärbten Haaren	

Vergleiche:
les cheveux rouges (rot gefärbte Haare) ≠ les cheveux roux (rothaarig)

formidable [fɔʀmidabl] *m./f. adj.*	hervorragend, toll	Nous avons passé des vacances ~[9].

1 est fâchée 2 beau 3 nouvelle 4 fouilles 5 est à 6 échanges 7 plaît 8 va bien 9 formidables

UNITÉ 5, SÉQUENCE 2

l'imper [lɛ̃pɛʀ] *m. fam.* ou: **l'imperméable** [lɛ̃pɛʀmeabl] *m.*	der Regenmantel	Prends ton ~. Il pleut.
les fringues [lefʀɛ̃g] *f. pl. fam.*	die Klamotten *im Sinne von* die Kleidung	J'achète toujours mes ~ aux Galeries Lafayette.
important/e [ɛ̃pɔʀtɑ̃/ɛ̃pɔʀtɑ̃t] *adj.*	wichtig	Ma famille est très ~[1] pour moi.

dépendre de qn/qc [depɑ̃dʀ]	von jdm/etw. abhängen *wird wie* attendre *konjugiert* → Verbes, p. 145	~ de la mode, c'est ridicule.
la marque [lamaʀk]	die Marke	Pour beaucoup de jeunes, les ~[2] sont très importantes.
dernier/-ière [dɛʀnje/dɛʀnjɛʀ] *adj.*	letzter/letzte/letztes *auch:* voriger/vorige/voriges	Regarde. C'est la~[3] lettre de mon amie.

dimanche dernier = vorigen Sonntag
la semaine dernière = vorige Woche

mettre qc [mɛtʀ]	*hier:* etw. anziehen	Aujourd'hui, je ~[4] mon pantalon blanc.
à la mode [alamɔd]	modisch	– Ta veste n'est plus ~. – Ça m'est égal.
rigoler [ʀigɔle] *fam.*	lachen, Spaß haben *hier:* sich lustig machen	Avec les copains, on ~[5] beaucoup.
la pub [lapyb] *fam.* ou: **la publicité** [lapyblisite]	die Werbung	À la télé, il y a trop de ~.
Untel ou Machin [ɛ̃tɛlumaʃɛ̃]	*hier:* irgendeine Marke	
tendance [tɑ̃dɑ̃s] *m./f. adj.* ⚠ *immer unveränderlich*	im Trend	Tu la trouves ~, ma jupe?

être tendance = être à la mode

confortable [kɔ̃fɔʀtabl] *m./f. adj.*	bequem, komfortabel	Cette chaise n'est pas très ~.
préféré/e [pʀefeʀe] *adj.*	Lieblings- *in Verbindung mit einem Nomen*	Le foot n'est pas mon sport ~.
long [lɔ̃] *m.* / **longue** [lɔ̃g] *f. adj.*	lang	J'adore les robes ~[6].
pratique [pʀatik] *m./f. adj.*	praktisch	Nous préférons les vêtements ~[7].
l'anorak [lanɔʀak] *m.*	der Anorak	Je peux mettre ton ~ pour sortir ce soir?
moche [mɔʃ] *m./f. fam. adj.*	hässlich	Je ne veux pas mettre ce pull. Il est ~.
aller ensemble [aleɑ̃sɑ̃bl]	*hier:* zusammenpassen	Ce pantalon et cette chemise ~[8].
chic [ʃik] *m./f. adj.*	schick, vornehm	Malika habite dans un quartier ~ de Nantes.
meilleur/e [mɛjœʀ] *adj.*	besser/e *Komparativ zu* bon/ne	Cette fois, je veux avoir une ~[9] note en maths.
la qualité [lakalite]	die Qualität	Pour moi, la ~ des vêtements est plus importante que leur marque.
l'uniforme [lynifɔʀm] *m.*	die Uniform *hier:* die Schuluniform	En Allemagne, les élèves ne portent pas d'~.
court/e [kuʀ/kuʀt] *adj.* ⚠ court ≠ long	kurz	Je suis ridicule avec ce pantalon. Il est trop ~ pour moi.

le collant [ləkɔlɑ̃] ou: **les collants** [ləkɔlɑ̃] *pl.*	die Strumpfhose *oder:* die Strumpfhosen	Est-ce que tu mets des ~[10] avec ta robe courte?
Ça ne lui va pas. [sanəlɥivapa]	*hier:* Das steht ihm/ihr nicht.	Caroline porte souvent des jupes, mais ~.

Ça va bien/mieux avec ... = Das passt gut/besser mit ... zusammen.
Ça ne va pas ensemble. = Das passt nicht zusammen.
Ça lui va bien. = Das steht ihm/ihr gut.

1 importante 2 marques 3 dernière 4 mets 5 rigole 6 longues 7 pratiques 8 vont ensemble 9 meilleure 10 collants

UNITÉ 5, SÉQUENCE 3

la poche [lapɔʃ]	die Hosentasche *oder eine andere* Tasche *an der Kleidung*	Il a un stylo dans la ~.

Nicht verwechseln:

l'argent de poche [larʒɑ̃d(ə)pɔʃ] *m.*	das Taschengeld	Je n'ai pas assez d'~.
l'horoscope [lɔrɔskɔp] *m.*	das Horoskop	Je lis toujours mon ~.
le/la meilleur/e [mɛjœr] *adj.*	der/die/das Beste *Superlativ zu* bon/ne	Sylvie téléphone à sa ~[1] copine.
le mois [ləmwa]	der Monat	Je vais rester en France pendant un ~.

Du kennst nun schon alle wichtigen Maßeinheiten für die Zeit: un moment – une minute – un quart d'heure – une demi-heure – une heure – un jour – une semaine – un mois – un an

prudent/e [prydɑ̃/prydɑ̃t] *adj.*	vorsichtig	Avec ses rollers, il est très ~. Il ne veut pas tomber.
jeter qc [ʒəte]	etw. werfen, schleudern *wird wie* appeler *konjugiert* → Verbes, p. 145	Yann ~[2] ses affaires dans son sac et part.
Ça tombe bien! [satɔ̃bbjɛ̃]	Das trifft sich aber gut! / Das passt ja!	– J'ai fait un gâteau. – ~ parce que j'ai faim.
payer qc [peje]	etw. bezahlen → Verbes, p. 145	Cette fois, je ~[3] le ciné.
le fric [ləfrik] *fam.*	die Knete, die Kohle *im Sinne von* das Geld	Je n'ai plus de ~.

les loisirs [lelwaziʀ] *m. pl.*	die Freizeit	Qu'est-ce que tu fais pendant tes ~?
renoncer à qc [ʀənɔ̃se] ⚠ **nous renonçons**	auf etw. verzichten *wird wie* commencer *konjugiert* → Verbes, p. 145	M. Noguez ne peut pas ~ à sa voiture.
quelques [kɛlkə] *m./f. pl.*	einige, ein paar	Noah va à Nantes pour ~ jours.
quoi [kwa]	was	Tu fais ~ ce week-end?
la boisson [labwasɔ̃]	das Getränk	– Qu'est-ce que tu prends comme ~? – Un verre de lait, s'il te plaît.
le ménage [ləmenaʒ]	der Haushalt	
faire le ménage [fɛʀləmenaʒ]	putzen	Ce soir, je dois ~.
laver qc [lave]	etw. waschen	Mme Leroux ~[4] ses vêtements.
distribuer qc [distʀibɥe]	etw. verteilen, austeilen	La prof d'histoire ~[5] les tests.
le journal [ləʒuʀnal] / ⚠ **les journaux** [leʒuʀno] *pl.*	1. die Zeitung, 2. das Tagebuch	Pendant le petit-déjeuner, ma mère lit son ~.

Nomen auf -al *bilden den Plural auf* -aux. *Du kennst schon:*	l'animal – les animaux l'hôpital – les hôpitaux le journal – les journaux	⚠ *Ausnahme:* le festival – les festivals

le billet [ləbijɛ]	der Geldschein *auch:* die Fahrkarte, die Eintrittskarte	– Aujourd'hui, j'ai perdu un ~ de 10 euros. – C'est pas cool!
la note [lanɔt]	die Note, die Zensur	Pierre est déprimé à cause de ses ~[6].
parfois [paʀfwa] *adv.*	manchmal	Avec les amis, on se retrouve ~ le week-end au stade.
sortir (un chien) [sɔʀtiʀ]	*hier:* (einen Hund) ausführen	Ce soir, je dois ~ notre chien.
la chance [laʃɑ̃s]	das Glück *auch:* die Chance	Pierre a perdu son porte-monnaie. Il n'a pas de ~.

avoir **de la** chance = Glück haben
Bonne chance! = Viel Glück!

la chose la plus normale du monde [laʃozlaplynɔʀmal-dymɔ̃d]	das Normalste auf der Welt	
riche [ʀiʃ] *m./f. adj.*	reich	Notre voisin est assez ~.
économe [ekɔnɔm] *m./f. adj.*	sparsam	Matthieu a toujours été ~.
dépenser qc [depɑ̃se]	etw. ausgeben	Tu ~[7] combien par mois pour ton portable?
le mannequin [ləmankɛ̃] ⚠ *Es gibt nur die männliche Form!*	das Mannequin, das Model	Isabelle veut être ~.
l'ado [lado] *m./f. fam.* ou: **l'adolescent** [ladolɛsɑ̃] *m.* / **l'adolescente** [ladolɛsɑ̃t] *f.*	der/die Jugendliche, der/die Heranwachsende	La vie des ~[8], c'est dur, dur!

essayer qc [eseje]	etw. versuchen, (an)probieren *wird wie* payer *konjugiert* → Verbes, p. 145	– Mon ordinateur ne marche plus. Tu peux faire quelque chose? – Je vais ~.
sur toi [syʀtwa]	*hier:* dabei, bei dir	Est-ce que tu as ta carte d'identité ~?

Merke:

J'ai mon portable sur moi.	Nous avons notre portable sur nous.
Tu as ton portable sur toi.	Vous avez votre portable sur vous?
Il a son portable sur lui.	Ils ont leur portable sur eux.
Elle a son portable sur elle.	Elles ont leur portable sur elles.

n'importe quoi [nɛ̃pɔʀtəkwa]	irgendetwas *hier:* dummes Zeug	Tu dis ~!
la matière [lamatjɛʀ] (p. 88/4)	das Unterrichtsfach	Ma ~ préférée, c'est le dessin.
la fête [lafɛt] (p. 89/6)	die Party, die Fete, das Fest	La ~ de la musique, c'est le 21 juin.
autres [otʀ] *m. pl.* (p. 89/7)	*hier:* andere Ausgaben	
les sorties [lesɔʀti] *f. pl.* (p. 89/7)	Ausgehen *wörtlich:* die Ausgänge	Luc dépense beaucoup pour ses ~.
l'épargne [lepaʀɲ] *f.* (p. 89/7)	das Sparen	
le contraire [ləkɔ̃tʀɛʀ] (p. 92/3)	das Gegenteil	
le département [lədepaʀtmɑ̃] (p. 93/5)	das Departement *Bezeichnung für einen Verwaltungsbezirk in Frankreich* (→ Carte de Bretagne)	

Frankreich ist in 96 Departements eingeteilt. Darüber hinaus gibt es vier Übersee-Departements. Jedes Departement hat eine Nummer, die in der Postleitzahl und in den Autonummern enthalten ist.

les godasses [legodas] *f. pl. fam.* (p. 94/8)	die Schuhe	

1 meilleure 2 jette 3 paie 4 lave 5 distribue 6 notes 7 dépenses 8 ados

UNITÉ 6, Approches

la marée noire [lamaʀenwaʀ]	die Ölpest *wörtlich:* die schwarze Flut	
la marée [lamaʀe] / **les marées** [lemaʀe] *pl.*	Ebbe und Flut / die Gezeiten	Août, c'est le mois des grandes ~[1].
magnifique [maɲifik] *m./f. adj.*	wundervoll	Ta photo est ~.
la tache [lataʃ]	der Fleck	Sur mon pull vert, il y a une ~.
la côte [lakot]	die Küste	Les ~[2] de Bretagne sont très belles.
le rocher [ləʀɔʃe]	der Felsen	Nous avons passé l'après-midi près des ~[3].
le ciel [ləsjɛl] / ⚠ **les cieux** [lesjø] *pl.*	der Himmel	Quel beau ~ bleu! C'est magnifique!

l'horizon [lɔʀizɔ̃] *m.*	der Horizont	– C'est quoi, cette chose à l'~? – Un bateau, je pense.
la vague [lavag]	die Welle	Charlotte aime nager dans les ~[4].
la plage [laplaʒ]	der Strand	Les enfant jouent sur la ~.
le sable [ləsabl]	der Sand	Yann aime les plages de ~ blanc.
le coquillage [ləkɔkijaʒ]	die Muschel	Clémence cherche des ~[5].
la cabine de bain [lakabindəbɛ̃]	die Strandkabine	Sur les plages de Bretagne, il y a des ~[6].
le Breton [ləbʀətɔ̃] / ***la Bretonne*** [labʀətɔn] (p. 96/2)	der Bretone / die Bretonin	Astérix et Obélix sont des ~[7] très courageux.
le prospectus [ləpʀɔspɛktys] (p. 96/2)	der Prospekt	À l'office du tourisme, il y a des ~ sur la Bretagne.

1 marées 2 côtes 3 rochers 4 vagues 5 coquillages 6 cabines de bain 7 Bretons

UNITÉ 6, SÉQUENCE 1

les actualités [lezaktɥalite] *f. pl.*	die Nachrichten	Les Bouvier regardent les ~ à la télé.
14000 / quatorze mille [katɔʀzmil]	14000	

Die Zahlen findest du auf Seite 143.

le pétrole [ləpetʀɔl]	das Erdöl	Devant les côtes de Bretagne, un bateau a perdu du ~.
pareil/pareille [paʀɛj] *adj.*	ähnlich, gleich	– J'ai des problèmes en anglais. – Pour moi, c'est ~.
circuler [siʀkyle]	*hier:* fahren, umherfahren, zirkulieren	À Paris, on peut prendre le métro ou des bus qui ~[1] partout.
pourri/e [puʀi] *adj. fam.*	*hier:* schrottreif *auch:* faul, verdorben	Il est ~, cet ordinateur, il ne marche plus.
le pêcheur [ləpɛʃœʀ] / **la pêcheuse** [lapɛʃøz]	der/die Fischer/in	Le grand-père de Julien est ~.
tout [tu] *m.* / **toute** [tut] *f.* / **tous** [tus] *m. pl.* / **toutes** [tut] *f. pl.*	jeder/alle	Pendant les vacances, j'écris à ~[2] mes copains.
les petits-enfants [ləptizɑ̃fɑ̃] *m. pl.*	die Enkelkinder, die Enkel	Les Amadou font une promenade avec leurs ~.
le Breton [ləbʀətɔ̃] / **la Bretonne** [labʀətɔn]	der Bretone / die Bretonin *Einwohner/in der Bretagne*	Les ~[3] sont solidaires contre la marée noire.
ne ... pas encore [nə...pɑ(z)ɑ̃kɔʀ]	noch nicht	– Tu as vu le film les Choristes? – Non, je ~ l'ai ~ vu.
apprendre qc [apʀɑ̃dʀ]	*hier:* von etw. erfahren	Les Noguez regardent les actualités et ~[4] la catastrophe.

6

ANNEXE

plutôt [plyto] *adv.*	eher, lieber	– Tu viens à la piscine avec nous? – Non, je vais ~ au club photo.
de quoi [dəkwa]	wovon	~ est-ce que tu parles? Je ne comprends rien.
le vent [ləvɑ̃]	der Wind	Les enfants veulent aller à la plage, mais il y a trop de ~.
la quantité [lakɑ̃tite] ⚠ la quantité ≠ la qualité	die Menge, die Quantität	Le bateau a perdu une grande ~ de pétrole.
le sud [ləsyd]	der Süden	Montpellier est dans le ~ de la France.
Vannes [van]	*Stadt in der Bretagne* → Civilisation, p. 151	
sentir qc [sɑ̃tiʀ]	etw. spüren, etw. fühlen *wird wie* sortir *konjugiert* → Verbes, p. 147	J'ai joué au foot toute la journée, maintenant je ne ~[5] plus mes jambes.
le/la journaliste [lə/laʒuʀnalist]	der/die Journalist/in	La mère de Nathalie est ~.
la mort [lamɔʀ]	der Tod	Après la ~ de son chien, Sophie a beaucoup pleuré.
l'oiseau [lwazo] *m.* / ⚠ **les oiseaux** [lezwazo] *pl.*	der Vogel	Mes animaux préférés, ce sont les ~[6].
la pollution [lapɔlysjɔ̃]	die Verschmutzung	Les élèves veulent faire quelque chose contre la ~ des plages.
le crayon [ləkʀɛjɔ̃]	der Bleistift	Je vais acheter des ~[7], aux enfants: ils adorent le dessin.
l'écran [lekʀɑ̃] *m.*	der Bildschirm, die Leinwand	Je voudrais un nouvel ~ pour notre ordinateur.

porter qc à l'écran = etw. verfilmen

l'organisation [lɔʀganizasjɔ̃] *f.*	die Organisation, der Verband	Tu connais cette ~?
l'aide [lɛd] *f.*	die Hilfe	Merci pour ton ~.

Vergleiche: l'aide *f.* / aider qn

penser à qn/qc [pɑ̃se]	an jdn/etw. denken	David ~[8] aux oiseaux malades.
chaque [ʃak] (p. 99/7)	jeder, jede, jedes	
le désespoir [lədezɛspwaʀ] (p. 99/7)	die Verzweiflung	

1 circulent 2 tous 3 Bretons 4 apprennent 5 sens 6 oiseaux 7 crayons 8 pense

se sentir [səsɑ̃tiʀ]	sich fühlen → Verbes, p. 147	Ce matin, Victor ~[1] très bien.

je **me** sens — nous **nous** sentons
tu **te** sens — vous **vous** sentez
il/elle/on **se** sent — ils/elles **se** sentent

être concerné/e [ɛtʀkɔ̃sɛʀne]	betroffen sein	Nous ~ tous ~[2] par la violence à l'école.
ils/elles reçoivent [il/ɛlʀəswav]	*hier:* sie empfangen *3. Pers. Pl. von* recevoir	
recevoir qn/qc [ʀəsəvwaʀ]	jdn empfangen, etw. bekommen, etw. erhalten → Verbes, p. 147	Hier, Mélissa a ~[3] une lettre de Jonathan.
la Bretagne [labʀətaɲ]	*Halbinsel im Nordwesten Frankreichs* → Civilisation, p. 149	
s'intéresser à qn/qc [sɛ̃teʀɛse]	sich für jdn/etw. interessieren	Je ~[4] beaucoup à la Bretagne.

Vergleiche:
intéressant/e = interessant
intéresser qn = jdn interessieren
s'intéresser à qn/qc = sich für jdn/etw. interessieren

la région [laʀeʒjɔ̃]	die Region, das Gebiet	Est-ce que tu connais cette ~?
la Belgique [labɛlʒik]	Belgien → Civilisation, p. 149	
le pays [ləpei]	das Land	La France est un grand ~.
se comprendre [səkɔ̃pʀɑ̃dʀ]	sich verständigen, sich verstehen	Quand on parle avec les mains, on ~[5] toujours.
se protéger [səpʀɔteʒe]	sich schützen	Il faut ~ contre le pétrole.
s'occuper de qn/qc [sɔkype]	sich um jdn/etw. kümmern	Khaled doit ~ de son petit frère.
le pompier [ləpɔ̃pje]	der Feuerwehrmann	Le ~ explique aux jeunes comment il faut ramasser le pétrole.
le gant [ləgɑ̃]	der Handschuh	Clémence porte des ~[6] noirs.
la combinaison [lakɔ̃binɛzɔ̃]	der Overall	Tu as mis ta ~?
le plastique [ləplastik]	der Kunststoff, das Plastik	Adrien joue avec une petite voiture en ~.

Merke: en plastique = aus Plastik
en verre = aus Glas

ils/elles nettoient [il/ɛlnɛtwa]	*3. Pers. Pl. von* nettoyer	
nettoyer qc [nɛtwaje]	etw. reinigen, säubern *wird wie* payer *konjugiert* → Verbes, p. 145	Ce week-end, il faut ~ la maison.
ramasser qc [ʀamase]	etw. einsammeln, aufsammeln	À la fin de l'heure, le prof ~[7] les devoirs des élèves.
découvrir qn/qc [dekuvʀiʀ]	jdn/etw. entdecken *wird wie* ouvrir *konjugiert* → Verbes, p. 146	

6

ANNEXE

être couvert/e de qc [ɛtʀkuvɛʀ/kuvɛʀt]	bedeckt sein (mit/von) *Partizip Perfekt von* couvrir	Le rocher ~[8] de pétrole.
couvrir qc [kuvʀiʀ]	bedecken *wird wie* ouvrir *konjugiert* → Verbes, p. 146	
voler [vɔle]	fliegen	Cet oiseau ne peut plus ~. C'est triste.
amener qn/qc [amne]	*hier:* jdn/etw. hinbringen	Laure ~[10] ses CD à l'anniversaire de Julien.
la soupe [lasup]	die Suppe	Nathan n'aime pas la ~ de légumes.
sauver qn/qc [sove]	jdn/etw. retten	Après la marée noire, les Bretons ont ~[11] beaucoup d'oiseaux.
le site [ləsit]	die Webseite	Tu connais ~ de la ville de Nantes?
sale [sal] *m./f. adj.*	schmutzig	Tous mes vêtements sont ~[12]. Il faut les laver.
se poser des questions [səpozedekɛstjɔ̃]	sich Fragen stellen	Depuis quelque temps, Ariane ~[13] beaucoup ~.
se demander [sədəmɑ̃de]	sich fragen	Je ~[14] pourquoi Tom est toujours en retard.
protester (contre qc) [pʀɔtɛste]	protestieren	Les Bretons ~[15] contre la marée noire.
se retrouver [səʀətʀuve]	sich (wieder) treffen	Mehdi et Charlotte se ~[9] tous les jours dans le bus.
la journée [laʒuʀne]	der Tag ⚠ „faux ami": la journée ≠ the journey (le voyage)	Il ne dort jamais pendant ~.

toute la journée = den ganzen Tag

la sympathie [lasɛ̃pati]	die Sympathie	

Vergleiche: la sympathie
sympa/sympathique

^(ê)**redevenir qn/qc** [ʀədəvniʀ]	wieder jd/etw. werden	Le pompier pense qu'après la marée noire, tout va ~ normal.
^(ê)**devenir qn/qc** [dəvniʀ]	jd/etw. werden *wird wie* venir *konjugiert* → Verbes, p. 147	Qu'est-ce que tu veux ~ plus tard?
comme avant [kɔmavɑ̃] *adv.*	wie früher	Qu'est-ce qu'il a, Antoine? Il n'est plus ~.
des milliers de [demiljedə]	Tausende von	Il y a des ~ personnes qui aident les pompiers.
mort/e [mɔʀ/mɔʀt] *adj.*	tot	Beaucoup d'oiseaux sont ~[16] à cause de la marée noire.
non plus [nɔ̃ply] *adv.*	auch nicht	Je n'accepte pas la violence. – Moi ~.

1 se sent 2 sommes ... concernés 3 reçu 4 m'intéresse 5 se comprend 6 gants 7 ramasse 8 est couvert 9 retrouvent 10 amène 11 sauvé 12 sales 13 se pose ... des questions 14 me demande 15 protestent 16 morts

l'enfance [lɑ̃fɑ̃s] *f.*	die Kindheit	Ma grand-mère a eu une ~ très heureuse.
(le) papi [(lə)papi]	(der) Opa, Opi *Kosename für den Großvater*	
tu étais [tyetɛ]	du warst *2. Pers. Sg.* imparfait *von* être → p. 106/4	
autrefois [otʀəfwa] *adv.*	früher	~, ma famille habitait à Madagascar.
le souvenir [ləsuvniʀ]	*hier:* die Erinnerung	Je garde de beaux ~[1] de mes vacances à Nantes.
l'auditeur [loditœʀ] *m.* / **l'auditrice** [loditʀis] *f.*	der/die Zuhörer/in	Il y avait beaucoup d'~[2] pour ton exposé?
par [paʀ]	*hier:* durch	Qu'est-ce que Valentin regarde ~ la fenêtre?
l'instituteur [lɛ̃stitytœʀ] *m.* / **l'institutrice** [lɛ̃stitytʀis] *f.*	der/die Grundschullehrer/in	Ma petite sœur aime beaucoup son ~.
quelquefois [kɛlkəfwa] *adv.*	manchmal	D'habitude, Sandrine prend la voiture, mais ~ elle prend le métro.
se cacher [səkaʃe]	sich verstecken	Qui ~[3] derrière la porte?
la nuit [lanɥi] la nuit ≠ le jour	die Nacht, nachts	La ~, tous les chats sont gris.
vers [vɛʀ] *prép.*	*hier:* gegen *zeitlich*	Le TGV de Paris arrive ~ 17 heures.

à 15 heures = um 15 Uhr	après 15 heures = nach 15 Uhr	jusqu'à 15 heures = bis 15 Uhr
avant 15 heures = vor 15 Uhr	de 15 à 16 heures = von 15 bis 16 Uhr	depuis 15 heures = seit 15 Uhr
	vers 15 heures = gegen 15 Uhr	

rire [ʀiʀ] rire ≠ pleurer	lachen → Verbes, p. 147	Avec ma correspondante, on ~[4] du matin au soir.
la tempête [latɑ̃pɛt]	der Sturm	J'ai peur de la ~ en mer.
l'hiver [livɛʀ] *m.*	der Winter	En ~, Thomas fait du ski.
le métier [ləmetje]	der Beruf	Quel est le ~ de ta mère?
le breton [ləbʀətɔ̃]	Bretonisch, das Bretonische	Est-ce que ton grand-père parle encore ~?
la mairie [lamɛʀi]	das Rathaus	Savez-vous où se trouve la ~?
s'appeler [saple] ⚠ je m'appelle	heißen	Le copain de ma sœur ~[5] Xavier.
le/la touriste [lə/latuʀist]	der/die Tourist/in	En Bretagne, il y a beaucoup de ~[6].
se baigner [səbɛɲe]	baden	Philippe adore ~ avant le repas.
se promener [səpʀɔmne]	spazieren gehen	Tu ~[7] souvent seul le soir?
l'air [lɛʀ] *m.*	die Luft	J'adore l'~ de la mer.

la crêpe [lakʀɛp]	die Crêpe *dünner Eierpfannkuchen – bretonische Spezialität*	Isabelle prépare des ~[8] pour ses amis.

Crêpes *sind eine Spezialität der Bretagne. Im Mittelalter waren sie auf dem Land Grundnahrungsmittel. Ursprünglich aus Buchweizenmehl hergestellt, wird heute der dünne Pfannkuchen süß oder herzhaft* (la galette) *gegessen. Traditionell wird die* Crêpe *in der Bretagne mit* Cidre (Apfelwein) *serviert.*

au fait [ofɛt] *adv.*	übrigens	
sentir qc [sɑ̃tiʀ]	*hier:* etw. riechen	Qu'est-ce que je ~[9]? Le gâteau au chocolat.
changer qc / changer de qc [ʃɑ̃ʒe]	etw. verändern *wird wie* manger *konjugiert* → Verbes, p. 145	Depuis quand as-tu ~[10] d'adresse?
l'odeur [lɔdœʀ] *f.*	der Geruch, der Duft	– J'adore l'~ des fleurs du jardin. – Moi aussi.

1 souvenirs 2 auditeurs 3 se cache 4 rit 5 s'appelle 6 touristes 7 te promènes 8 crêpes 9 sens 10 changé

UNITÉ SUPPLÉMENTAIRE, SÉQUENCE 1

Aix-la-Chapelle [ɛkslaʃapɛl]	Aachen → Civilisation, p. 148	
les Landes [lelɑ̃d] *f. pl.*	*Landschaft und Departement in Südwestfrankreich* → Civilisation, p. 150	
le camping [ləkɑ̃piŋ]	*hier:* das Zelten *auch:* der Zeltplatz, der Campingplatz	Tu connais le ~ de la Baule?

faire du camping = zelten

agréable [agʀeabl] *m./f. adj.*	angenehm	C'est un souvenir ~.
le printemps [ləpʀɛ̃tɑ̃]	der Frühling	Le ~ commence le 21 mars.
la forêt [lafɔʀɛ]	der Wald	Mes copains et moi, nous nous promenons souvent en ~.
plat/e [pla/plat] *adj.*	flach, eben	J'aime faire du skate sur des rues ~[1].
fatigant/e [fatigɑ̃/fatigɑ̃t] *adj.*	ermüdend	Mon cours de danse est toujours assez ~.
envoyer qc [ɑ̃vwaje]	etw. schicken, verschicken *wird wie* payer *konjugiert* → Verbes, p. 145	Jérémy a ~[2] une lettre à Juliette.
être ravi/e [ɛtʀ(ə)ʀavi]	begeistert sein	Nous sommes ~[3] de vous revoir.
Charlemagne [ʃaʀlmaɲ]	Karl der Große → Civilisation, p. 148	
l'Auvergne [lovɛʀɲ] *f.*	*Region im südfranzösischen Zentralmassiv* → Civilisation, p. 148	

l'été [lete] *m.*	der Sommer	En ~, je vais aller en France.

En hiver, elle fait du ski

Au printemps, ils font du vélo.

En été, il fait du surf.

pêcher [peʃe]	angeln, fischen	Est-ce que ton grand-père aime ~?
la rivière [larivjɛʀ]	der (kleine) Fluss	Cette ~ est très sale.

⚠ *Unterscheide:*

un fleuve

une rivière

le lac [ləlak]	der See	Tous les matins, nous nous baignons dans le ~ devant la maison.
au bord du lac [obɔʀdylak]	am See(-ufer)	Tu habites toujours ~?
le lac Léman [ləlaklemɑ̃]	der Genfer See → Civilisation, p. 150	
suisse [sɥis] *m./f. adj.*	schweizerisch	Mon nouveau copain est ~.
la colo [lakɔlɔ] *fam.* ou: ***la colonie de vacances*** [lakɔlɔnid(ə)vakɑ̃s]	das Ferienlager *für Kinder und Jugenliche von 6 bis 12 Jahren*	Isabelle part trois semaines en ~ cet été.
la Côte d'Azur [lakotdazyʀ]	*die französische Riviera* → Civilisation, p. 149	
Cassis [kasi(s)]	*provenzalisches Hafenstädtchen und Badeort an der Côte d'Azur* → Civilisation, p. 149	
la Normandie [lanɔʀmɑ̃di]	*Gebiet in Nordwestfrankreich entlang des Ärmelkanals* → Civilisation, p. 150	En ~, il pleut souvent.
pas mal de [pɑmaldə] *fam.*	eine ganze Menge von etw.	En français, je suis fort, mais en histoire j'ai ~ problèmes.

pas mal de = un tas de = beaucoup de

le courage [ləkuʀaʒ]	der Mut	Il faut du ~ pour lancer une opération «ruban vert».

Vergleiche: courageux/-euse = mutig
le courage = der Mut

1 plates 2 envoyé 3 ravis

la Suisse romande [lasɥisʀɔmɑ̃d]	*die französische Schweiz* → Civilisation, p. 151	
international/e [ɛ̃tɛʀnasjɔnal] *adj.*	international	Sandra passe ses vacances dans une colo ~[1].
Genève [ʒənɛv]	Genf → Civilisation, p. 150	
le lac [ləlak]	der See	Tu viens? On va se baigner au ~.
au pied de [opjedə]	*hier:* am Fuß	
la montagne [lamɔ̃taɲ]	die Berge, das Gebirge	Mes grands-parents habitent à la ~.
l'alpage [lalpaʒ] *m.*	die Alm	
la vache [lavaʃ]	die (Milch)Kuh	Mon animal préféré, c'est la ~.

Tierlaute werden in jeder Sprache unterschiedlich wiedergegeben.

le Valais [ləvalɛ]	das Wallis → Civilisation, p. 151	
le Fribourg [ləfʀibuʀ]	das Freiburgerland → Civilisation, p. 149	
l'habitant *m.* / ***l'habitante*** *f.* [labitɑ̃/labitɑ̃t]	der/die Einwohner/in	Un ~ du quartier lui a montré le chemin.

une chambre chez l'habitant = eine Privatunterkunft, ein Fremdenzimmer

bilingue [bilɛ̃g] *m./f. adj.*	zweisprachig	Ma tante de Genève est ~.
la spécialité [laspesjalite]	die Spezialität	Tu connais les ~[2] de cette région?
délicieux/-euse [delisjø/delisjøz] *adj.*	köstlich	Les crêpes au miel, c'est ~.
le fromage [ləfʀɔmaʒ]	der Käse	En France, on mange beaucoup de ~.

Es gibt in Frankreich über 300 verschiedene Käsesorten: Die bekanntesten sind Camembert und Roquefort. Bei einer Mahlzeit wird der Käse nach dem Hauptgang und vor dem Dessert serviert. Ein Franzose isst im Durchschnitt 25 kg Käse im Jahr.

le litre [ləlitʀ]	der Liter	Il faut acheter deux ~[3] de lait.
le gruyère [ləgʀyjɛʀ]	der Greyerzer *Schweizer Hartkäse*	Le ~ est un fromage suisse.
goûter qc [gute]	etw. probieren, etw. kosten	– Tu as ~[4] ma crème de mangues? – Oui, elle est délicieuse.
le morceau [ləmɔʀso] / ⚠ ***les morceaux*** [lemɔʀso] *pl.*	das Stück	Clémence mange un ~ de gâteau.

la boîte [labwat]	der Kasten, die Schachtel *auch:* die Dose	Tu n'as pas trouvé une petite ~ noire dans la salle de séjour?
(la) mamie [(la)mami]	(die) Oma, Omi *Kosename für die Großmutter*	Ce soir, je téléphone à ~.

1 internationale 2 spécialités 3 litres 4 goûté

UNITÉ SUPPLÉMENTAIRE, SÉQUENCE 3

Aix-la-Chapelle [ɛkslaʃapɛl]	Aachen → Civilisation, p. 148	
le roi / la reine [ləʀwa/laʀɛn]	der/die König/in	Le ~ se promène dans le parc du château.
au VIIIe siècle [oɥitjɛmsjɛkl]	im 8. Jahrhundert	
le siècle [ləsjɛkl]	das Jahrhundert	Nous sommes au XXIe ~.
la frontière [lafʀɔ̃tjɛʀ]	die Grenze	Est-ce qu'il y a encore une ~ entre la France et l'Allemagne?
exister [ɛgziste]	vorhanden sein, existieren, leben	Une école sans devoirs, ça n'~[1] pas.
carolingien/ne [kaʀɔlɛ̃ʒjɛ̃/kaʀɔlɛ̃ʒjɛn] *adj.*	karolingisch	
occuper qc [ɔkype]	etw. besetzen	En 1940, l'Allemagne a ~[2] la France.
la partie [lapaʀti]	der Teil	La fin d'un film, c'est ma ~ préférée.

„faux ami": la partie ≠ the party (la fête)

l'Europe occidentale [løʀɔpɔksidɑ̃tal] *f.*	Westeuropa	
la paix [lapɛ]	der Frieden	Julie chante pour la ~.

faire la paix = Frieden schließen

seulement [sœlmɑ̃] *adv.*	nur	Thomas va ~ une fois par mois au ciné.
le printemps [ləpʀɛ̃tɑ̃]	der Frühling	Au ~, notre jardin est plus beau qu'en hiver.
la guerre [lagɛʀ]	der Krieg	La grand-mère de Marie est née pendant la ~.

la guerre ≠ la paix
partir en guerre = in den Krieg ziehen
faire la guerre = Krieg führen ≠ faire la paix = Frieden schließen

l'époque [lepɔk] *f.*	das Zeitalter, die Epoche	À l'~ de mes grands-parents, il y avait peu de touristes en Bretagne.
communiquer [kɔmynike]	kommunizieren, sich verständigen, miteinander sprechen	Aujourd'hui, les jeunes ~[4] beaucoup sur Internet.
par écrit [paʀekʀi]	schriftlich	Il faut répondre aux questions du prof ~.

S

ANNEXE

que vous lisiez [kəvulizje]	*2. Pers. Pl. subjonctif von* lire → p. 125	Il faut que vous ~ un roman de Jules Verne.
qu'ils/elles apprennent [kil/ɛlzapʀɛn]	*3. Pers. Pl. subjonctif von* apprendre → p. 125	Je veux qu'ils ~ cette fable de La Fontaine.
qu'ils/elles montent [kil/ɛlmɔ̃t]	*3. Pers. Pl. subjonctif von* monter → p. 125	Il faut qu'elles ~ au château des Ducs de Bretagne.
le cheval [ləʃval] / ⚠ *les chevaux* [leʃvo] *pl.*	das Pferd	Mon ~, c'est mon meilleur ami.

monter à cheval, faire du cheval = reiten

qu'ils sachent [kilsaʃ]	*3. Pers. Pl. subjonctif von* savoir → p. 125	
l'église [legliz] *f.*	die Kirche	Le dimanche, on va parfois à l'~.
qu'ils comprennent [kilkɔ̃pʀɛn]	*hier: 3. Pers. Pl. subjonctif von* comprendre → p. 125	Le prof veut que les élèves ~ ses exemples.
le texte [lətɛkst]	der Text	J'ai écrit un ~. Je peux te le lire?
officiel/le [ɔfisjɛl] *adj.*	offiziell	La partie ~[5] du programme commence à 20 h.
la Bible [labibl]	die Bibel	Tu as déjà lu la ~?
qu'il ait [kilɛ]	*3. Pers. Sg. subjonctif von* avoir	
le/la riche [lə/laʀiʃ] le/la riche ≠ le/la pauvre riche ≠ pauvre	der/die Reiche	Dans ce quartier habitent beaucoup de ~[6].

1 existe 2 occupé 3 occidentale 4 communiquent 5 officielle 6 riches

UNITÉ SUPPLÉMENTAIRE, SÉQUENCE 4

le Marais [ləmaʀɛ]	*historisches Stadtviertel im Herzen von Paris*	
le centre Georges Pompidou [ləsɑ̃tʀʒɔʀʒpɔ̃pidu]	*auch Beaubourg genannt, Kunst- und Kulturzentrum in der Innenstadt*	
bruyant/e [bʀyɑ̃/bʀyɑ̃t] *adj.*	laut	Hé, Olivier, tu es trop ~. Arrête!
C'est le pied! [sɛləpje] *fam.*	Das ist toll!	
(la) Mamie [lamami]	(die) Oma, Omi *Kosename für Großmutter*	La mère de ma mère, c'est ma ~.
l'été [lete] *m.*	der Sommer	Cet ~, je vais aller en France.
le/la cousin/e [ləkuzɛ̃/lakuzin]	der Cousin / die Cousine	Le fils de ma tante, c'est mon ~.
la balade [labalad]	der Spaziergang, die Fahrt, die Tour	Alain fait une ~ à pied dans le quartier.
la Coulée Verte [lakulevɛʀt]	der grüne Strom *begrünte Fußgängerpromenade, die durch den XII. Stadtbezirk führt*	
le long de [ləlɔ̃də]	am ... entlang	Cathy adore se promener ~ la plage.

le canal Saint-Martin [ləkanalsɛ̃maʀtɛ̃]	*Kanal im Osten von Paris*	
la Bastille [labastij]	*Platz in Paris, benannt nach einer Festung, die während der Französischen Revolution gestürmt wurde.*	
la Villette [lavilɛt]	*Wissenschafts- und Technikmuseum im XX. Stadtbezirk*	
l'escalier [lɛskalje] *m.*	die Treppe	Célia est blessée: elle est tombée dans l'~.
Montmartre [mɔ̃maʀtʀ]	*Künstlerviertel im Norden von Paris*	
la province [laprovɛ̃s]	die Provinz	Lyon est une grande ville de ~.
le Louvre [ləluvʀ]	*Ehemalige königliche Residenz, heute Museum, das Kunstgegenstände aus der Zeit der Ägypter bis zur Kunst des XIX. Jahrhunderts zeigt.*	
avoir un faible pour qn/qc [avwaʀɛ̃fɛblpuʀ]	eine Schwäche für jdn/etw. haben	J' ~[1] Michel: il est trop mignon.
le tableau / les tableaux [lətablo] *pl.*	*hier:* das Gemälde	David a trouvé un joli ~ au marché aux puces.
Eugène Delacroix [øʒɛndəlakʀwa]	*französischer Maler und Graphiker des XIX. Jahrhunderts*	
commenter qc [komɑ̃te]	etw. kommentieren	Mon frère adore ~ les matchs de foot.
la Samaritaine [lasamaʀitɛn]	*Pariser Kaufhaus*	
le monopoly [ləmonopoli]	das Monopoly-Spiel	Tu veux jouer avec moi au ~?

1 ai un faible pour

le Louvre

la place de la Bastille

près du centre Pompidou

UNITÉ SUPPLÉMENTAIRE, SÉQUENCE 5

à part qn/qc [apaʀ]	abgesehen von jdm/etw.	Il a plu mais ~ ça, on a passé un bon week-end.
parfait/e [paʀfɛ/paʀfɛt] *adj.*	perfekt, ausgezeichnet	20/20 en maths, c'est ~.
malheureusement [maløʀøzmɑ̃] *adv.*	leider	Lucas n'a ~ pas retrouvé son porte-monnaie.
vous attendrez [vuzatɑ̃dʀe]	ihr werdet warten *2. Pers. Pl. futur simple von* attendre → p. 127	

S

ANNEXE

il arrivera [ilaʀivʀa]	er wird ankommen *3. Pers. Sg. futur simple von* arriver → p. 127	
Grosses bises! [gʀɔsbiz]	Liebe Grüße! *in einem Brief* *wörtlich:* Dicke Küsse!	~ de Quimper!
Serre-Ponçon [sɛʀpɔ̃sɔ̃]	*Gebiet im südlichen Teil der französischen Alpen* → Civilisation, p. 151	
la montagne [lamɔ̃taɲ]	die Berge, das Gebirge	Mes grands-parents habitent à la ~.
le lac [ləlak]	der See	Est-ce que tu veux te baigner dans le ~?
la planche (à voile) [laplɑ̃ʃavwal]	das (Surf-)Brett	– Tu pratiques un sport? – Oui, je fais de la ~.
le participant [ləpaʀtisipɑ̃] / *la participante* [lapaʀtisipɑ̃t]	der/die Teilnehmer/in	Dans notre club photo, il y a maintenant quinze ~[1].
tout le temps [tultɑ̃] *adv.*	die ganze Zeit	Marie pense ~ à Sébastien.
heureusement [øʀøzmɑ̃] *adv.*	glücklicherweise	~, on n'a pas cours le samedi.
je serai [ʒəsəʀɛ]	ich werde sein *1. Pers. Sg. futur simple von* être → p. 127	
Nice [nis]	Nizza → Civilisation, p. 150	
la Côte d'Azur [lakɔtdazyʀ]	*französische Mittelmeerküste* → Civilisation, p. 149	
bruyant/e [bʀɥijɑ̃/bʀɥijɑ̃t] *adj.*	laut	Hé, les filles, vous êtes trop ~[2]. Arrêtez!
si [si]	wenn	~ tu travailles bien, tu auras une bonne note.
le décibel [lədesibɛl]	das Dezibel *Lautstärke-Einheit*	
ils seront [ilsəʀɔ̃]	sie werden sein *3. Pers. Pl. futur simple von* être → p. 127	
sûrement [syʀmɑ̃] *adv.*	sicherlich	Vendredi, on va ~ avoir une interro d'anglais.
sourd/e [suʀ/suʀd] *adj.*	taub	Mon chat a 18 ans et il est ~.
amicalement [amikalmɑ̃] *adv.*	Viele Grüße *in einem Brief*	
vous arriverez [vuzaʀivʀe]	ihr werdet ankommen *2. Pers. Pl. futur simple von* arriver → p. 127	
vous reconnaîtrez [vuʀəkɔnɛtʀe]	ihr werdet erkennen *2. Pers. Pl. futur simple von* reconnaître → p. 127	
reconnaître qn/qc [ʀəkɔnɛtʀ]	jdn/etw. (wieder)erkennen *wird wie* connaître *konjugiert* → Verbes, p. 146	Avec ses cheveux courts, on ne ~[3] plus Martin.
le moniteur [ləmɔnitœʀ] / *la monitrice* [lamɔnitʀis]	*hier:* der/die (Surf-)Lehrer/in	Mon ~ de surf est super sympa.
vous serez [vusəʀe]	ihr werdet sein *2. Pers. Pl. futur simple von* être → p. 127	

nous ferons [nufəʀɔ̃]	wir werden machen/tun *1. Pers. Pl. futur simple von* faire → p. 127	
la balade [labalad]	der Spaziergang, die Fahrt, die Tour	Jérémy fait une ~ à pied.

1 participants 2 bruyantes 3 reconnaît

UNITÉ RÉVISION, Chapitre 1

le voilier [ləvwalje]	das Segelboot	Regarde! Un ~ à l'horizon.
Bordeaux [bɔʀdo]	*politisches und wirtschaftliches Zentrum von der* Aquitaine → Civilisation, p. 149	
être chargé/e de qc [ɛtʀʃaʀʒe]	mit etw. geladen sein	La valise de Julia est ~[1] de souvenirs de Nantes.
le coton [ləkɔtɔ̃]	die Baumwolle	René porte un tee-shirt en ~.
Saint-Domingue [sɛ̃domɛ̃g]	*ehemaliger Name von Haïti* → Civilisation, p. 151	
l'arbre [laʀbʀ] *m.*	der Baum	Dans la cour du collège, il y a de beaux ~[2].
le paradis [ləpaʀadi]	das Paradies	Pour beaucoup de gens, une île sous le soleil, c'est le ~.
le Père [ləpɛʀ]	der Pater	Tu connais le ~ Camillo?
les châteaux de la Loire [leʃɑtodəlalwaʀ] *m. pl.*	die Schlösser an der Loire → Civilisation, p. 149	
la neige [lanɛʒ]	der Schnee	En hiver, il y a souvent de la ~ dans notre région.
le tableau [lətablo] / ⚠ ***les tableaux*** [letablo]	*hier:* das Gemälde	David a trouvé un joli ~ au marché aux puces.

en classe

au musée

le chasseur/ la chasseuse [ləʃasœʀ/laʃasøz]	der/die Jäger/in	Dans ma famille, on est ~ de père en fils.
le chevreuil [ləʃəvʀœj]	das Reh	As-tu déjà mangé du ~?
s'approcher de qn/qc [sapʀɔʃe]	sich jdm/etw. nähern	Ce chien est méchant, ne t'~[3] pas de lui.
le couteau [ləkuto] / ⚠ ***les couteaux*** [lekuto] *pl.*	das Messer	J'échange mon ~ contre ton agenda.
le fusil [ləfyzi]	das Gewehr	
difficile [difisil] *m./f. adj.* difficile ≠ facile	schwierig	Le français, ce n'est pas trop ~.

la Révolution [laʀevɔlysjɔ̃]	die (französische) Revolution → Civilisation, p. 151	Jérôme a bien préparé son interro sur la ~ de 1789.
l'esclave [lɛsklav] *m./f.*	der/die Sklave/Sklavin	La vie des ~[4] a toujours été très dure.
la liberté [libɛʀte]	die Freiheit	Mes parents sont super: ils me laissent beaucoup de ~.
la révolte [laʀevɔlt]	die Revolte, der Aufstand	Le film que j'ai vu raconte l'histoire d'une ~ d'esclaves.
on parle [ɔ̃paʀlə]	*hier:* man erzählt	
abolir qc [abɔliʀ]	etw. abschaffen *wird wie* réagir *konjugiert* → Verbes, p. 145	Qu'est-ce qu'on a ~[5] après la révolution?
l'esclavage [lɛsklavaʒ] *m.*	die Sklaverei → Civilisation, p. 151	Pour le cours d'histoire, Pierre et Juliette ont préparé un dossier sur l'~.
l'Afrique [lafʀik] *f.*	Afrika	Est-ce que tu connais l'~?
le/la sauvage [lə/lasovaʒ]	der/die Wilde	
ajouter qc [aʒute]	etw. hinzufügen	
punir qn [pyniʀ]	jdn bestrafen *wird wie* réagir *konjugiert* → Verbes p. 145	J'ai de la chance: mes parents ne me ~[6] jamais.
durement [dyʀmɑ̃] *adv.*	hart	Alain a travaillé ~ toute sa vie.
d'ailleurs [dajœʀ] *adv.*	übrigens	
la messe [lamɛs]	die Messe *kath. Gottesdienst*	Mes grands-parents vont à la ~ tous les dimanches.
les hommes [lezɔm] *m. pl.*	*hier:* die Menschen	Combien y a-t-il d'~ sur la terre?

1 chargée 2 arbres 3 approche 4 esclaves 5 aboli 6 punissent

UNITÉ RÉVISION, Chapitre 2

affreux/-euse [afʀø/afʀøz] *adj.*	furchtbar	Quelle horreur, cette chemise à carreaux! Elle est ~[1].
s'échapper de qc [seʃape]	*hier:* weglaufen, entlaufen	J'ai lu un roman super: à la fin, l'esclave s'~[2] de l'île.
la trace [latʀas]	die Spur	La tempête a laissé des ~[3] sur le sable.
le sang [ləsɑ̃]	das Blut	Julien s'est blessé: il a du ~ sur la main.
boire qc [bwaʀ]	etw. trinken	Tu as soif? Tu veux ~ quelque chose?
être attaché/e à qc [ɛtʀataʃe]	an etw. befestigt sein	Est-ce que le chien du voisin est ~[4] à son arbre pendant la nuit?
la nourrice [lanuʀis]	die Kinderfrau	Dans son enfance, ma grand-mère avait une ~.
faire la cuisine [fɛʀlakɥizin]	kochen	Qui ~[5] le soir chez toi?
s'imaginer qc [simaʒine]	sich etw. ausmalen, vorstellen	Qui peut ~ notre vie dans cent ans?
en vie [ɑ̃vi]	am Leben	Les pompiers sauvent les oiseaux encore ~.
prier [pʀije]	beten	À la messe, on ~[6].

le malheur [ləmalœʀ]	das Unglück	Une marée noire, c'est toujours un grand ~.
utiliser qc [ytilize]	etw. benutzen	Quelle teinture Léonie ~[7]-t-elle pour ses cheveux?

Vergleiche:

utiliser = etwas benutzen
utile = nützlich
inutile = unnütz, unnötig
utile ≠ inutile

1 affreuse 2 échappe 3 traces 4 attaché 5 fait la cuisine 6 prie 7 utilise

UNITÉ RÉVISION, Chapitre 3

demander la grâce de qn [demɑ̃delagʀɑs]	für jdn um Gnade bitten	Qui a ~[1] d'Aimé?
refuser qc [ʀəfyse] refuser qc ≠ accepter qc	etw. ablehnen	Annette a invité Marc à son anniversaire mais il a ~[2].
le doigt [lədwa]	der Finger	On ne mange pas avec les ~[3]!
insister [ɛ̃siste]	*hier:* auf etw. bestehen	Je ne veux pas t'offrir de mobylette: n'~[4] pas!
se mettre en colère [səmɛtʀɑ̃kɔlɛʀ]	wütend werden	Quand je rentre trop tard de l'école ma mère ~[5].
furieux/-euse [fyrjø/fyrjøz] *adj.*	wütend	L'équipe de Marc est ~[6]: ils ont perdu leur match de foot.
prendre son courage à deux mains [pʀɑ̃dʀəsɔ̃kuʀaʒadø-mɛ̃]	sein Herz in beide Hände nehmen	Caroline ~[7] et va parler au principal.
seul/e [sœl] *adj.*	*hier:* einzig	Le ciné et les livres sont les ~[8] loisirs que je dois payer.
froidement [fʀwadmɑ̃] *adv.*	kalt(blütig)	Hervé ne comprend pas pourquoi Jeanne lui parle toujours ~.
risquer qc [ʀiske]	*hier:* Gefahr laufen	
le sort [ləsɔʀ]	das Schicksal	Les esclaves ont connu un ~ très dur.
le plateau [ləplato] / ⚠ ***les plateaux*** [leplato]	das Tablett	Émilie apporte les boissons sur un ~.
longuement [lɔ̃gmɑ̃] *adv.*	lang	Les jeunes ont ~ réfléchi pour trouver la solution du problème.
je crois [ʒəkʀwa]	ich glaube *1. Pers. Sg. von* croire *(glauben)*	

1 demandé la grâce 2 refusé 3 doigts 4 insiste 5 se met en colère 6 furieuse 7 prend son courage à deux mains 8 seuls

R

ANNEXE

Grundschrift: obligatorischer Wortschatz
kursiv: fakultativer Wortschatz
Die Zahl hinter dem Pfeil zeigt dir an, in welcher Unité/Séquence das Wort zum ersten Mal vorkommt: 3/A heißt z.B. Unité 3, Approches; 1/2 Ex steht z.B. für Unité 1, Séquence 2, Exercice.
In **rot** ist angegeben, auf welchen Seiten du die Konjugation der Verben findest.

A

à [a] in
À bientôt! [abjɛ̃to] Bis bald!
à cause de [akozdə] wegen → 4/1; ***à côté*** [akote] nebenan → supp/4; **À demain!** [adəmɛ̃] Bis morgen!; **à droite** [adʀwat] rechts; **à gauche** [agoʃ] links; **à la maison** [alamɛzɔ̃] zu Hause; **à la mode** [alamɔd] modisch → 5/2; **à la place de (qc)** [alaplasdə] anstelle von (etw.); ***à part qn/qc*** [apaʀ] abgesehen von jdm/etw. → supp/5; **à pied** [apje] zu Fuß; **À plus!** [aplys] Bis später!; **à ton âge** [atɔ̃nɑʒ] in deinem Alter; **à ton avis** [atɔ̃navi] deiner Meinung nach → 3/3
abolir qc [abɔliʀ] etw. abschaffen → rév/1
l' **abricot** [labʀiko] *m.* die Aprikose
accepter qn/qc [aksɛpte] jdn/etw. akzeptieren/gelten lassen → 4/2
l' **accordéon** [lakɔʀdeɔ̃] *m.* das Akkordeon → 1/2
acheter qc [aʃte] etw. kaufen *S. 145*
l' **acrobatie** [lakʀɔbasi] *f.* die Akrobatik → 3/A
les **actualités** [lezaktɥalite] *f. pl.* die Nachrichten → 6/1
adorer qc [adɔʀe] etw. lieben, sehr lieben
l' **ado** [lado] *m./f. fam.* ou: **l'adolescent/e** [ladolɛsɑ̃/ladolɛsɑ̃t] der/die Jugendliche → 5/3
l' **adresse** [ladʀɛs] *f.* die Adresse → 1/A
les **affaires** [lezafɛʀ] *f. pl.* die Sachen → 4/2
l' **affiche** [lafiʃ] *f.* das Plakat, der Aushang
affreux/-euse [afʀø/afʀøz] *adj.* furchtbar → rév/2
l' ***Afrique*** [lafʀik] *f.* Afrika → rév/1; → 4/1 Ex
l' **âge** [lɑʒ] *m.* das Alter
l' **agenda** [aʒɛ̃da] *m.* das Merkbuch, der Taschenkalender
agir [aʒiʀ] handeln *wie réagir S. 145* → 4/3
agréable [agʀeabl] *m./f. adj.* angenehm → supp/1
agresser qn [agʀɛse] jdn angreifen → 4/1
l' **agresseur** [lagʀɛsœʀ] *m.* der/die Angreifer/in → 4/3 Ex
agressif/-ive [agʀɛsif/agʀɛsiv] *adj.* aggressiv → 4/3 Ex
l' **aide** [lɛd] *f.* die Hilfe → 6/1
aider qn [ede] jdm helfen → 3/1
aimer qc/qn [eme] etw./jdn lieben, mögen
l' **air** [lɛʀ] *m.* die Luft → 6/3
ajouter qc [aʒute] etw. hinzufügen → rév/1
l' **album** [lalbɔm] *m.* das Album
l' **allée** [lale] *f.* die Gasse, der Gang, die Allee
l' **Allemagne** [lalmaɲ] *f.* Deutschland
l' **allemand** [lalmɑ̃] *m.* Deutsch; **l'Allemand/e** [lalmɑ̃/lalmɑ̃d] der/die Deutsche → 1/1
(ê)**aller** [ale] gehen, fahren *S. 146;* **aller bien avec qc** [alebjɛ̃avɛk] gut zusammenpassen → 5/1; **aller ensemble** [aleɑ̃sɑ̃bl] zusammenpassen → 5/2; **aller voir qn/qc** [alevwaʀ] zu jdm/etw. gehen, jdn besuchen → 3/2; **Ça ne lui va pas.** [sanəlɥivapɑ] Das steht ihm/ihr nicht. → 5/2
Allez! [ale] Ach, komm!
Allez hop! [aleɔp] Los!
Allô! [alo] Ja, bitte?, Hallo? *am Telefon*
allumer qc [alyme] etw. einschalten, anmachen
alors [alɔʀ] also
l' ***alpage*** [lalpaʒ] *m.* die Alm → supp/2
amener qn/qc [am(ə)ne] jdn/etw. hinbringen → 6/2
l' **ami/e** [lami] der/die Freund/in
amicalement [amikalmɑ̃] Viele Grüße! *in einem Brief* → supp/5
l' **amitié** [lamitje] *f.* die Freundschaft → 2/3
l' **an** [lɑ̃] *m.* das Jahr
l' **andouillette** [lɑ̃dujɛt] *f.* die Kuttelwurst
l' **anglais** [lɑ̃glɛ] *m.* Englisch
l' **angle mort** [lɑ̃gl(ə)mɔʀ] *m.* der tote Winkel → 3/3
l' **animal** [lanimal] *m.* / **les animaux** [lezanimo] das Tier
l' **anniversaire** [lanivɛʀsɛʀ] *m.* der Geburtstag
l' **anorak** [lanɔʀak] *m.* der Anorak → 5/2
août [u(t)] *m.* August
l' **appartement** [lapaʀtəmɑ̃] *m.* die Wohnung
appeler qn [ap(ə)le] jdn anrufen → 2/2
applaudir [aplodiʀ] Beifall klatschen *wie réagir S. 145* → 4/3
apporter qc [apɔʀte] etw. mitbringen → 4/3
apprendre qc [apʀɑ̃dʀ] etw. lernen, von etw. erfahren *wie prendre S. 147* → 6/1
après [apʀɛ] nach *zeitlich*
l' **après-midi** [lapʀɛmidi] *m./f.* der Nachmittag, nachmittags
l' ***arbre*** [laʀbʀ] *m.* der Baum → rév/1
l' **argent** [laʀʒɑ̃] *m.* das Geld
l' **argent de poche** [laʀʒɑ̃d(ə)pɔʃ] *m.* das Taschengeld → 5/3
l' **armoire** [laʀmwaʀ] *f.* der Schrank
arrêter [aʀɛte] aufhören; **arrêter qc** [aʀɛte] etw. ausschalten
l' **arrière-plan** [laʀjɛʀplɑ̃] *m.* der Hintergrund → 3/2 Ex
(ê)**arriver** [aʀive] (an)kommen
l' **article** [laʀtikl(ə)] *m.* der Artikel → 1/2
l' **artiste** [laʀtist] *m./f.* der/die Künstler/in → 5/1
assez [ase] *adv.* ziemlich; **assez de** [asedə] genug

l' **assiette** [lasjɛt] *f.* der Teller
l' **athlétisme** [latletizm] *m.* die Leichtathletik → 3/A
l' **atlas** [latlɑs] *m.* der Atlas
attendre qn/qc [atɑ̃dʀ] auf jdn/etw. warten S. 147
l' **attention** [latɑ̃sjɔ̃] *f.* die Aufmerksamkeit → 3/2; **Attention!** [atɑ̃sjɔ̃] Achtung! → 3/2; **faire attention** [fɛʀatɑ̃sjɔ̃] aufpassen → 3/2
au bord du lac [obɔʀdylak] am See(ufer) → supp/1
au fait [ofɛt] *adv.* übrigens → 6/3
au moins [omwɛ̃] *adv.* zumindest → 6/1
Au revoir! [ɔʀvwaʀ] Auf Wiedersehen!
Au secours! [oskuʀ] (Zu) Hilfe! → 4/1
l' **auditeur/-trice** [loditœʀ/ loditʀis] der/die Zuhörer/in → 6/3
aujourd'hui [oʒuʀdɥi] heute
aussi [osi] auch
l' **autoroute** [lotoʀut] *f.* die Autobahn → 3/3
l' **autre** [lotʀ] *m./f.* der/die/das andere
autrefois [otʀəfwa] früher → 6/3
avant [avɑ̃] vor *zeitlich;* **comme avant** [kɔmavɑ̃] wie früher → 6/2
avec [avɛk] mit, bei
l' **aviateur/-trice** [lavjatœʀ/ lavjatʀis] *m./f.* der/die Pilot/in
l' **avis** [lavi] *m.* die Meinung → 3/3
avoir qc [avwaʀ] etw. haben S. 145; **avoir le moral** [avwaʀləmɔʀal] gut drauf sein; **avoir le temps** [awvaʀlətɑ̃] Zeit haben; **avoir mal** [avwaʀmal] Schmerzen haben, wehtun → 4/1; **avoir peur (de qn/qc)** [avwaʀpœʀ] vor jdm/etw. Angst haben → 4/1; **avoir raison** [avwaʀɛzɔ̃] Recht haben → 4/2; **avoir rendez-vous avec qn** [avwaʀɑ̃devu] mit jdm verabredet sein → 3/2; **avoir soif** [avwaʀswaf] Durst haben → 3/1
avril [avʀil] *m.* April

B

la **baguette** [labagɛt] das Stangenweißbrot
la ***balade*** [labalad] der Spaziergang, die Tour → supp/4, supp/5
la **banane** [labanan] die Banane
le **bandit** [ləbɑ̃ndi] der Bandit
le ***basket*** [ləbaskɛt] Basketball → 1/2 Ex
les **baskets** [lebaskɛt] *f. pl.* die Turnschuhe → 5/A
le **bateau** [ləbato] / **les bateaux** [lebato] das Boot → 1/1
la ***batterie*** [labatʀi] das Schlagzeug → 1/2 Ex
beau/bel [bo/bɛl] *m.* / **beaux** [bo] *m. pl.* / **belle** [bɛl] *f.* / **belles** [bɛl] *f. pl. adj.* schön → 5/1
beaucoup [boku] viel; **beaucoup de choses** [bokud(ə)ʃoz] viele Sachen, vieles → 2/1
le **bébé** [ləbebe] das Baby
la **bédé** [labede] *fam.* ou: **la bande dessinée** [labɑ̃desine] ou: **la BD** [labede] der Comic
ben [bɛ̃] naja, äh
le **beurre** [ləbœʀ] die Butter
la ***Bible*** [labibl] die Bibel → supp/3
bien [bjɛ̃] *adv.* gut; **bien sûr** [bjɛ̃syʀ] *adv.* natürlich, selbstverständlich
bientôt [bjɛ̃to] bald; **à bientôt** [abjɛ̃to] bis bald
bilingue [bilɛ̃g] *m./f. adj.* zweisprachig → supp/2
le **billet** [ləbijɛ] der Geldschein, die Fahrkarte, Eintrittskarte → 5/3
la **bise** [labiz] ou: **le bisou** [ləbizu] *fam.* der Kuss, das Küsschen → 1/2; ***Grosses bises!*** [gʀɔsbiz] Liebe Grüße! → supp/5
blanc/blanche [blɑ̃/blɑ̃ʃ] *adj.* weiß → 5/A
blessé/e [blɛse] verletzt → 4/1
bleu/e [blø] *adj.* blau → 5/A
blond/e [blɔ̃/blɔ̃d] *adj.* blond → 4/A; **le/la blond/e** [ləblɔ̃/ lablɔ̃d] der/die Blonde → 1/3
boire qc [bwaʀ] etw. trinken → rév/2
la **boisson** [labwasɔ̃] das Getränk → 5/3
la ***boîte*** [labwat] der Kasten, die Dose → supp/2
bon [bɔ̃] einverstanden;
bon/ne [bɔ̃/bɔn] *adj.* gut
le **Bon Dieu** [ləbɔ̃djø] der liebe Gott
Bonjour! [bɔ̃ʒuʀ] Guten Tag!
Bonsoir! [bɔ̃swaʀ] Guten Abend!
bouger [buʒe] sich bewegen, unterwegs sein *wie* manger S. 145 → 2/3
la **boulangerie** [labulɑ̃ʒʀi] die Bäckerei
bousculer qn [buskyle] jdn anstoßen, schubsen
la **bouteille** [labutɛj] die Flasche
la **boxe** [labɔks] das Boxen
le **bras** [ləbʀa] der Arm → 4/1
le **breton** [ləbʀətɔ̃] Bretonisch → 6/3; le **Breton / la Bretonne** [ləbʀətɔ̃/labʀətɔn] der Bretone / die Bretonin → 6/1
le **bricolage** [ləbʀikɔlaʒ] das Basteln
brun/e [bʀɛ̃/bʀyn] *adj.* braun, dunkelhaarig → 4/A
bruyant/e [bʀɥijɑ̃/bʀɥijɑ̃t] *adj.* laut → supp/4, supp/5
le **bulletin** [ləbyltɛ̃] das Zeugnis
le ***bureau*** [ləbyʀo] / ***les bureaux*** [lebyʀo] das Büro → 4/2 Ex
le **bus** [ləbys] der Bus

C

c'est [sɛ] das ist; **C'est ça?** [sɛsa] Stimmt's?; **C'est déjà ça.** [sɛdeʒasa] Wenigstens etwas. → 2/2; **C'est l'horreur!** [sɛlɔʀœʀ] Das ist schrecklich/furchtbar; **C'est normal.** [sɛnɔʀmal] Das ist normal. → 2/1; **C'est pas le pied.** [sɛpɑləpje] *fam.* Das kannst du vergessen! → 2/3; **c'est pourquoi** [sɛpuʀkwa] deshalb → 3/3; ***C'est vrai.*** [sɛvʀɛ] Das ist wahr. → supp/4; **C'était trop cool.** [setɛtʀokul] *fam.* Das war super cool. → 2/2
ça [sa] *fam.* das; **Ça dépend.** [sadepɑ̃] Das kommt darauf an.; **Ça fait deux.** [safɛdø] Das sind zwei Dinge, die nicht zusammenpassen. → 2/2;
Ça fait mal. [safɛmal] Das tut

ANNEXE

weh. → 3/2; **Ça m'est égal.** [samɛtegal] *fam.* Das ist mir egal. → 4/3; **Ça ne va pas?** [sanvapɑ] Ist etwas nicht in Ordnung?; **Ça va!** [sava] Es geht (mir) gut.; **Ça va?** [sava] Wie geht's?

la **cabine (téléphonique)** [lakabin(telefɔnik)] die (Telefon)zelle → 2/1; **la cabine de bain** [lakabindəbɛ̃] der Strandkorb → 6/A

le **cadeau** [ləkado] / **les cadeaux** [lekado] das Geschenk

le **café** [ləkafe] das Café, der Kaffee

le **cahier de textes** [ləkajedətɛkst] das Hausaufgabenheft

le **caillou** [ləkaju] / **les cailloux** [lekaju] der Stein

le/la **camarade** [lə/lakamaʀad] der/die (Klassen)Kamerad/in → 4/2

le **camp** [ləkɑ̃] das Lager → 4/3

la **campagne** [lakɑ̃paɲ] das Land

le ***camping*** [ləkɑ̃piŋ] das Zelten, der Zeltplatz → supp/1; ***faire du camping*** [fɛʀdykɑ̃piŋ] zelten → supp/1

la **cantine** [lakɑ̃tin] die Kantine, der Speisesaal

car [kaʀ] denn, weil → 4/3

le **caractère** [ləkaʀaktɛʀ] der Charakter → 1/2; **avoir du caractère** eine starke Persönlichkeit haben → 3/1; **avoir un caractère de chien** [avwaʀɛ̃kaʀaktɛʀdəʃjɛ̃] *fam.* einen schwierigen Charakter haben → 1/2

carolingien/ne [kaʀɔlɛ̃ʒjɛ̃/kaʀɔlɛ̃ʒjɛn] *adj.* karolingisch → supp/3

la **carotte** [lakaʀɔt] die Möhre

le **carrefour** [ləkaʀfuʀ] die Kreuzung → 3/2

la **carte** [lakaʀt] die Karte → 1/2; **la carte d'identité** [lakaʀtidɛ̃tite] der Personalausweis → 2/2

le **carton** [ləkaʀtɔ̃] der Karton

le **casque** [ləkask] der Helm → 3/3

la **casquette** [lakaskɛt] die Schirmmütze → 5/A

casser qc [kase] etw. brechen, kaputtmachen → 4/1

la **cassette** [lakasɛt] die Kassette; **la cassette vidéo** [lakasɛtvideo] die Videokassette

la **catastrophe** [lakatastʀɔf] on: la **cata** [lakata] *fam.* die Katastrophe

la **cathédrale** [lakatedʀal] die Kathedrale → 2/1

le **CD** [ləsede] die CD

le **CDI** [ləsedei] die Schulbibliothek

ceci [səsi] dies(es), das → 1/1

le **cédérom** [ləsedeʀɔm] die CD-ROM

cela [səla] dieses → 1/1

célèbre [selɛbʀ] *m./f. adj.* berühmt → 1/A

le **centime** [ləsɑ̃tim] der Cent

le **centre** [ləsɑ̃tʀ] das Zentrum → 2/1

la **chaise** [laʃɛz] der Stuhl

la **chambre** [laʃɑ̃bʀ] das (Schlaf-)Zimmer

le/la **champion/ne** [ləʃɑ̃pjɔ̃/laʃɑ̃pjɔn] der/die Meister/in → 1/A

la **chance** [laʃɑ̃s] das Glück, die Chance → 5/3

changer (de) qc [ʃɑ̃ʒe] etw. verändern *wie* manger *S. 145* → 6/3

la **chanson** [laʃɑ̃sɔ̃] das Lied

chanter qc [ʃɑ̃te] etw. singen

le/la **chanteur/-euse** [ləʃɑ̃tœʀ/laʃɑ̃tøz] der/die Sänger/in → 1/A

chaque [ʃak] jede/r/s → 6/1 Ex

la **charte** [laʃaʀt] die Charta → 4/2

le/la ***chasseur/-euse*** [ləʃasœʀ/laʃasøz] der/die Jäger/in → rév/1

le **chat** [ləʃa] / **la chatte** [laʃat] die Katze

le **château** [ləʃɑto] / **les châteaux** [leʃɑto] das Schloss → 2/A

chaud/e [ʃo/ʃod] *adj.* warm; **il fait chaud** [ilfɛʃo] es ist heiß

la **chaussure** [laʃosyʀ] der Schuh → 5/A

le **chef** [ləʃɛf] der Chef

le **chemin** [ləʃmɛ̃] der Weg → 3/2

la **chemise (à carreaux)** [laʃ(ə)mizakaʀo] das (karierte) Hemd → 5/A

cher/chère [ʃɛʀ] *m/f.* lieber/-e, teuer

chercher qc [ʃɛʀʃe] etw. suchen

le **cheval** [ləʃ(ə)val] / **les chevaux** [leʃvo] das Pferd → supp/3; ***monter à cheval*** [mɔ̃teaʃval] reiten → supp/3

les **cheveux** [leʃ(ə)vø] *m. pl.* die Haare → 5/1

le ***chevreuil*** [ləʃəvʀœj] das Reh → rév/1

chez [ʃe] bei, zu *einer Person*

chic [ʃik] *m./f. adj.* schick, vornehm → 5/2

le/la **chien/ne** [ləʃjɛ̃/laʃjɛn] der/die Hund/Hündin

la **chimie** [laʃimi] die Chemie

choisir qc [ʃwaziʀ] etw. aussuchen, auswählen *wie* réagir *S. 145* → 4/3

le **chômage** [ləʃomaʒ] die Arbeitslosigkeit

la **chose** [laʃoz] die Sache → 2/1

le **ciel** [ləsjɛl] / **les cieux** [lesjø] der Himmel → 6/A

le **cinéma** [ləsinema] ou: **le ciné** [ləsine] *fam.* das Kino

la **cinquième** [lasɛ̃kjɛm] die „Fünfte" *(= 7. Klasse in Deutschland)*

circuler [siʀkyle] (umher)fahren, zirkulieren → 6/1

le **cirque** [ləsiʀk] der Zirkus

le **citron** [ləsitʀɔ̃] die Zitrone → 3/1

la ***citrouille*** [lasitruj] der Kürbis → 4/3 Ex

la **clarinette** [laklaʀinɛt] die Klarinette

la **classe** [laklas] die Klasse

le **clown** [ləklun] der Clown

le **club-photo** [ləklœbfɔto] der Foto-Club

le **cochon d'Inde** [ləkɔʃɔ̃dɛ̃d] das Meerschweinchen

le **cœur** [ləkœʀ] das Herz

le **collant** [ləkɔlɑ̃] die Strumpfhose → 5/2

la **colle** [lakɔl] der Klebstoff

le **collège** [ləkɔlɛʒ] das Collège *Schultyp*

coller qc [kɔle] etw. kleben

la **colline** [lakɔlin] der Hügel

la ***colo*** [lakɔlɔ] *fam.* ou: ***la colonie de vacances*** [lakɔlɔnidvakɑ̃s] das Ferienlager → supp/1

colorer qc [kɔlɔʀe] etw. färben → 5/1

combien [kɔ̃bjɛ̃] wie viel
la **combinaison** [lakɔ̃binɛzɔ̃] der Overall → 6/2
comme [kɔm] *adv.* wie; **comme avant** [kɔmavɑ̃] wie früher → 6/2; **comme chien et chat** [kɔmʃjɛ̃eʃa] *fam.* wie Hund und Katze
commencer [kɔmɑ̃se] anfangen S. 145 → 2/A; **commencer par qc** [kɔmɑ̃separ] mit etw. anfangen → 3/1
comment [kɔmɑ̃] wie; **Comment allez-vous?** [kɔmɑ̃talevu] Wie geht es euch?/Ihnen? → 2/1
le **commissariat** [ləkɔmisaʀja] die Polizeidienststelle → 2/2
communiquer [kɔmynike] sich verständigen → supp/3
comprendre qc [kɔ̃pʀɑ̃dʀ] etw. verstehen *wie* prendre S. 147
le **concert** [ləkɔ̃sɛʀ] das Konzert → 2/3
le **concombre** [ləkɔ̃kɔ̃bʀ] die Gurke
le/la **conducteur/-trice** [ləkɔ̃dyktœʀ/lakɔ̃dyktʀis] der/die Fahrer/in → 3/3
confortable [kɔ̃fɔʀtabl] *m./f. adj.* bequem → 5/2
la **connaissance** [lakɔnɛsɑ̃s] die Bekanntschaft → 2/3; **faire la connaissance de qn** [fɛʀlakɔnɛsɑ̃s] jdn kennen lernen → 2/3
connaître qn/qc [kɔnɛtʀ] jdn/etw. kennen S. 146 → 3/2
le **conservatoire** [ləkɔ̃sɛʀvatwaʀ] die Musikschule
le **contact** [ləkɔ̃takt] der Kontakt → 2/3
content/e [kɔ̃tɑ̃/kɔ̃tɑ̃t] *adj.* zufrieden, glücklich
continuer [kɔ̃tinɥe] weitergehen, weitermachen
le ***contraire*** [ləkɔ̃tʀɛʀ] das Gegenteil → 5/3 Ex
contre [kɔ̃tʀ] (da-)gegen
cool [kul] *m./f. adj. fam.* cool → 1/1
le **copain** / **la copine** [ləkɔpɛ̃/lakɔpin] der/die Freund/in
le **coquillage** [ləkɔkijaʒ] die Muschel → 6/A

le/la**corres** [lə/lakɔʀɛs] ou: **le/la correspondant/e** [ləkɔʀɛspɔ̃dɑ̃/lakɔʀɛspɔ̃dɑ̃t] der/die Brieffreund/in → 1/1
la **côte** [lakot] die Küste → 6/A
le ***coton*** [ləkɔtɔ̃] die Baumwolle → rév/1
Coucou! [kuku] Hallo!
la **couleur** [lakulœʀ] die Farbe → 5/A; **la couleur préférée** [lakulœʀpʀefeʀe] die Lieblingsfarbe → 5/2
la **cour** [lakuʀ] der Hof
le ***courage*** [ləkuʀaʒ] der Mut → supp/1; ***prendre son courage à deux mains*** [pʀɑ̃dʀəsɔ̃kuʀaʒadømɛ̃] sein Herz in beide Hände nehmen → rév/3
courageux/-euse [kuʀaʒø/kuʀaʒøz] *adj.* mutig → 4/1
le **cours** [ləkuʀ] die Unterrichtsstunde
les **courses** [lekuʀs] *f. pl.* die Einkäufe
court/e [kuʀ/kuʀt] *adj.* kurz → 5/2
le/la ***cousin/e*** [ləkuzɛ̃/lakuzin] der/die Cousin/e → supp/4
le ***couteau*** [ləkuto] / ***les couteaux*** [lekuto] das Messer → rév/1
coûter [kute] kosten
le **couvert** [ləkuvɛʀ] das Besteck → 3/2; **mettre le couvert** [mɛtʀələkuvɛʀ] den Tisch decken → 3/2
couvrir qc [kuvʀiʀ] bedecken *wie* ouvrir S. 146 → 6/2; **être couvert (de qc)** [ɛtʀəkuvɛʀ] (von/mit etw.) bedeckt sein → 6/2
le **crayon** [ləkʀɛjɔ̃] der Bleistift → 6/1
la **crème** [lakʀɛm] die Sahne, die Creme
la **crêpe** [lakʀɛp] die Crêpe *dünner Eierpfannkuchen* → 6/3
crier [kʀije] schreien → 4/1
critiquer qn/qc [kʀitike] jdn/etw. kritisieren → 4/3
croire (qc) [kʀwaʀ] (etw.) glauben → rév/3
la **cuillère** / **la cuiller** [lakɥijɛʀ] der Löffel → 3/2
la **cuisine** [lakɥizin] die Küche
le/la **cuisinier/-ière** [ləkɥizinje/lakɥizinjɛʀ] der Koch / die Köchin

D

d'abord [dabɔʀ] zuerst
d'accord [dakɔʀ] *fam.* einverstanden
d'ailleurs [dajœʀ] *adv.* übrigens → rév/1
la **dame** [ladam] die Dame
le **danger** [lədɑ̃ʒe] die Gefahr → 3/3; **être en danger** [ɛtʀɑ̃dɑ̃ʒe] in Gefahr sein → 3/3
dangereux/-euse [dɑ̃ʒʀø/dɑ̃ʒʀøz] *adj.* gefährlich → 3/3
dans [dɑ̃] in *räumlich, zeitlich* → 1/3
la **danse** [ladɑ̃s] der Tanz
danser [dɑ̃se] tanzen → 3/2 Ex
la **date** [ladat] das Datum → 2/A
de [də] von; **de ... à** [də...a] von ... bis *zeitlich* → 1/2; zwischen ... und
le **début** [lədeby] der Anfang → 2/3
décembre [desɑ̃bʀ] *m.* Dezember
le ***décibel*** [lədesibɛl] das Dezibel → supp/5
découvrir qn/qc [dekuvʀiʀ] jdn/etw. entdecken *wie* ouvrir S. 146 → 6/2
le **défaut** [lədefo] der Fehler *im Sinne von Mangel*
dehors [dəɔʀ] draußen
déjà [deʒa] schon
délicieux/-euse [delisjø/delisjøz] *adj.* köstlich → supp/2
demain [dəmɛ̃] morgen; **À demain!** [adəmɛ̃] Bis morgen!
demander (qc) à qn [dəmɑ̃de] jdn (etw.) fragen; ***demander la grâce de qn*** [dəmɑ̃delagʀɑs] für jdn um Gnade bitten → rév/3
demi/e [dəmi] *adj.* halb
dénoncer qn [denɔ̃se] jdn verraten S. 145 → 4/2
la **dent** [ladɑ̃] der Zahn → 4/1
le ***département*** [lədepaʀtmɑ̃] das Departement *Verwaltungsbezirk in Frankreich* → 5/3 Ex
dépendre de qn/qc [depɛ̃dʀ] von jdm/etw. abhängen *wie* attendre S. 145 → 5/2
dépenser qc [depɑ̃se] etw. ausgeben → 5/3
les **dépenses** [ledepɑ̃s] *f. pl.* die Ausgaben → 6/3 Ex
déprimé/e [depʀime] *adj.* niedergeschlagen → 2/2

ANNEXE

depuis [dəpɥi] *prép.* seit → 3/2
déranger qn [deʀɑ̃ʒe] jdn stören *wie* manger S. 145 → 2/2
dernier/-ière [dɛʀnje/dɛʀnjɛʀ] *adj.* letzter/-e/-s, voriger/-e/-s → 5/2
derrière [dɛʀjɛʀ] hinter
(ê)descendre [desɑ̃dʀ] aussteigen, hinuntergehen *wie* attendre S. 145 → 1/3
le ***désespoir*** [lədezɛspwaʀ] die Verzweiflung → 6/1 Ex
désolé/e [dezɔle] *adj.* Es tut mir leid.
le **désordre** [lədezɔʀdʀ] die Unordnung → 5/1; **être en désordre** [ɛtʀɑ̃dezɔʀdʀ] unaufgeräumt sein → 5/1
le **dessert** [lədesɛʀ] der Nachtisch → 2/2
le **dessin** [lədesɛ̃] das Zeichnen *auch:* die Zeichnung
détester qn/qc [detɛste] jdn/etw. hassen
les **dettes** [ledɛt] *f. pl.* die Schulden
devant [dəvɑ̃] vor *räumlich, nicht zeitlich*
(ê)devenir [dəvniʀ] werden *wie* venir S. 147 → 6/2
deviner qc [dəvine] etw. (er)raten
devoir [dəvwaʀ] müssen S. 146 → 2/3
les **devoirs** [ledəvwaʀ] *m. pl.* die Hausaufgaben
le **dictionnaire** [lediksjɔnɛʀ] das Wörterbuch → 1/2
difficile [difisil] *m./f. adj.* schwierig → rév/1
dimanche [dimɑ̃ʃ] *m.* Sonntag
le **dîner** [lədine] das Abendessen
dire qc à qn [diʀ] jdm etw. sagen S. 146; **ça veut dire** [savødiʀ] das heißt, das bedeutet → 4/2; **dire merci à qn** [diʀmɛʀsi] sich bei jdm bedanken → 4/1
la **discipline** [ladisiplin] die Disziplin, das Fach → 3/2
discuter [diskyte] diskutieren
la **disquette** [ladiskɛt] die Diskette
distribuer qc [distʀibɥe] etw. verteilen, austeilen → 5/3
le/la **documentaliste** [lə/ladɔkymɑ̃talist] der/die Bibliothekar/in
le ***doigt*** [lədwa] der Finger → rév/3
les ***dominos*** [ledomino] *m. pl.* das Dominospiel → 1/2 Ex
Dommage. [dɔmaʒ] Schade. → 3/2
donner qc à qn [dɔne] jdm etw. geben → 1/2; **donner le bonjour à qn** [dɔnelәbɔ̃ʒuʀ] jdn grüßen → 1/2; **donner son avis** [dɔnesɔ̃navi] seine Meinung sagen → 3/3; **donner (un) rendez-vous à qn** [dɔne(ɛ̃)ʀɑ̃devu] sich mit jdm verabreden → 3/2
dormir [dɔʀmiʀ] schlafen *wie* sortir S. 147 → 1/2
le **dos** [lədo] der Rücken → 3/2
le **dossier** [lədosje] die Mappe
doubler qn [duble] jdn überholen → 3/3
drôle [dʀol] *m./f. adj.* lustig
dur/e [dyʀ] *adj.* hart, schwierig → 1/2; ***durement*** [dyʀmɑ̃] *adv.* hart → rév/1
le **DVD** [lədevede] die DVD

E

l' **eau** [lo] *f.* das Wasser
l' **échange** [leʃɑ̃ʒ] *m.* der Austausch → 1/1
échanger qc (contre qc) [eʃɑ̃ʒe] etw. (gegen etw.) tauschen *wie* manger S. 145 → 5/1
l' **école** [lekɔl] *f.* die Schule
économe [ekɔnɔm] *m./f. adj.* sparsam → 5/3
écouter qn/qc [ekute] jdm/etw. (zu)hören, auf jdn hören
l' **écran** [lekʀɑ̃] *m.* der Bildschirm, die Leinwand → 6/1
écrire [ekʀiʀ] schreiben S. 146 → 1/1; **écrire comme un chat** [ekʀiʀkɔmɛ̃ʃa] *fam.* unsauber schreiben → 1/1
l' **écrivain** [lekʀivɛ̃] *m.* der/die Schriftsteller/in
l' **éducation civique** [ledykasjɔ̃sivik] *f.* die Gemeinschaftskunde
l' **effort** [lefɔʀ] *m.* die Anstrengung → 1/1; **faire un effort** [fɛʀɛ̃nefɔʀ] sich anstrengen → 1/1
l' ***église*** [legliz] *f.* die Kirche → supp/3
égoïste [egɔist] *m./f. adj.* egoistisch → 4/3
l' **éléphant** [lelefɑ̃] *m.* der Elefant
l' **élève** [lelɛv] *m./f.* der/die Schüler/in
l' **embouteillage** [lɑ̃butɛjaʒ] *m.* der Verkehrsstau → 1/3
l' **émission** [lemisjɔ̃] *f.* die Sendung → 3/1
l' **emploi du temps** [lɑ̃plwadytɑ̃] *m.* der Stundenplan
en [ɑ̃] in; **en ce moment** [ɑ̃s(ə)mɔmɑ̃] zur Zeit; **en face de** [ɑ̃fasdə] gegenüber von
encore [ɑ̃kɔʀ] *adv.* noch, außerdem, schon wieder!; **encore plus** [ɑ̃kɔʀplys] noch mehr → 5/2
l' **endroit** [lɑ̃dʀwa] *m.* der Ort → 3/2
l' **enfance** [lɑ̃fɑ̃s] *f.* die Kindheit → 6/3
l' **enfant** [lɑ̃fɑ̃] *m./f.* das Kind
enfin [ɑ̃fɛ̃] *adv.* jedenfalls → 1/1, schließlich
ensemble [ɑ̃sɑ̃bl] *adv.* zusammen
ensuite [ɑ̃sɥit] *adv.* danach, anschließend
entendre qn/qc [ɑ̃tɑ̃dʀ] jdn/etw. hören *wie* attendre S. 145
entre [ɑ̃tʀ] *prép.* zwischen
(ê)**entrer** [ɑ̃tʀe] hineingehen
envoyer qc [ɑ̃vwaje] etw. schicken *wie* payer S. 145 → supp/1
l' ***épargne*** [lepaʀɲ] *f.* das Sparen → 5/3 Ex
épeler qc [eple] etw. buchstabieren S. 145
l' ***époque*** [lepɔk] *f.* das Zeitalter, die Epoche → supp/3
l' **équipe** [lekip] *f.* die Mannschaft, das Team → 2/2
l' ***esclavage*** [lɛsklavaʒ] *m.* die Sklaverei → rév/1
l' ***escalier*** [lɛskalje] *m.* die Treppe → supp/4
l' ***esclave*** [lɛsklav] *m./f.* der Sklave / die Sklavin → rév/1
espérer [ɛspeʀe] hoffen *wie* préférer S. 145 → 2/3

essayer qc [eseje] etw. versuchen, (an)probieren *wie* payer *S. 145* → 5/3
et [e] und; **Et alors?** [ealɔʀ] Na und?
l' **étagère** [letaʒɛʀ] *f.* das Regal
l' ***été*** [lete] *m.* der Sommer → supp/1, supp/4
être [ɛtʀ] sein *S. 145;* **être à l'heure** [ɛtʀalœʀ] pünktlich sein → 4/2; **être à qn** [ɛtʀ] jdm gehören → 5/1; **être à table** [ɛtʀatabl] zu Abend essen → 2/2; ***être attaché/e à qc*** [ɛtʀataʃe] an etw. befestigt sein → rév/2; **être blessé/e** [ɛtʀəblɛse] verletzt sein → 4/1; **être bloqué/e** [etʀblɔke] verstopft/blockiert/gesperrt sein → 1/3; ***être chargé/e de qc*** [ɛtʀʃaʀʒe] mit etw. geladen sein → rév/1; **être concerné/e** [ɛtʀəkɔ̃sɛʀne] betroffen sein → 6/2; **être contre qn/qc** [ɛtʀkɔ̃tʀ] gegen jdn/etw. sein → 1/1; **être en avance** [ɛtʀɑ̃navɑ̃s] zu früh kommen; **être en forme** [ɛtʀɑ̃fɔʀm] in Form sein → 2/1; **être en retard** [ɛtʀɑ̃ʀətaʀ] sich verspäten, zu spät kommen; **être fâché/e** [ɛtʀəfaʃe] verärgert sein → 5/1; **être heureux/-euse comme tout** [ɛtʀøʀøkɔmtu] überglücklich sein → 2/2; **être libre** [ɛtʀlibʀ] frei haben; **être limité/e (à ...)** [ɛtʀlimite] begrenzt sein (auf ...) → 3/3; **être pour qc/qn** [ɛtʀpuʀ] für jdn/etw. sein → 1/1; ***être ravi/e*** [ɛtʀəʀavi] begeistert sein → supp/1; **être solidaire** [ɛtʀsɔlidɛʀ] zusammenhalten → 4/A; **être tendance** [ɛtʀtɑ̃dɑ̃s] modisch, im Trend sein → 5/2
les **études dirigées** [lezetytdiʀiʒe] *f. pl. Zeit, in der die Schüler ihre Hausaufgaben unter Aufsicht anfertigen*
l' **euro** [løʀo] *m.* der Euro
l' ***Europe*** [løʀɔp] *f.* Europa → supp/3
exagérer qc [ɛgzaʒeʀe] etw. übertreiben *wie* préférer *S. 145* → 4/2
l' **excursion** [lɛkskyʀsjɔ̃] *f.* der Ausflug → 1/1
l' **exemple** [lɛgsɑ̃pl] *m.* das Beispiel → 4/3; **donner l'exemple à qn** [dɔnelɛgsɑ̃pl] Vorbild sein für jdn → 4/3
l' **exercice** [lɛgzɛʀsis] *m.* die Übung
exister [ɛgziste] vorhanden sein, leben → supp/3
l' **explication de texte** [lɛksplikasjɔ̃dətɛkst] *f.* die Textinterpretation
expliquer qc à qn [ɛksplike] jdm etw. erklären → 2/2
l' **exposé** [lɛkspoze] *m.* das Referat, der Vortrag → 3/1
l' **expression** [lɛkspʀesjɔ̃] *f.* der Ausdruck → 2/3

F

la **fable** [lafabl] die Fabel
facile [fasil] *m./f.adj.* einfach
fâché/e [faʃe] *adj.* verärgert → 5/1
un ***faible pour qn/qc*** eine Schwäche für jdn/etw. (haben) → supp/4
la **faim** [lafɛ̃] der Hunger
faire qc [fɛʀ] etw. tun *S. 146;* **il fait beau** [ilfɛbo] Es ist schönes Wetter. → 1/2; **Il a fait beau.** [ilafɛbo] Es war schönes Wetter. → 2/3; **faire du sport** [fɛʀdyspɔʀ] Sport treiben → 3/A; **faire la connaissance de qn** [fɛʀlakɔnɛsɑ̃sdə] jdn kennen lernen → 3/2; ***faire la cuisine*** [fɛʀlakɥizin] kochen → rév/2; **faire le ménage** [fɛʀləmenaʒ] putzen → 5/3; **faire les courses** [fɛʀlekuʀs] einkaufen; **faire mal à qn** [fɛʀmal] jdm wehtun → 4/1; **faire peur à qn** [fɛʀpœʀ] jdm Angst machen → 4/1; **faire qc à qn** [fɛʀ] jdm etw. (an)tun → 4/1; **faire un numéro** [fɛʀɛ̃nymeʀo] eine Nummer wählen → 2/2; **Fais voir!** [fɛvwaʀ] Zeig her! → 4/1
falloir [falwaʀ] müssen → 1/1; **il faut** [ilfo] *(+ Verb)* wir müssen, man muss, es ist nötig (etw. zu tun) → 1/1; **il faut (de) +** *Nomen* [ilfo] man braucht / wir brauchen etw. → 3/1; **comme il faut** [kɔmilfo] ordentlich, wie es sich gehört → 1/1
la **famille** [lafamij] die Familie
fantastique [fɑ̃tastik] *m./f. adj.* phantastisch → 2/3
la **farine** [lafaʀin] das Mehl
fatigant/e [fatigɑ̃/fatigɑ̃t] *adj.* ermüdend → supp/1
fatigué/e [fatige] *adj.* müde → 2/1
la **faute** [lafot] der Fehler, die Schuld
la **femme** [lafam] die Frau; **la jeune femme** [laʒœnfam] die junge Frau
la **fenêtre** [lafnɛtʀ] das Fenster → 4/3
fermer qc [fɛʀme] etw. schließen
le **festival** [ləfɛstival] das Festival → 1/1
la ***fête*** [lafɛt] die Party, das Fest → 5/3 Ex
le **feu rouge** [ləføʀuʒ] die Ampel → 3/2
février [fevʀije] *m.* Februar
le **filet** [ləfilɛ] das Netz → 3/2
la **fille** [lafij] das Mädchen, die Tochter; **la jeune fille** [laʒœnfij] das junge Mädchen
le **film** [ləfilm] der Film
le **fils** [ləfis] der Sohn
la **fin** [lafɛ̃] das Ende
la **fleur** [laflœʀ] die Blume
le **fleuve** [ləflœv] der Fluss
la ***flûte*** [laflyt] die Flöte → 1/2 Ex
la **fois** [lafwa] das Mal → 3/2; **pour la première fois** [puʀlapʀəmjɛʀfwa] zum ersten Mal → 3/2
le **foot** [ləfut] der Fußball
la ***forêt*** [lafɔʀɛ] der Wald → supp/1
formidable [fɔʀmidabl] *m./f. adj.* hervorragend, toll → 5/1
fort/e [fɔʀ/fɔʀt] *adj.* stark
fouiller dans qc [fuje] in etw. wühlen, kramen → 5/1
le **français** [ləfʀɑ̃sɛ] Französisch, das Französische; **en français** [ɑ̃fʀɑ̃sɛ] auf Französisch → 1/2
la **France** [lafʀɑ̃s] Frankreich
frapper qn/qc [fʀape] jdn/etw. schlagen → 4/2
le **frère** [ləfʀɛʀ] der Bruder; **les frères et sœurs** [lefʀɛʀesœʀ] *m. pl.* die Geschwister
le **fric** [ləfʀik] *fam.* die Knete, die Kohle *(das Geld)* → 5/3
les **fringues** [lefʀɛ̃g] *f. pl. fam.* die Klamotten → 5/2

ANNEXE

les **frites** [lefʀit] *f. pl.* die Pommes frites
froid/e [fʀwa/fʀwad] *adj.* kalt; **il fait froid** [ilfɛfʀwa] es ist kalt → 1/1; ***froidement*** [fʀwadmɑ̃] *adv.* kaltblütig → rév/3
le ***fromage*** [ləfʀɔmaʒ] der Käse → supp/2
la ***frontière*** [lafʀɔ̃tjɛʀ] die Grenze → supp/3
les **fruits** [lefʀɥi] *m. pl.* das Obst
furieux/-euse [fyʀjø/fyʀjøz] *adj.* wütend → rév/3
le ***fusil*** [ləfyzi] das Gewehr → rév/1

G

gagner qc [gaɲe] etw. gewinnen; *(Geld)* verdienen → 2/A
le **gant** [ləgɑ̃] der Handschuh → 6/2
le **garçon** [ləgaʀsɔ̃] der Junge
garder qn/qc [gaʀde] auf jdn aufpassen, etw. behalten/aufbewahren → 1/A
la **gare** [lagaʀ] der Bahnhof
garer qc [gaʀe] etw. einparken → 1/3
le **gâteau** [ləgɑto] / **les gâteaux** [legɑto] der Kuchen
génial/e [ʒenjal] *adj.* genial, toll, super
les **gens** [leʒɑ̃] *m. pl.* die Leute
gentil/le [ʒɑ̃ti/ʒɑ̃tij] *adj.* nett → 3/1
la **géographie** [laʒeɔgʀafi] die Geographie, die Erdkunde
le **geste** [ləʒɛst] die Geste, die Handbewegung → 3/3
les ***godasses*** [legɔdas] *f. pl. fam.* die Schuhe → 5/3 Ex
goûter qc [gute] etw. probieren, kosten → supp/2
le **gramme** [ləgʀam] das Gramm → 3/1
grand/e [gʀɑ̃/gʀɑ̃d] *adj.* groß
la **grand-mère** [lagʀɑ̃mɛʀ] die Großmutter
le **grand-père** [ləgʀɑ̃pɛʀ] der Großvater
les **grands-parents** [legʀɑ̃paʀɑ̃] *m. pl.* die Großeltern
grave [gʀav] *m./f. adj.* schlimm → 4/1
gris/e [gʀi/gʀiz] *adj.* grau → 5/A

le **groupe** [ləgʀup] die Gruppe → 1/3
le ***gruyère*** [ləgʀyjɛʀ] der Greyerzer → supp/2
la ***guerre*** [lagɛʀ] der Krieg → supp/3; ***faire la guerre*** [fɛʀlagɛʀ] Krieg führen → supp/3; ***partir en guerre*** [paʀtiʀɑ̃gɛʀ] in den Krieg ziehen → supp/3
la **guitare** [lagitaʀ] die Gitarre → 1/A
la **gym** [laʒim] *fam.* ou: **la gymnastique** [laʒimnastik] die Gymnastik
le **gymnase** [ləʒimnaz] die Turnhalle

H

l' ***habitant/e*** [labitɑ̃/labitɑ̃t] der/die Einwohner/in → supp/2
habiter [abite] wohnen
le **handball** [ləɑ̃dbal] Handball
hésiter [ezite] zögern → 4/1
l' **heure** [lœʀ] *f.* die Stunde, Uhr *zur Angabe der Uhrzeit;* **À quelle heure?** [akɛlœʀ] Um wie viel Uhr?; **C'est l'heure.** [sɛlœʀ] Es ist Zeit!; **Il est quelle heure?** [ilɛkɛlœʀ] Wie spät ist es?; **pendant des heures** [pɑ̃dɑ̃dezœʀ] stundenlang → 3/2; **une heure après** [ynœʀapʀɛ] nach einer Stunde
heureux/-euse [øʀø/øʀøz] *adj.* glücklich → 2/2; ***heureusement*** [øʀøzmɑ̃] *adv.* glücklicherweise → supp/5
hier [jɛʀ] *adv.* gestern → 2/1
le **hip-hop** [ləipɔp] der Hip-Hop → 1/A
l' **histoire** [listwaʀ] *f.* die Geschichte
l' **hiver** [livɛʀ] *m.* der Winter → 6/3
l' **homme** [lɔm] *m.* der Mann; les ***hommes*** [lezɔm] *m. pl.* die Menschen → rév/1
l' **hôpital** [lɔpital] *m.* das Krankenhaus
l' **horizon** [lɔʀizɔ̃] *m.* der Horizont → 6/A
l' **horloge** [lɔʀlɔʒ] *f.* die Uhr
l' **horoscope** [lɔʀɔskɔp] *m.* das Horoskop → 5/3

I

ici [isi] *adv.* hier
l' **idée** [lide] *f.* die Idee
il y a [ilja] es gibt
l' **île** [lil] *f.* die Insel → 2/3
l' **imbécile** [lɛ̃besil] *m./f.* der Dummkopf
l' **immeuble** [limœbl] *m.* das Gebäude
l' **imper** [lɛ̃pɛʀ] *m. fam.* ou: **l'imperméable** [lɛ̃pɛʀmeabl] *m.* der Regenmantel → 5/2
important/e [ɛ̃pɔʀtɑ̃/ɛ̃pɔʀtɑ̃t] *adj.* wichtig → 5/2
insister [ɛ̃siste] *hier:* auf etw. bestehen → rév/3
l' **instituteur/-trice** [lɛ̃stitytœʀ/lɛ̃stitytʀis] der/die Grundschullehrer/in → 6/3
l' **instrument** [lɛ̃stʀymɑ̃] *m.* das Instrument → 1/2
intelligent/e [ɛ̃tɛliʒɑ̃/ɛ̃tɛliʒɑ̃t] *adj.* intelligent
l' **intello** [lɛ̃tɛlo] *fam.* ou: **l'intellectuel/le** [lɛ̃tɛlɛktyɛl] *m./f. fam.* der/die Intellektuelle, der/die Streber/in
interdit/e [ɛ̃tɛʀdi/ɛ̃tɛʀdit] *adj.* verboten → 3/3
intéressant/e [ɛ̃teʀesɑ̃/ɛ̃teʀesɑ̃t] *adj.* interessant
intéresser qn [ɛ̃teʀese] jdn interessieren; **s'intéresser à qn/qc** [sɛ̃teʀese] sich für jdn/etw. interessieren S. 147 → 6/2
international/e [ɛ̃tɛʀnasjɔnal] *adj.* international → supp/2
l' **interro** [lɛ̃tɛʀo] *fam.* ou: **l'interrogation** [lɛ̃tɛʀogasjɔ̃] *f.* die Klassenarbeit
l' **interview** [lɛ̃tɛʀvju] *f.* das Interview
inutile [inytil] *m./f. adj.* unnütz → 4/3
inviter qn [ɛ̃vite] jdn einladen → 2/3

J

la **jambe** [laʒɑ̃b] das Bein → 4/1
janvier [ʒɑ̃vje] *m.* Januar
le **jardin** [ləʒaʀdɛ̃] der Garten; **le Jardin des plantes** [ləʒaʀdɛ̃deplɑ̃t] der Botanische Garten
jaune [ʒon] *m./f. adj.* gelb → 5/A

je suis né/e [ʒəsɥine] ich bin geboren → 1/A
le **jean** [lədʒin] die Jeans → 5/A
jeter qc [ʒəte] etw. werfen *S. 145* → 5/3
jeudi [ʒødi] *m.* Donnerstag
jeune [ʒœn] *m./f. adj.* jung → 1/3; **le/la jeune** [lə/lajœn] der/die Jugendliche → 1/3
joli/e [ʒɔli] *adj.* hübsch, niedlich → 4/3
jongler [ʒɔ̃gle] jonglieren → 3/2
jouer [ʒwe] spielen; **jouer à qc** [ʒwe] etw. (ein Spiel) spielen → 1/2; **jouer de qc** [ʒwe] etw. (ein Instrument) spielen → 1/2
le **jour** [ləʒuʀ] der Tag; **un jour** [ɛ̃ʒuʀ] eines Tages
le **journal** [ləʒuʀnal] / **les journaux** [leʒuʀno] die Zeitung, das Tagebuch → 5/3
le/la **journaliste** [lə/laʒuʀnalist] der/die Journalist/in → 6/1
la **journée** [laʒuʀne] der Tag → 6/2; **toute la journée** [tutlaʒuʀne] den ganzen Tag → 6/2
le **judo** [ləʒydo] das Judo → 4/3
juillet [ʒɥijɛ] *m.* Juli
juin [ʒɥɛ̃] *m.* Juni
la **jupe** [laʒyp] der Rock → 5/A
le **jus de fruits** [ləʒydfʀɥi] der Fruchtsaft
jusque [ʒysk] bis
juste [ʒyst] *m./f. adj.* richtig; gerecht → 1/1

K

le **kayak** [ləkajak] der Kajak → 3/A
le **kilo** [ləkilo] das Kilo
le **km/h** [ləkilɔmɛtʀœʀ] der Stundenkilometer → 3/3

L

là [la] da, dort
là-bas [labɑ] dort
le ***lac*** [ləlak] der See → supp/1
lâcher qn/qc [laʃe] jdn/etw. loslassen → 4/1
laisser qc [lese] etw. (hinter) lassen → 2/3; **Laisse tomber!** [lɛstɔ̃be] *fam.* Ach, lass doch! Vergiss es!
le **lait** [ləlɛ] die Milch → 3/1
la **lampe** [lalɑ̃p] die Lampe
lancer qc [lɑ̃se] etw. ins Leben rufen, *wie commencer S. 145* → 4/2
la **langue** [lalɑ̃g] die Sprache, die Zunge → 1/A; **perdre sa langue** [pɛʀdʀəsalɑ̃g] *es verschlägt jdm die Sprache* → 2/1
large [laʀʒ] *m./f. adj.* weit, breit → 3/3
laver qc [lave] etw. waschen → 5/3
la **leçon** [laləsɔ̃] die Lektion
la **légende** [laleʒɑ̃d] die Legende
les **légumes** [lelegym] *m. pl.* das Gemüse
Les voilà. [levwala] Da sind sie. → 2/1
la **lettre** [lalɛtʀ] der Brief → 1/2
la ***liberté*** [libɛʀte] die Freiheit → rév/1
la **librairie** [lalibʀeʀi] die Buchhandlung → 1/2
lire qc [liʀ] etw. lesen *S. 146* → 1/2
le **lit** [ləli] das Bett
le ***litre*** [ləlitʀ] der Liter → supp/2
le **livre** [ləlivʀ] das Buch
loin [lwɛ̃] *adv.* weit; **on ne va pas loin avec qc** [ɔ̃nəvapɑlwɛ̃avɛk] man kommt nicht weit mit etw.
les **loisirs** [lelwasiʀ] *m. pl.* die Freizeit → 5/3
long/longue [lɔ̃/lɔ̃g] *adj.* lang → 5/2; ***le long de*** am ... entlang → supp/4; ***longuement*** [lɔ̃gmɑ̃] *adv.* lang → rév/3
longtemps [lɔ̃tɑ̃] *adv.* lange → 4/3
lundi [lɛ̃di] *m.* Montag
les **lunettes (de soleil)** [lelynɛt (dəsɔlɛj)] *f. pl.* die (Sonnen) Brille → 5/A

M

Machinchose [maʃɛ̃ʃoz] *fam.* Dingsda, Dingsbums
Madame [madam] *Anrede für eine Frau*
Mademoiselle [madmwazɛl] *Anrede für eine junge Frau*
le **magasin** [ləmagazɛ̃] das Geschäft
le **magazine** [ləmagazin] die Zeitschrift
magnifique [maɲifik] *m./f. adj.* wundervoll → 6/A
mai [mɛ] *m.* Mai
la **main** [lamɛ̃] die Hand → 2/3
maintenant [mɛ̃tnɑ̃] jetzt
la **mairie** [lameʀi] das Rathaus → 6/3
mais [mɛ] aber
la **maison** [lamɛzɔ̃] das Haus
mal [mal] *adv.* schlecht → 1/2; **Ça fait mal.** [safɛmal] Das tut weh. → 3/2; **avoir mal (à)** [avwaʀmal] Schmerzen haben, wehtun → 4/1; **faire mal à qn** [fɛʀmal] jdm wehtun
malade [malad] *m./f. adj.* krank → 2/3
le ***malheur*** [ləmalœʀ] das Unglück → rév/2
malheureux/-euse [maløʀø/maløʀøz] *adj.* unglücklich → 4/1; ***malheureusement*** [maløʀøzmɑ̃] *adv.* leider → supp/5
maman [mamɑ̃] *f.* Mutti, Mama
(la) ***mamie*** [(la)mami] (die) Oma, Omi → supp/2, supp/4
manger qc [mɑ̃ʒe] etw. essen *S. 145*
la **mangue** [lamɑ̃g] die Mango → 3/1
le **mannequin** [ləmankɛ̃] das Mannequin, das Model → 5/3
le/la **marchand/e** [ləmaʀʃɑ̃/lamaʀʃɑ̃d] der (Markt-)Händler
le **marché** [ləmaʀʃe] der Markt; **le marché aux puces** [ləmaʀʃeopys] der Flohmarkt
marcher [maʀʃe] funktionieren, laufen → 2/1
mardi [maʀdi] *m.* Dienstag
la **marée** [lamaʀe] die Gezeiten → 6/A; **la marée noire** [lamaʀenwaʀ] die Ölpest → 6/A
la **marque** [lamaʀk] die Marke → 5/2
marrant/e [maʀɑ̃/maʀɑ̃t] *adj. fam.* lustig, spaßig
mars [maʀs] *m.* März
le **match** [ləmatʃ] das (Fußball-) Spiel → 2/2
les **maths** [lemat] *f. pl.* ou: **les mathématiques** [lematematik] *f. pl.* Mathe(matik)
la ***matière*** [lamatjɛʀ] das Unterrichtsfach → 5/3 Ex
le **matin** [ləmatɛ̃] der Morgen
méchant/e [meʃɑ̃/meʃɑ̃t] *adj.* böse

ANNEXE

le **médecin** [ləmedsɛ̃] der Arzt / die Ärztin
meilleur/e [mɛjœʀ] *adj.* besser/e/es *Komparativ zu* bon/ne → 5/2; **le/la meilleur/e** [lə/lamɛjœʀ] der/die/das Beste → 5/3
(la) **mémé** [meme] *f.* Oma, Omi
même [mɛm] *adv.* sogar, selbst; **même** [mɛm] *m./f. adj.* (der/die/das) gleiche/selbe → 4/A
la **mémoire** [lamemwaʀ] das Gedächtnis
le **ménage** [ləmenaʒ] der Haushalt → 5/3
la **mer** [lamɛʀ] das Meer → 1/1
merci [mɛʀsi] danke
mercredi [mɛʀkʀədi] *m.* Mittwoch
la **mère** [lamɛʀ] die Mutter
le **message** [ləmɛsaʒ] die Nachricht
la ***messe*** [lamɛs] die Messe *Gottesdienst* → rév/1
Messieurs [mesjø] Meine Herren *Anrede für mehrere Herren*
le **métier** [ləmetje] der Beruf → 6/3
mettre qc [mɛtʀ] etw. setzen, stellen, (hinein)legen; etw. anziehen *S. 146* → 5/2
midi [midi] *m.* Mittag
le **miel** [ləmjɛl] der Honig
mieux [mjø] *adv.* besser
mignon/-ne [miɲɔ̃/miɲɔn] *adj.* süß, niedlich → 4/1
le **millier** [ləmilje] das Tausend → 6/2; **des milliers de** [demiljedə] Tausende von → 6/2
minuit [minɥi] *m.* Mitternacht
la **minute** [laminyt] die Minute
la **mobylette** [lamɔbilɛt] das Mofa → 3/3
moche [mɔʃ] *m./f. fam. adj.* hässlich → 5/2
la **mode** [lamɔd] die Mode → 5/1
moins [mwɛ̃] *adv.* weniger, minus; **le moins** [ləmwɛ̃] am wenigsten → 5/3; **moins que** [mwɛ̃kə] weniger als → 5/2
le **mois** [ləmwa] der Monat → 5/3
la **moitié** [lamwatje] die Hälfte
le **moment** [ləmɔmɑ̃] der Moment, der Augenblick
le **monde** [ləmɔ̃d] die Welt → 4/2
le/la ***moniteur/-trice*** [ləmɔnitœʀ/lamɔnitʀis] der/die (Surf-)Lehrer/in → supp/5
le ***monopoly*** [ləmonopoli] das Monopoly-Spiel → supp/4
Monsieur [məsjø] *Anrede für einen Herrn*
le **monstre** [ləmɔ̃stʀ] das Monster
la ***montagne*** [lamɔ̃taɲ] die Berge, das Gebirge → supp/2
(ê)**monter** [mɔ̃te] (hinauf)steigen; einsteigen *in ein Verkehrsmittel* → 2/2
la **montre** [lamɔ̃tʀ] die Armbanduhr
montrer qc à qn [mɔ̃tʀe] jdm etw. zeigen
le ***morceau*** [ləmɔʀso] / ***les morceaux*** [lemɔʀso] das Stück → supp/2
la **mort** [lamɔʀ] der Tod → 6/1
mort/e [mɔʀ/mɔʀt] *adj.* tot → 6/2
le **mot** [ləmo] das Wort → 4/3
la **mousse au chocolat** [lamusoʃɔkɔla] französische Schokoladencreme → 3/1
le **Moyen-Âge** [ləmwajɛnaʒ] das Mittelalter → 3/1
le **muscle** [ləmyskl] der Muskel
le **musée** [ləmyze] das Museum
la **musique** [lamyzik] die Musik

N

n'importe quoi! [nɛ̃pɔʀtəkwa] irgendetwas, dummes Zeug → 5/3
nager [naʒe] schwimmen *wie manger S. 145* → 1/A
la ***natation*** [lanatasjɔ̃] Schwimmen → 3/A Ex
ne ... jamais [nə...ʒamɛ] nie, niemals → 4/2; **ne ... personne** [nə...pɛʀsɔn] niemand → 4/2; **ne ... plus** [nə...ply] nicht mehr; **ne ... plus de** [nə...plydə] kein ... mehr; **ne ... rien** [nə...ʀjɛ̃] nichts → 4/2; **ne pas ... encore** [nəpɑ(z)...ɑ̃kɔʀ] noch nicht → 6/1; **ne ... pas** [nə...pɑ] nicht; **ne ... pas de** [nə...pɑdə] kein
la ***neige*** [lanɛʒ] der Schnee → rév/1
nettoyer qc [nɛtwaje] etw. reinigen, säubern *wie payer S. 145* → 6/2
noir/e [nwaʀ] *adj.* schwarz → 5/A
le **nom** [lənɔ̃] der Name → 1/A
nombreux/-euse [nɔ̃bʀø/nɔ̃bʀøz] *adj.* zahlreich → 4/3
non [nɔ̃] nein; **non plus** [nɔ̃ply] auch nicht → 6/2
normal/e [nɔʀmal] *adj.* normal → 2/1
la **note** [lanɔt] die Note → 5/3
noter qc [nɔte] etw. notieren
la ***nourrice*** [lanuʀis] die Kinderfrau → rév/2
nouveau/nouvel [nuvo/nuvɛl] *m.* / **nouvelle** [nuvɛl] *f.* / **nouveaux** [nuvo] *m. pl.* / **nouvelles** [nuvɛl] *f. pl. adj.* neu → 5/1
novembre [nɔvɑ̃bʀ] *m.* November
la **nuit** [lanɥi] die Nacht, nachts → 6/3
nul/le [nyl] *adj. fam.* schlecht, blöd; **être nul/le en** [ɛtʀnylɑ̃] eine Null / eine Niete sein; **C'est nul!** [sɛnyl] Das ist blöd!
le **numéro** [lənymeʀo] die Nummer

O

occidental/e [ɔksidɑ̃tal] *adj.* westlich → supp/3
occuper qc [ɔkype] etw. besetzen → supp/3
octobre [ɔktɔbʀ] *m.* Oktober
l' **odeur** [lɔdœʀ] *f.* der Geruch, der Duft → 6/3
l' **œil** [lœj] *m.* / **les yeux** [lezjø] das Auge → 4/3
l' **œuf** [lœf] *m.* / **les œufs** [lezø] das Ei → 3/1
l' **office de tourisme** [lɔfisdətuʀizm] *m.* das Fremdenverkehrsamt
officiel/le [ɔfisjɛl] *adj.* offiziell → supp/3
offrir qc à qn [ɔfʀiʀ] jdm etw. anbieten, schenken *wie ouvrir S. 146* → 4/2
l' **oignon** [lɔɲɔ̃] *m.* die Zwiebel
l' **oiseau** / **les oiseaux** [lwazo/lezwazo] *m.* der Vogel → 6/1
l' **opération** [lɔpeʀasjɔ̃] *f.* die Operation, Aktion → 4/2

l' **orange** [lɔʀɑ̃ʒ] *f.* die Orange, die Apfelsine
l' **ordinateur** [lɔʀdinatœʀ] *m.* der Computer
l' **oreille** [lɔʀɛj] *f.* das Ohr → 4/3
l' **organisation** [lɔʀganizasjɔ̃] *f.* die Organisation → 6/1
oser [oze] sich etw. trauen → 4/2
ou [u] oder
où [u] wo, wohin
ouais [wɛ] *fam. umgangssprachliche Form von* oui → 2/1
oublier qc [ublije] etw. vergessen → 2/A
oui [wi] ja
l' **ours en peluche** [luʀsɑ̃pəlyʃ] *m.* der Teddybär
ouvrir qc [uvʀiʀ] etw. öffnen *S. 146* → 4/2

P

la **page** [lapaʒ] die Seite
le **pain** [ləpɛ̃] das Brot
le **pain au chocolat** [ləpɛ̃oʃɔkɔla] das Schokocroissant
la ***paix*** [lapɛ] der Frieden → supp/3
le **pantalon** [ləpɑ̃talɔ̃] die Hose → 5/A
(le) **papi** [(lə)papi] (der) Opa, Opi → 6/3
le **papier** [ləpapje] das Papier, der Zettel → 2/2
par [paʀ] durch → 6/3; ***par écrit*** [paʀekʀi] schriftlich → supp/3
le ***paradis*** [ləpaʀadi] das Paradies → rév/1
le **parc** [ləpaʀk] der Park
parce que [paʀskə] weil
Pardon! [paʀdɔ̃] Entschuldigung!
pareil/le [paʀɛj] *adj.* ähnlich, gleich → 6/1
les **parents** [lepaʀɑ̃] *m. pl.* die Eltern
parfait/e [paʀfɛ/paʀfɛt] *adj.* perfekt, ausgezeichnet → supp/5
parfois [paʀfwa] *adv.* manchmal → 5/3
parisien/ne [paʀizjɛ̃/paʀizjɛn] *adj.* aus Paris → 3/A
parler [paʀle] sprechen *S. 145;* **parler à qn** [paʀle] mit jdm sprechen; **parler de qc/qn** [paʀle] über etw./jdn sprechen

les ***paroles*** [lepaʀɔl] *f. pl.* der Text *eines Liedes* → 4/A
le/la ***participant/e*** [ləpaʀtisipɑ̃/lapaʀtisipɑ̃t] der/die Teilnehmer/in → supp/5
la ***partie*** [lapaʀti] der Teil → supp/3
(ê)**partir** [paʀtiʀ] weggehen *wie* sortir *S. 147*
partout [paʀtu] *adv.* überall → 2/2
pas mal [pamal] nicht schlecht; ***pas mal de qc*** [pamal] *fam.* eine ganze Menge von etw. → supp/1
le **passage** [ləpasaʒ] die Einkaufspassage → 2/1
passer [pase] vergehen; **passer avant qc** [paseavɑ̃] vor etw./jdm Vorrang haben, vorgehen → 3/1; **passer qc** [pase] etw. verbringen *zeitlich* → 2/3; **passer qc (à la radio)** [pase(alaʀadjo)] etw. im Radio senden/spielen → 3/1
le/la **pauvre** [lə/lapovʀ] der/die Arme
payer qc [peje] etw. bezahlen → 5/3
le **pays** [ləpei] das Land → 6/2
la **pêche** [lapɛʃ] der Pfirsich
pêcher [peʃe] angeln, fischen → supp/1
le/la **pêcheur/-euse** [ləpɛʃœʀ/lapɛʃøz] der/die Fischer/in → 6/1
peler qc [pəle] etw. schälen → 3/1
pendant [pɑ̃dɑ̃] *adv.* während; **pendant des heures** [pɑ̃dɑ̃dezœʀ] stundenlang → 3/2
penser [pɑ̃se] denken → 1/1; **penser à qn/qc** [pɑ̃se] an jdn/etw. denken → 6/1
(le) **pépé** [pepe] *m.* Opa
perdre qn/qc [pɛʀdʀ] jdn/etw. verlieren *wie* attendre *S. 145* → 2/1; **perdre la tête** [pɛʀdʀlatɛt] den Verstand verlieren → 5/1; **perdre sa langue** [pɛʀdʀəsalɑ̃g] es verschlägt jdm die Sprache → 2/1
le **père** [ləpɛʀ] der Vater; der Pater → rév/1
la **perruche** [lapeʀyʃ] der Wellensittich

la **personne** [lapɛʀsɔn] die Person → 3/3
peser [pəze] wiegen *wie* épeler *S. 145*
petit/e [pti/ptit] *adj.* klein
le/la **petit/e** [ləpti/laptit] der/die Kleine → 4/1
le **petit-déjeuner** [ləptideʒœne] das Frühstück
les **petits-enfants** [leptizɑ̃fɑ̃] *m. pl.* die Enkel(kinder) → 6/1
le **pétrole** [ləpetʀɔl] das Erdöl → 6/1
un **peu** [ɛ̃pø] ein wenig
la **peur** [lapœʀ] die Angst → 4/1
peut-être [pøtɛtʀ] *adv.* vielleicht → 4/3
la **pharmacie** [lafaʀmasi] die Apotheke → 4/1
la **photo** [lafɔto] das Foto
photographier qn/qc [fɔtɔgʀafje] jdn/etw. fotografieren
le **piano** [ləpjano] das Klavier → 1/2
la **pièce** [lapjɛs] das Stück
le **pied** [ləpje] der Fuß; ***au pied de*** [opjedə] am Fuß von → supp/2; **C'est pas le pied.** [sɛpaləpje] *fam.* Das kannst du vergessen! → 2/3; **C'est *le pied!*** Das ist toll! → supp/4
la **piscine** [lapisin] das Schwimmbad
la **place** [laplas] der (Sitz)Platz, die Eintrittskarte
le **plafond** [ləplafɔ̃] die Decke
la **plage** [laplaʒ] der Strand → 6/A
plaire à qn [plɛʀ] jdm gefallen *S. 146* → 5/1
le **plaisir** [ləpleziʀ] das Vergnügen, die Freude → 3/1
le **plan** [ləplɑ̃] der Plan
la ***planche (à voile)*** [laplɑ̃ʃ(avwal)] das (Surf-)Brett → supp/5
le **plastique** [ləplastik] der Kunststoff, das Plastik → 6/2; **en plastique** [ɑ̃plastik] aus Plastik → 6/2
plat/e [pla/plat] *adj.* flach, eben → supp/1
le ***plateau*** [ləplato] / ***les plateaux*** [leplato] das Tablett → rév/3
pleurer [plœʀe] weinen

ANNEXE

pleuvoir [pløvwaʀ] regnen S. 146 → 1/1; **il pleut** [ilplø] es regnet → 1/1
la **plongée** [laplɔ̃ʒe] Tauchen → PR 6
plus rien [plyrjɛ̃] nichts mehr → 5/1
plutôt [plyto] *adv.* eher, lieber → 6/1
la **poche** [lapɔʃ] die Tasche *an der Kleidung* → 5/3
le **poète** [ləpɔɛt] der Dichter
le **poisson** [ləpwasɔ̃] der Fisch
le **poivron** [ləpwavʀɔ̃] die Paprikaschote
la ***police*** [lapɔlis] die Polizei → 4/1 Ex
le **policier** [ləpɔlisje] der Polizist
la **pollution** [lapɔlysjɔ̃] die Verschmutzung → 6/1
la **pomme de terre** [lapɔmdətɛʀ] die Kartoffel
le **pompier** [ləpɔ̃pje] der Feuerwehrmann → 6/2
le **pont** [ləpɔ̃] die Brücke
le **port** [ləpɔʀ] der Hafen → 2/3
le **portable** [ləpɔʀtabl] das Handy → 4/1
la **porte** [lapɔʀt] die Tür
le **porte-bonheur** [ləpɔʀtbɔnœʀ] der Glücksbringer → 2/2
le **porte-monnaie** [ləpɔʀtmɔnɛ] der Geldbeutel
porter qc [pɔʀte] etw. tragen → 3/3; **porter qc à l'écran** [pɔʀtealekʀɑ̃] etw. verfilmen → 6/1
poser qc [poze] etw. anbringen, (hin-)stellen; **(se) poser des questions** [(sə)pozede kɛstjɔ̃] (sich) Fragen stellen → 6/2
possible [pɔsibl] *m./f. adj.* möglich → 2/3
la **poste** [lapɔst] das Postamt
le **pot** [ləpo] der Topf, das Glas
le **poulet** [ləpulɛ] das Hühnchen
pour [puʀ] für, wegen
pour + *inf.* [puʀ] um ... zu + *Inf.* → 1/1; **pour quoi faire?** [puʀkwafɛʀ] wozu? → 1/1; **pour un oui ou pour un non** [puʀɛ̃wiupuʀɛ̃nɔ̃] um ein Nichts
pourquoi [puʀkwa] warum
pourri/e [puʀi] *adj.* schrottreif, faul, verdorben → 6/1

pouvoir qc + *inf.* [puvwaʀ] etw. können, etw. tun können S. 146; **on pourrait** [ɔ̃puʀɛ] man könnte → 1/1
pratique [pʀatik] *m./f. adj.* praktisch → 5/2
pratiquer qc [pʀatikɛ] etw. praktizieren → 1/2
préférer qc [pʀefeʀe] etw. bevorzugen, lieber mögen S. 145; **préféré/e** [pʀefeʀe] *adj.* Lieblings- → 5/2
premier/-ière [pʀəmje/pʀəmjɛʀ] *adj.* erster/-e/-s; **le premier-plan** [ləpʀəmjeplɑ̃] der Vordergrund → 3/2 Ex
prendre qc [pʀɑ̃dʀ] etw. nehmen S. 147
préparer qc [pʀepaʀe] etw. zubereiten, vorbereiten
près de [pʀɛdə] in der Nähe von, nahe bei
presque [pʀɛsk] *adv.* fast → 1/1
prier [pʀije] beten → rév/2
le/la **principal/e** [lə/lapʀɛ̃sipal] der/die Schulleiter/in → 4/2
le ***printemps*** [ləpʀɛ̃tɑ̃] der Frühling → supp/1
le **prix** [ləpʀi] der Preis
le **problème** [ləpʀɔblɛm] das Problem
le/la **prof** [lə/lapʀɔf] *fam.* ou: **le professeur** [ləpʀɔfɛsœʀ] der/die Lehrer/in
le **programme** [ləpʀɔgʀam] das Programm → 1/1
le **progrès** [ləpʀɔgʀɛ] der Fortschritt → 2/3
la **promenade** [lapʀɔmnad] der Spaziergang
proposer qc à qn [pʀɔpoze] jdm etw. vorschlagen → 1/1
le ***prospectus*** [ləpʀɔspɛktys] der Prospekt → 6/A Ex
la **protection** [lapʀɔtɛksjɔ̃] der Schutz → 3/3
protester [pʀɔtɛste] protestieren → 6/2
prudent/e [pʀydɑ̃/pʀydɑ̃t] *adj.* vorsichtig → 5/3
la **pub** [lapyb] *fam.* ou: **la publicité** [lapyblisite] die Werbung → 5/2
puis [pɥi] *adv.* dann
le **pull** [ləpyl] ou: **pull-over** [ləpylɔvɛʀ] der Pulli → 5/A

punir qn [pyniʀ] jdn bestrafen *wie réagir* S. 145 → rév/1

Q

qu'est-ce que [kɛskə] Was ...?
le **quai** [ləke] das Ufer, die Anlegestelle; der Bahnsteig → 1/3
la **qualité** [lakalite] die Qualität → 5/2
quand [kɑ̃] wann, wenn, immer wenn; als → 4/1; **quand même** [kɑ̃mɛm] dennoch → 3/3
la **quantité** [lakɑ̃tite] die Menge, die Quantität → 6/1
le **quart** [ləkaʀ] das Viertel; **le quart d'heure** [ləkaʀdœʀ] die Viertelstunde
le **quartier** [ləkaʀtje] das Viertel
la **quatrième** [lakatʀijɛm] die „Vierte" *(= 8. Klasse in Deutschland)* → 3/2
que [kə] den, die, das *Relativpronomen* → 3/2
quel/le [kɛl] welcher/-e/-es → 3/1
quelqu'un [kɛlkɛ̃] jemand → 2/A
quelque chose [kɛlkəʃoz] etwas
quelquefois [kɛlkəfwa] *adv.* manchmal → 6/3
quelques [kɛlkə] *pl.* einige, ein paar → 5/3
la **question** [lakɛstjɔ̃] die Frage
qui [ki] der, die, das *Relativpronomen* → 3/3
quoi [kwa] was → 5/3

R

raconter qc (à qn) [ʀakɔ̃te] (jdm) etw. erzählen
la **radio** [laʀadjo] das Radio → 3/1
le **rallye** [ləʀali] die Rallye → 1/1
ramasser qc [ʀamase] etw. ein-/aufsammeln → 6/2
ranger qc [ʀɑ̃ʒe] etw. aufräumen *wie manger* S. 145
le **rayon** [ləʀɛjɔ̃] die Abteilung
la **réaction** [ʀeaksjɔ̃] die Reaktion → 4/3
réagir à qc [ʀeaʒiʀ] auf etw. reagieren S. 145 → 4/3
réaliste [ʀealist] *m./f. adj.* realistisch → 1/A

la **recette** [larəsɛt] das Kochrezept → 3/1

recevoir qn/qc [rəsəvwar] jdn empfangen, etw. bekommen *S. 147* → 6/2

la **récréation** [larekreasjɔ̃] die Pause

réfléchir [refleʃir] überlegen *wie* réagir *S. 145* → 4/3

refuser qc [rəfyse] etw. ablehnen → rév/3

regarder qc/qc [rəgarde] etw./jdn anschauen, betrachten; **regarder qn** [rəgarde] jdn ansehen

la **région** [lareʒjɔ̃] die Region, das Gebiet → 6/2

le **rendez-vous** [lərɑ̃devu] das Treffen, die Verabredung → 3/2

renoncer à qc [rənɔ̃se] auf etw. verzichten *wie* commençer *S. 145* → 5/3

la **rentrée** [larɑ̃tre] *der Beginn des neuen Schuljahres*

rentrer [rɑ̃tre] nach Hause gehen

répondre qc à qn [repɔ̃dr] jdm etw. antworten *wie* attendre *S. 145*

la **réponse** [larepɔ̃s] die Antwort → 3/3

respecter qn/qc [rɛspɛkte] jdn/etw. achten → 4/3

respirer [rɛspire] atmen

responsable [rɛspɔ̃sabl] *m./f. adj.* verantwortlich → supp/4

le **restaurant** [lərɛstɔrɑ̃] das Restaurant

(ê)**rester** [rɛste] bleiben → 1/1

le **retard** [lərətar] die Verspätung; **être en retard** [ɛtrɑ̃rətar] sich verspäten

(ê)**retourner** [rəturne] zurückgehen, zurückkehren → 2/2

retrouver qn/qc [rətruve] jdn treffen, etw. wieder finden, jdn wieder treffen → 1/3

le **réveil** [lərevɛj] der Wecker

rêver [rɛve] träumen

la ***révolte*** [larevɔlt] die Revolte, der Aufstand → rév/1

la ***révolution*** [larevɔlysjɔ̃] die Revolution → rév/1

riche [riʃ] *m./f. adj.* reich → 5/2; **le/la *riche*** [lə/lariʃ] der/die Reiche → supp/3

ridicule [ridikyl] *m./f. adj.* lächerlich → 3/2

rigoler [rigɔle] *fam.* lachen, sich lustig machen → 5/2

rire [rir] lachen → 6/3

risquer qc [riske] Gefahr laufen → rév/3

la ***rivière*** [larivjɛr] der (kleine) Fluss → supp/1

la **robe** [larɔb] das Kleid → 5/A

le **rocher** [lərɔʃe] der Felsen → 6/A

le ***roi / la reine*** [lərwa/larɛn] der/die König/in → supp/2

les **rollers** [lerɔlœr] *m. pl.* die Inlineskates

le **roman** [lərɔmɑ̃] der Roman → 2/A

rose [roz] *m./f. adj.* rosa → 5/A

rouge [ruʒ] *m./f. adj.* rot → 5/A

rouler [rule] fahren, rollen → 3/3

la **route** [larut] die Fernverkehrsstraße, die Landstraße → 3/3

le **ruban vert** [lərybɑ̃vɛr] das grüne Band → 4/2

la **rue** [lary] die Straße

S

s'appeler [saple] heißen *S. 147* → 6/3; **je m'appelle** ich heiße

s'approcher de qn/qc [saprɔʃe] sich jdm/etw. nähern → rév/1

s'échapper de qc [seʃape] aus etw. ausbrechen → rév/2

s'il te plaît [siltəplɛ] / **s'il vous plaît** [silvuplɛ] bitte

s'imaginer qc [simaʒine] sich etw. ausmalen → rév/2

s'intéresser à qn/qc [sɛ̃terɛse] sich für jdn/etw. interessieren *S. 147* → 6/2

s'occuper de qn/qc [sɔkype] sich um jdn/etw. kümmern *S. 147* → 6/2

les **SVT** [leɛsvete] *f. pl.* Mensch – Natur – Umwelt *Unterrichtsfach*

le **sable** [ləsabl] der Sand → 6/A

le **sac** [ləsak] die Tasche

sale [sal] *m./f. adj.* schmutzig → 6/2

la **salle de bains** [lasaldəbɛ̃] das Badezimmer

la **salle de classe** [lasaldəklas] der Klassenraum

la **salle de séjour** [lasaldəseʒur] das Wohnzimmer

Salut! [saly] *fam.* Hallo!, Grüß dich!, Tschüss!

samedi [samdi] *m.* Samstag

le ***sang*** [ləsɑ̃] das Blut → rév/2

sans [sɑ̃] *prép.* ohne → 3/1

le/la ***sauvage*** [lə/lasovaʒ] der/die Wilde → rév/1

sauver qn/qc [sove] jdn/etw. retten → 6/2

le/la **savant/e** [lesavɑ̃/lasavɑ̃t] der/die Wissenschaftler/in

savoir qc [savwar] etw. wissen *S. 147* → 3/2; **savoir qc par cœur** [savwarparkœr] etw. auswendig können → 2/2

le ***saxophone*** [ləsaksɔfɔn] das Saxophon → 1/2 Ex

le **scorpion** [ləskɔrpjɔ̃] der Skorpion → 1/A

se baigner [səbɛɲe] baden *S. 147* → 6/3

se cacher [səkaʃe] sich verstecken *S. 147* → 6/3

se mettre en colère [səmɛtrɑ̃kɔlɛr] wütend werden → rév/3

se promener [səprɔmne] spazieren gehen *S. 147* → 6/3

(se) protéger [səprɔteʒe] (sich) schützen *wie* manger *S. 145* → 6/2

le/la **secrétaire** [lə/lasəkretɛr] der/die Sekretär/in

le **secrétariat** [ləsəkretarja] das Sekretariat

la **semaine** [lasəmɛn] die Woche

sentir qc [sɑ̃tir] etw. fühlen *wie* sortir *S. 147* → 6/1; etw. riechen → 6/3

septembre [sɛptɑ̃br] *m.* September

servir à qc [sɛrvir] etw. nützen *wie* sortir *S. 147* → 4/3

seul/e [sœl] *adj.* allein → 1/1; einzig → rév/3

seulement [sœlmɑ̃] *adv.* nur → supp/3

sévère [sevɛr] *m./f. adj.* streng → 2/3

si [si] doch; so → 4/1; ob → 1/2; wenn → supp/5

le ***siècle*** [ləsjɛkl] das Jahrhundert → supp/3

ANNEXE

le **signe** [ləsiɲ] das Sternzeichen → 1/A; das Symbol → 4/3;
simple [sɛ̃plə] *m./f. adj.* einfach
sinon [sinɔ̃] sonst → 3/2
le **site** [ləsit] die Webseite → 6/2
la **sixième** [lasizjɛm] die „Sechste" *(= 6. Klasse in Deutschland)*
le **skate** [ləskɛt] das Skateboard
le **ski** [ləski] der Ski, das Skifahren → 3/A
la **sœur** [lasœʀ] die Schwester
la **soie** [laswa] die Seide
la **soif** [laswaf] der Durst → 3/1; **avoir soif** [avwaʀswaf] Durst haben → 3/1
le **soir** [ləswaʀ] der Abend, abends; **ce soir** [səswaʀ] heute Abend
le **soleil** [ləsɔlɛj] die Sonne → 1/A
solidaire [sɔlidɛʀ] *m./f. adj.* solidarisch → 4/A
la **solution** [lasɔlysjɔ̃] die Lösung
sonner [sɔne] klingeln
le ***sort*** [ləsɔʀ] das Schicksal → rév/3
les ***sorties*** [lesɔʀti] *f. pl.* das Ausgehen → 5/3 Ex
(ê)**sortir** [sɔʀtiʀ] hinausgehen *S. 147;* **sortir (son chien)** (seinen Hund) ausführen → 5/3
la **soupe** [lasup] die Suppe → 6/2
sourd/e [suʀ/suʀd] *adj.* taub → supp/5
la **souris** [lasuʀi] die Maus
sous [su] *prép.* unter
le **souvenir** [ləsuvniʀ] das Souvenir, das Andenken → 2/1; die Erinnerung → 6/3
souvent [suvɑ̃] *adv.* oft, häufig
la ***spécialité*** [laspesjalite] die Spezialität → supp/2
le **spectacle** [ləspɛktakl] die Vorstellung, die Aufführung
le **sport** [ləspɔʀ] der Sport; **faire du sport** [fɛʀdyspɔʀ] Sport treiben → 3/A
le **stade** [ləstad] das Stadion → 3/A
le **stylo** [ləstilo] der Füller, der Kugelschreiber
le **sucre** [ləsykʀ] der Zucker → 3/1
le **sud** [ləsyd] der Süden → 6/1
suisse [sɥis] *m./f. adj.* Schweizer → supp/1; ***la Suisse romande*** [lasɥisʀɔmɑ̃d] die französische Schweiz → supp/2
super [sypɛʀ] *m. f. adj.* super
le **supermarché** [ləsypɛʀmaʀʃe] der Supermarkt
sur [syʀ] auf; **sur moi** [syʀmwa] dabei, bei mir
sûr/e [syʀ] *adj.* sicher → 1/2; ***sûrement*** [syʀmɑ̃] sicherlich → supp/5
le **surf** [ləsœʀf] das Wellenreiten, Surfen → 3/A; **faire du surf** [fɛʀdysœʀf] Snowboard fahren → 3/A
le/la **surveillant/e** [ləsyʀvɛjɑ̃/lasyʀvɛjɑ̃t] die Aufsichtsperson
le **sweat** [ləswɛt] das Sweatshirt → 5/1
sympa [sɛ̃pa] *fam.* / **sympathique** [sɛ̃patik] *m./f. adj.* sympathisch, nett → 6/2
la **sympathie** [lasɛ̃pati] die Sympathie → 6/2

T

la **table** [latabl] der Tisch
le ***tableau*** [lətablo] / ***les tableaux*** [letablo] das Gemälde → supp/4, rév/1; die Tafel → 1/1
la **tablette** [latablɛt] die Tafel (Schokolade)
la **tache** [lataʃ] der Fleck → 6/A
la **tante** [latɑ̃t] die Tante
tard [taʀ] *adv.* spät
un **tas de** [ɛ̃tadə] *fam.* eine Menge von
(la) **tatie** [tati] *f.* Tantchen
la **technologie** [latɛknɔlɔʒi] die Arbeitslehre
le **tee-shirt** [lətiʃœʀt] das T-Shirt → 5/A
la **teinture** [latɛ̃tyʀ] das Färbemittel → 5/1
la **télé** [latele] *fam.* ou: **la télévision** [latelevizjɔ̃] der Fernseher; **à la télé** im Fernsehen
le **téléphone** [lətelefɔn] das Telefon
téléphoner [telefɔne] telefonieren
la **tempête** [latɑ̃pɛt] der Sturm → 6/3
le **temps** [lətɑ̃] die Zeit; **(ne pas) avoir le temps** [(nəpɑ)avwaʀlətɑ̃] (keine) Zeit haben; ***tout le temps*** [tultɑ̃] die ganze Zeit → supp/5
pendant ce temps [pɑ̃dɑ̃sətɑ̃] währenddessen → supp/4
tendance [tɑ̃dɑ̃s] *adj.* im Trend → 5/2
tenir qc [təniʀ] etw. halten *wie* venir *S. 147* → 4/1
le ***tennis*** [letenis] das Tennis → 1/2 Ex; **le tennis de table** [lətɛnisdətabl] das Tischtennis → 1/2
la **terrasse** [latɛʀas] die Terrasse
la **terre** [latɛʀ] die Erde, der Boden → 4/A
le **test** [lətɛst] der Test → 3/1
la **tête** [latɛt] der Kopf
le ***texte*** [lətɛkst] der Text → supp/3
le **théâtre** [ləteɑtʀ] das Theater
le **timbre** [lətɛ̃bʀ] die Briefmarke
la **tomate** [latɔmat] die Tomate
(ê)**tomber** [tɔ̃be] fallen; **Ça tombe bien!** [satɔ̃bəbjɛ̃] *fam.* Das trifft sich aber gut! / Das passt ja! → 5/3
la **tonne** [latɔn] die Tonne
la **tortue** [latɔʀty] die Schildkröte
toujours [tuʒuʀ] immer
le **tour** [lətuʀ] die Tour, die Runde, der Ausflug
le/la **touriste** [lə/latuʀist] der/die Tourist/in → 6/3
tourner [tuʀne] abbiegen → 3/2
tout [tu] alles
tout/toute [tu/tut] *m./f.* / **tous/toutes** [tus/tut] *m. pl.* / *f. pl.* jeder/alle; ganzer/-e/-s → 6/1; ***tout le temps*** [tultɑ̃] die ganze Zeit → supp/5; **tout de suite** [tutsɥit] sofort → 2/2; **tout droit** [tudʀwa] geradeaus → 3/2; **tout le monde** [tulmɔ̃d] alle, jedermann → 4/2
la **traboule** [latʀabul] *Durchgang zwischen zwei Häusern in Lyon*
la ***trace*** [latʀas] die Spur → rév/2
le **train** [lətʀɛ̃] der Zug → 1/3
le **tram** [lətʀam] *fam.* ou: **le tramway** [lətʀamwɛ] die Straßenbahn → 2/1

le **trapèze** [lətʀapɛz] das Trapez → 3/2
travailler [tʀavaje] arbeiten, lernen
traverser qc [tʀavɛʀse] etw. überqueren, durchqueren → 3/2
très [tʀɛ] *adv.* sehr
triste [tʀist] *m./f. adj.* traurig
la **trompette** [latʀɔ̃pɛt] die Trompete
trop [tʀo] *adv.* (zu) viel, zu sehr
le **trottoir** [lətʀɔtwaʀ] der Bürgersteig → 3/3
trouver qc [tʀuve] etw. finden
le **truc** [lətʀyk] *fam.* die Sache, das Ding *umg.*
les **truffes au chocolat** [letʀyfoʃɔkɔla] *f. pl.* die Schokoladentrüffel (Pralinen)
le **tube** [lətyb] die Tube
le **type** [lətip] der Typ, der Kerl

U

un des deux [ɛ̃dedø] einer von beiden → 4/2
un peu [ɛ̃pø] ein wenig; **un peu de** [ɛ̃pødə] ein bisschen
un tas de [ɛ̃tadə] eine Menge von
l' **uniforme** [lynifɔʀm] *m.* die (Schul-)Uniform → 5/2
Untel ou Machin [ɛ̃tɛlumaʃɛ̃] *fam. hier:* irgendeine Marke → 5/2
utile [ytil] *m./f. adj.* nützlich → 4/3
utiliser qc [ytilize] etw. benutzen → rév/2

V

les **vacances** [levakɑ̃s] *f. pl.* die Ferien → 1/A
la ***vache*** [lavaʃ] die Kuh → supp/2
la **vague** [lavag] die Welle → 6/A
la **valise** [lavaliz] der Koffer → 2/2
le **vélo** [ləvelo] das Fahrrad → 1/A
le/la **vendeur/-euse** [ləvɑ̃dœʀ/lavɑ̃døz] der/die Verkäufer/in
vendredi [vɑ̃dʀədi] *m.* Freitag
(ê)**venir** [vəniʀ] kommen S. 147
le **vent** [ləvɑ̃] der Wind → 6/1
le **ventre** [ləvɑ̃tʀ] der Bauch → 4/1
la **vérité** [laveʀite] die Wahrheit
le **verre** [ləvɛʀ] das Glas → 3/1
vers [vɛʀ] *prép.* gegen *zeitlich* → 6/3
vert/e [vɛʀ/vɛʀt] *adj.* grün → 4/2
la **veste** [lavɛst] die Jacke → 5/A
les **vêtements** [levɛtmɑ̃] *m. pl.* die Kleidung → 5/A
la **victime** [laviktim] das Opfer → 4/3
la **vie** [lavi] das Leben; ***en vie*** [ɑ̃vi] am Leben → rév/2
la **ville** [lavil] die Stadt
la **violence** [lavjɔlɑ̃s] die Gewalt → 4/1
le ***violon*** [ləvjɔlɔ̃] die Geige → 1/2 Ex
visiter qc [vizite] etw. besichtigen
vite [vit] *adv.* schnell
la **vitesse** [lavitɛs] die Geschwindigkeit → 3/3
la **vitrine** [lavitʀin] das Schaufenster
voici, voilà [vwasi/vwala] da ist, da sind
la **voie** [lavwa] das Gleis → 1/3
la **voile** [lavwal] das Segel, Segeln → 3/A
le ***voilier*** [ləvwalje] das Segelboot → rév/1
voir qn/qc [vwaʀ] jdn/etw. sehen S. 147 → 2/1; **Fais voir!** [fɛvwaʀ] Zeig her! → 4/1
le/la **voisin/e** [ləvwazɛ̃/lavwazin] der/die Nachbar/in
la **voiture** [lavwatyʀ] der Wagen, das Auto → 1/3
voler [vɔle] fliegen → 6/2; **voler qc** [vɔle] etw. stehlen → 4/1
vouloir qc + ***inf.*** [vulwaʀ] etw. (tun) wollen S. 147; **Qu'est-ce que ça veut dire?** [kɛskəsavødiʀ] Was bedeutet das?
le **voyage** [ləvwajaʒ] die Reise → 1/A
le **VTT** [ləvetete] ou: **le vélo tout-terrain** [ləvelotutɛʀɛ̃] das Mountainbike → 3/A

W

le **week-end** [ləwikɛnd] das Wochenende → 2/3

ANNEXE

Hier findest du alle Wörter, die du in ***À Plus!*** 2 lernst sowie den Wortschatz von ***À Plus!*** 1.
Denke daran, bei den französischen Nomen das richtige Geschlecht zu verwenden.

Die Angabe hinter dem Pfeil verweist dich auf die Unité/Séquence, in der die Vokabel neu eingeführt wird. Falls du nicht mehr sicher bist, wie man das Wort verwendet, kannst du dir den Beispielsatz in der Wortliste der jeweiligen Unité anschauen.
(ê)So gekennzeichnete Verben bilden das passé composé mit être.

A

abbiegen tourner → 3/2
Abend le soir; **Guten Abend!** Bonsoir!; **zu Abend essen** être à table → 2/2
Abendessen le dîner
aber mais
abgesehen von (jdm/etw.) à part qn/qc → supp/5
abhängen von (jdm/etw.) dépendre de qn/qc → 5/2
ablehnen (etw.) refuser qc → rév/3
abschaffen (etw.) abolir qc → rév/1
Abteilung le rayon
Ach, komm! Allez!; **Ach, lass doch!** Laisse tomber!
Achte (Klasse) la quatrième → 3/2
achten (jdn/etw.) respecter qn/qc → 4/3
Achtung! Attention! → 3/2
Adresse l'adresse *f.* → 1/A
Afrika l'Afrique *f.* → 4/1 Ex; → rév/1
aggressiv agressif/-ive *adj.* → 4/3 Ex
äh *Füllwort am Satzanfang* ben
ähnlich pareil/le *adj.* → 6/1
Akkordeon l'accordéon *m.* → 1/2
Akrobatik l'acrobatie *f.* → 3/A
Aktion l'opération *f.* → 4/2
akzeptieren (jdn/etw.) accepter qn/qc → 4/2
Album l'album *m.*
alle/s tout/toute *m./f.*; tous/toutes *m. pl.* / *f. pl.* → 6/1;
alle tout le monde → 4/2
Allee l'allée *f.*
allein seul/e *adj.* → 1/1
Alm l'alpage *m.* → supp/2
als *zeitlich* quand → 4/1
also alors
Alter l'âge *m.*; **in deinem Alter** à ton âge
am Fuß von au pied de → supp/2;
am Leben en vie → rév/2; ***am See(ufer)*** au bord du lac → supp/1;
am wenigsten le moins → 5/3; **am Wochenende** le week-end → 2/3
Ampel le feu rouge → 3/2
anbieten (jdm etw.) offrir qc à qn → 4/2
anbringen (etw.) poser qc
Andenken le souvenir → 2/1
anderer/-e/-s l'autre *m./f.*
Anfang le début → 2/3
anfangen (mit etw.) commencer (par qc) → 2/A
angehen (jdn/etw.) regarder qn
angeln pêcher → supp/1
angenehm agréable *m./f. adj.* → supp/1
angreifen (jdn) agresser qn → 4/1
Angreifer/in l'agresseur *m.* → 4/3
Angst la peur → 4/1; **Angst haben vor (jdm/etw.)** avoir peur (de qn/qc) → 4/1; **Angst machen (jdm)** faire peur à qn → 4/1
ankommen arriver
anmachen (etw.) allumer qc
Anorak l'anorak *m.* → 5/2
Anrede für eine Frau Madame
Anrede für eine junge Frau Mademoiselle
Anrede für einen Herrn Monsieur
anrufen (jdn) appeler qn → 2/2
anschalten (etw.) allumer qc
anschauen (etw.) regarder qc
anschließend ensuite *adv.*
ansehen (etw.) regarder qc
anstelle von (etw.) à la place de (qc)
anstoßen (jdn) bousculer qn
Anstrengung l'effort *m.* → 1/1
antun (jdm etw.) faire qc à qn → 4/1
Antwort la réponse → 3/3
antworten (jdm etw.) répondre qc à qn
anziehen (etw.) mettre qc → 5/2
Apfelsine l'orange *f.*
Apotheke la pharmacie → 4/1
Aprikose l'abricot *m.*
April avril *m.*
arbeiten travailler
Arbeitslehre la technologie
Arbeitslosigkeit le chômage
Arm le bras → 4/1
Armbanduhr la montre
Arme/r le/la pauvre
Artikel l'article *m.* → 1/2
Arzt/Ärztin le médecin
Atlas l'atlas *m.*
atmen respirer
auch aussi; **auch nicht** non plus → 6/2;
auf sur *prép.*; **auf der Straße** dans la rue; **auf Französisch** en français → 1/2; **Auf Wiedersehen!** Au revoir.
aufbewahren (etw.) garder qc → 1/A
Aufführung le spectacle
Aufgabenheft le cahier de textes
aufhören arrêter
Aufmerksamkeit l'attention *f.* → 3/2
aufpassen faire attention → 3/2;
aufpassen auf (jdn/etw.) garder qn/qc → 1/A
aufräumen (etw.) ranger qc
aufsammeln (etw.) ramasser qc → 6/2
Aufsichtsperson le/la surveillant/e
Aufstand la révolte → rév/1
Auge l'œil *m.* / les yeux *pl.* → 4/3
Augenblick le moment; **im Augenblick** en ce moment
August août *m.*
ausbrechen (aus etw.) s'échapper de qc → rév/2
Ausdruck l'expression *f.* → 2/3
Ausflug l'excursion *f.* → 1/1; le tour
ausführen (seinen Hund) sortir (son chien) → 5/3
Ausgaben les dépenses *f. pl.* → 5/3 Ex
ausgeben (etw.) dépenser qc → 5/3
Ausgehen les sorties *f. pl.* → 5/3 Ex
Aushang l'affiche *f.*
außerdem encore *adv.*
aussteigen descendre → 1/3
aussuchen (etw.) choisir qc → 4/3
Austausch l'échange *m.* → 1/1
austeilen (etw.) distribuer qc → 5/3
auswählen (etw.) choisir qc → 4/3
auswendig können (etw.) savoir qc par cœur → 2/2
Auto la voiture → 1/3
Autobahn l'autoroute *f.* → 3/3

B
Baby le bébé
Bäckerei la boulangerie
baden se baigner → 6/3
Badezimmer la salle de bains
Bahnhof la gare
Bahnsteig le quai → 1/3
bald bientôt; **bis bald** à bientôt
Banane la banane
Band le ruban → 4/2
Bandit le bandit
Basketball le basket → 1/2 Ex
Basteln le bricolage
Bauch le ventre → 4/1
Baum l'arbre *m.* → rév/1
Baumwolle le coton → rév/1
bedecken couvrir qc → 6/2; **bedeckt sein (von/mit etw.)** être couvert (de qc) → 6/2
befestigt sein être attaché/e à qc → rév/2
begeistert sein être ravi/e → supp/1
Beginn des neuen Schuljahres la rentrée
beginnen (mit etw.) commencer (par qc) → 2/A
begrenzt sein (auf ...) être limité/e (à ...) → 3/3
begrüßen (jdn.) donner le bonjour à qn → 1/2
behalten (etw.) garder qn/qc → 1/A
bei avec; **bei (einer Person)** chez; **bei dir/mir** sur toi/moi → 5/3; **bei Sonnenschein** sous le soleil → 2/2
Beifall klatschen applaudir → 4/3
Bein la jambe → 4/1
Beispiel l'exemple *m.* → 4/3
Bekanntschaft la connaissance → 2/3
bekommen (etw.) recevoir qc → 6/2
benutzen (etw.) utiliser qc → rév/2
bequem confortable *m./f. adj.* → 5/2
Berge la montagne → supp/2
Beruf le métier → 6/3
berühmt célèbre *m./f. adj.* → 1/A
besetzen (etw.) occuper qc → supp/3
besichtigen (etw.) visiter qc
besser mieux *adv.*; **besser/e/es** (*Komparativ zu* bon/ne) meilleur/e *adj.* → 5/2; **der/die/das beste** (*Superlativ zu* bon/ne) le/la meilleur/e *adj.* → 5/3
Besteck le couvert → 3/2
bestehen (auf etw.) insister → rév/3
bestrafen (jdn) punir qn → rév/1
besuchen (jdn) (é)aller voir qn → 3/2
beten prier → rév/2
betrachten (etw.) regarder qc
betroffen sein être concerné/e → 6/2
Bett le lit
bevorzugen (etw.) préférer qc
bezahlen (etw.) payer qc → 5/3
Bibel la Bible → supp/3
Bibliothekar/in le/la documentaliste
Bildschirm l'écran *m.* → 6/1
bis jusque; **Bis morgen!** À demain!; **Bis später!** À plus!; **Bist du das?** C'est toi?
bitte s'il te plaît; s'il vous plaît
blau bleu/e *adj.* → 5/A
bleiben rester → 1/1
Bleistift le crayon → 6/1
blockiert sein être bloqué/e → 1/3
blöd nul/le *adj.*; **Das ist blöd!** C'est nul!
blond blond/e *adj.* → 4/A; **Blonde** le/la blond/e → 1/3
Blume la fleur
Blut le sang → rév/2
Boden la terre → 4/A
Boot le bateau → 1/1
böse méchant/e *adj.*
Botanischer Garten le Jardin des plantes
Boxen la boxe
brauchen falloir; **man braucht / wir brauchen** il faut (de) + *Nomen* → 3/1
braun brun/e *adj.* → 4/A
brechen (etw.) casser qc → 4/1
breit large *m./f. adj.* → 3/3
Bretone/Bretonin le Breton / la Bretonne → 6/1
bretonisch breton/ne *adj.* → 6/3
(Surf-)Brett la planche à voile → supp/5
Brief la lettre → 1/2
Brieffreund/in le/la correspondant/e
Brille les lunettes *f. pl.* → 5/A
Brot le pain
Brücke le pont
Bruder le frère
Buch le livre
Buchhandlung la librairie → 1/2
buchstabieren (etw.) épeler qc
Bürgersteig le trottoir → 3/3
Büro le bureau / les bureaux → 4/2 Ex
Bus le bus
Butter le beurre

C
Café le café
CD le CD; **CD-ROM** le cédérom
Cent le centime
Chance la chance → 5/3
Charakter le caractère → 1/2; **einen schwierigen Charakter haben** avoir un caractère de chien → 1/2
Charta la charte → 4/2
Chef le chef
Chemie la chimie
Clown le clown
Collège *Schultyp* le collège
Comic la bédé *fam. ou:* la bande dessinée *ou:* la BD
Computer l'ordinateur *m.*
cool cool *m./f. adj. fam.* → 1/1
Cousin/e le/la cousin/e → supp/4
Creme la crème

D
da là; **da ist/sind** voici, voilà; **Da sind sie ja!** Les voilà! → 2/1
dabei sur moi/toi/lui → 5/3
dagegen contre
Dame la dame
danach ensuite *adv.*
danke merci; **Danke sagen** dire merci à qn → 4/1
dann puis *adv.*
das ceci/cela → 1/1; **das bedeutet/heißt** ça veut dire → 4/2; **das ist** c'est; **Das ist blöd!** C'est nul!; **Das ist mir egal.** Ça m'est égal. → 4/3; **Das ist schrecklich!** C'est l'horreur!; ***Das ist wahr.*** C'est vrai. → supp/4; **Das kannst du vergessen!** C'est pas le pied. → 2/3; **Das kommt darauf an.** Ça dépend.; **Das passt ja!** Ça tombe bien! → 5/3; **Das sind zwei Dinge, die nicht zusammenpassen.** Ça fait deux. → 2/2; **Das steht ihm/ihr nicht.** Ça ne lui va pas. → 5/2; **Das trifft sich aber gut!** Ça tombe bien! → 5/3; **Das tut weh.** Ça fait mal. → 3/2
das *Relativpronomen* que → 3/2; *Relativpronomen* qui → 3/3
Datum la date → 2/A
Decke le plafond
den *Relativpronomen* que → 3/2;
denken an (jdn/etw.) penser à qn/qc → 1/1
denn car → 4/3
dennoch quand même *adv.* → 3/3
Departement *Verwaltungsbezirk in Frankreich* le département → 5/3 Ex

ANNEXE

der-/die-/dasselbe le/la même *m./f. adj.* → 4/A
deshalb c'est pourquoi → 3/3
Dessert le dessert → 2/2
Deutsch l'allemand *m.*
Deutsche/r l'Allemand/e → 1/1
Deutschland l'Allemagne *f.*
Dezember décembre *m.*
Dezibel le décibel → supp/5
Dichter le poète
die *Relativpronomen* que → 3/2; *Relativpronomen* qui → 3/3
Dienstag mardi *m.*
dies/es ceci/cela → 1/1
Ding le truc *fam.*
Dingsbums Machinchose; **Dingsda** Machinchose
Diskette la disquette
diskutieren discuter
Disziplin la discipline → 3/2
doch *als Antwort auf eine verneinte Frage* si
Dominospiel les dominos *m. pl.* → 1/2 Ex
Donnerstag jeudi *m.*
dort là; là-bas *adv.*
Dose la boîte → supp/2
draußen dehors *adv.*
Duft l'odeur *f.* → 6/3
dummes Zeug! n'importe quoi! → 5/3
Dummkopf l'imbécile *m./f.*
dunkelhaarig brun/e *adj.* → 4/A
durch par *prép.* → 6/3
Durchgang zwischen zwei Häusern in Lyon la traboule
durchqueren (etw.) traverser qc → 3/2
Durst la soif → 3/1; **Durst haben** avoir soif → 3/1
DVD le DVD

E

eben plat/e *adj.* → supp/1
egoistisch égoïste *m./f. adj.* → 4/3
eher plutôt *adv.* → 6/1
Ei l'œuf *m.* → 3/1
ein bisschen / ein wenig un peu (de); **ein paar** quelques *m./f. pl.* → 5/3
einer von beiden un des deux → 4/2
einfach facile *m./f. adj.*; simple *m./f. adj.*
einige quelques *m./f. pl.* → 5/3
Einkäufe les courses *f. pl.*
einkaufen faire les courses
Einkaufspassage le passage → 2/1
einladen (jdn) inviter qn → 2/3
einparken (etw.) garer qc → 1/3
einsammeln (etw.) ramasser qc → 6/2
einschalten (etw.) allumer qc
einsteigen monter → 2/2
Eintrittskarte la place; le billet → 5/3
einverstanden bon; d'accord
Einwohner/in l'habitant/e → supp/2
einzig seul/e *adj.* → rév/3
Elefant l'éléphant *m.*
Eltern les parents *m. pl.*
empfangen (jdn) recevoir qn → 6/2
Ende la fin
Englisch l'anglais *m.*
Enkel(kinder) les petits-enfants *m. pl.* → 6/1
entdecken découvrir → 6/2
entlang le long de → supp/4
Entschuldigung! Pardon!
Epoche l'époque *f.* → supp/3
Erde la terre → 4/A
Erdkunde la géographie
Erdöl le pétrole → 6/1
erfahren (von etw.) apprendre (qc) → 6/1
Erinnerung le souvenir → 6/3
erkennen / wieder erkennen (jdn/etw.) reconnaître qn/qc → supp/5
erklären (jdm etw.) expliquer qc à qn → 2/2
ermüdend fatigant/e *adj.* → supp/1
erraten (etw.) deviner qc
erzählen (jdm etw.) raconter qc (à qn)
Es geht (mir) gut. Ça va!; **es gibt** il y a; **Es ist kalt.** Il fait froid. → 1/1; **Es ist normal.** C'est normal. → 2/1; **es ist nötig (etw. zu tun)** il faut *(+ Verb)* → 1/1; **Es ist schönes Wetter.** Il fait beau. → 1/2; **Es ist Zeit!** C'est l'heure!; **es regnet** il pleut → 1/1; **Es tut mir leid.** (Je suis) désolé/e. *adj.* → 4/2
essen (etw.) manger qc
etwas quelque chose; **Das ist ja schon etwas.** C'est déjà ça. → 2/2
Euro l'euro *m.*
Europa l'Europe *f.* → supp/3

F

Fabel la fable
Fach la discipline → 3/2
fahren aller; rouler → 3/3
Fahrer/in le/la conducteur/-trice → 3/3
Fahrkarte le billet → 5/3
Fahrrad le vélo → 1/A
fallen tomber
Familie la famille
Farbe la couleur → 5/A
Färbemittel la teinture → 5/1
färben (etw.) colorer qc → 5/1
fast presque *adv.* → 1/1
faul pourri/e *adj. fam.* → 6/1
Februar février *m.*
Fehler la faute; le défaut
Felsen le rocher → 6/A
Fenster la fenêtre → 4/3
Ferien les vacances *f. pl.* → 1/A
Ferienlager la colo *fam. ou:* la colonie de vacances → supp/1
Fernseher la télé *fam. ou:* la télévision; **im Fernsehen** à la télé
Fernverkehrsstraße la route → 3/3
Fest la fête → 5/3 Ex
Festival le festival → 1/1
Feuerwehrmann le pompier → 6/2
Film le film
finden (etw.) trouver qc; **wieder finden (etw.)** retrouver qn/qc
Finger le doigt → rév/3
Fisch le poisson
fischen pêcher → supp/1
Fischer/in le/la pêcheur/-euse → 6/1
flach plat/e *adj.* → supp/1
Flasche la bouteille
Fleck la tache → 6/A
fliegen voler → 6/2
Flohmarkt le marché aux puces
Flöte la flûte → 1/2 Ex
Fluss le fleuve; ***Fluss (kleiner)*** la rivière → supp/1
Fortschritt le progrès → 2/3
Foto la photo; **Foto-Club** le club-photo
fotografieren (jdn/etw.) photographier qn/qc
Frage la question; **eine Frage stellen (jdm)** poser une question (à qn); **sich Fragen stellen** se poser des questions → 6/2
fragen (jdn etw.) demander (qc) à qn
Frankreich la France
Französisch le français
französische Schokoladencreme la mousse au chocolat → 3/1
französische Schweiz la Suisse romande → supp/2
Frau la femme
frei haben être libre

Freiheit la liberté → rév/1
Freitag vendredi *m.*
Freizeit les loisirs *m. pl.* → 5/3
Fremdenverkehrsamt l'office de tourisme *m.*
Freude le plaisir → 3/1
Freund/in l'ami/e; le copain / la copine
Freundschaft l'amitié *f.* → 2/3
Frieden la paix → supp/3
Fruchtsaft le jus de fruits
früher autrefois *adv.* → 6/3; **wie früher** comme avant → 6/2
Frühling le printemps → supp/1
Frühstück le petit-déjeuner
fühlen (etw.) sentir qc → 6/1
Füller le stylo
funktionieren marcher
für pour *prép.*; **für jdn/etw. sein** être pour qn/qc → 1/1
furchtbar affreux/-euse *adj.* → rév/2; **Das ist furchtbar!** C'est l'horreur!
Fuß le pied; **zu Fuß** à pied
Fußball le foot
Fußballspiel le match → 2/2

G

ganzer/-e/-s tout/toute *m./f.* → 6/1; **den ganzen Tag** toute la journée → 6/2; **die ganze Zeit** tout le temps
Garten le jardin
Gebäude l'immeuble *m.*
geben (jdm etw.) donner qc à qn → 1/2; **es gibt** il y a
Gebiet la région → 6/2
Gebirge la montagne → supp/2
Geburtstag l'anniversaire *m.*
Gedächtnis la mémoire
Gefahr le danger → 3/3; ***Gefahr laufen*** risquer qc; **in Gefahr sein** être en danger → 3/3
gefährlich dangereux/-euse *adj.* → 3/3
gefallen (jdm) plaire à qn → 5/1
gegen contre; **gegen etw. sein** être contre qc/qn → 1/1
gegen *zeitlich* vers *prép.* → 6/3
Gegenteil le contraire → 5/3 Ex
gegenüber von en face de
gehen aller; **gehen zu jdm/etw.** aller voir qn/qc → 3/2 ; **Es geht gut.** Ça va!; **Geht's dir gut?** Ça va?; **Wie geht es dir?** Comment vas-tu? → 2/1
gehören être à qn → 5/1
Geige le violon → 1/2 Ex
geladen sein (mit etw.) être chargé/e de qc → rév/1
gelb jaune *m./f. adj.* → 5/A
Geld l'argent *m.*; le fric *fam.* → 5/3
Geldbeutel le porte-monnaie
Geldschein le billet → 5/3
gelten lassen (jdn/etw.) accepter qn/qc → 4/2
Gemälde le tableau / les tableaux → supp/4, rév/1
Gemeinschaftskunde l'éducation civique *f.*
Gemüse les légumes *m. pl.*
genial génial/e *adj.*
genug assez de; **Jetzt ist es aber genug!** Mais enfin!
Geographie la géographie
geradeaus tout droit → 3/2
gerecht juste *m./f. adj.* → 1/1
Geruch l'odeur *f.* → 6/3
Geschäft le magasin
Geschenk le cadeau / les cadeaux
Geschichte l'histoire *f.*
Geschwindigkeit la vitesse → 3/3
Geschwister les frères et sœurs *m. pl.*
gesperrt sein être bloqué/e → 1/3
Geste le geste → 3/3
gestern hier *adv.* → 2/1
Getränk la boisson → 5/3
Gewalt la violence → 4/1
Gewehr le fusil → rév/1
gewinnen (etw.) gagner qc → 2/A
gewöhnlich d'habitude → supp/4
Gezeiten la marée → 6/A
Gitarre la guitare → 1 A
Glas le pot; le verre → 3/1
glauben (etw.) croire (qc) → rév/3
gleich pareil/le *adj.* → 6/1; **der/die/das gleiche** le/la même *m./f. adj.* → 4/A
Gleis la voie → 1/3
Glück la chance → 5/3
glücklich content/e *adj.*; heureux/-euse *adj.* → 2/2
glücklicherweise heureusement *adv.* → supp/5
Glücksbringer le porte-bonheur → 2/2
Gramm le gramme → 3/1
grau gris/e *adj.* → 5/A
Grenze la frontière → supp/3
Greyerzer le gruyère → supp/2
groß grand/e *adj.*
Großeltern les grands-parents *m. pl.*
Großmutter la grand-mère
Großvater le grand-père
grün vert/e *adj.* → 4/2; **grünes Band** le ruban vert → 4/2
Grundschullehrer/in l'instituteur/-trice → 6/3
Gruppe le groupe → 1/3
Grüß dich! Salut! *fam.*; ***Liebe Grüße!*** Grosses bises! → supp/5
Gurke le concombre
gut bien *adv.*; bon/ne *adj.*; **gut drauf sein** avoir le moral; **gut zusammenpassen** aller bien avec qc → 5/1; **Guten Abend!** Bonsoir!; **Guten Morgen! / Guten Tag!** Bonjour!
Gymnastik la gym *fam. ou:* la gymnastique

H

Haare les cheveux *m. pl.* → 5/1
haben (etw.) avoir qc
Hafen le port → 2/3
halb demi/e *adj.*
Hälfte la moitié
Hallo! Coucou!; Salut! *fam.*; **Hallo?** *am Telefon* Allô!
halten (etw.) tenir qc → 4/1
Hand la main → 2/3
Handball le handball
Handbewegung le geste → 3/3
handeln agir → 4/3
Händler/in le/la marchand/e
Handschuh le gant → 6/2
Handy le portable → 4/1
hart dur/e *adj.* → 1/2; durement *adv* → rév/1
hassen (jdn/etw.) détester qn/qc
hässlich moche *m./f. fam. adj.* → 5/2
häufig souvent *adv.*
Haus la maison; **zu Hause** à la maison
Hausaufgaben les devoirs *m. pl.*
Hausaufgabenheft le cahier de textes
Haushalt le ménage → 5/3
heiß chaud/e; **es ist heiß** il fait chaud
heißen s'appeler → 6/3; **ich heiße** je m'appelle; **das heißt** ça veut dire → 4/2
helfen (jdm) aider qn → 3/1
Helm le casque → 3/3
Hemd la chemise → 5/A
Herr Monsieur *Anrede*; **meine Herren** Messieurs *pl.*
hervorragend formidable *m./f. adj.* → 5/1

ANNEXE

Herz le cœur; ***sein Herz in beide Hände nehmen*** prendre son courage à deux mains → rév/3
heute aujourd'hui; **heute Abend** ce soir
hier ici *adv.*
Hilfe l'aide *f.* → 6/1; **(Zu) Hilfe!** Au secours! → 4/1
Himmel le ciel / les cieux → 6/A
hinaufsteigen monter
hinausgehen sortir
hinbringen (jdn/etw.) amener qn/qc → 6/2
hineingehen entrer
hineinlegen (etw.) mettre qc
hinstellen (etw.) poser qc
hinter derrière
Hintergrund l'arrière-plan *m.* → 3/2 Ex
hinterlassen (etw.) laisser qc → 2/3
hinuntergehen descendre → 1/3
hinzufügen (etw.) ajouter qc → rév/1
Hip-Hop le hip-hop → 1/A
Hof la cour
hoffen espérer → 2/3
Honig le miel
hören (jdn/etw.) entendre qn/qc; **hören auf (jdn/etw.)** écouter qn/qc
Horizont l'horizon *m.* → 6/A
Horoskop l'horoscope *m.* → 5/3
Hose le pantalon → 5/A
hübsch joli/e *adj.* → 4/3
Hügel la colline
Hühnchen le poulet
Hund/Hündin le/la chien/ne; **wie Hund und Katze** comme chien et chat
Hunger la faim

I
ich bin geboren je suis né/e → 1/A; **Ich bin's.** C'est moi.
Idee l'idée *f.*
im Trend tendance *adj.* → 5/2
immer toujours; **immer wenn** quand
in *räumlich* à; dans; en; **in** *zeitlich* dans → 1/3; ***in den Krieg ziehen*** partir en guerre → supp/3; **in den Urlaub fahren** partir; **in der Nähe von** près de; **in Form sein** être en forme → 2/1; **in Gefahr sein** être en danger → 3/3; **ins Leben rufen (etw.)** lancer qc → 4/2
Inlineskates les rollers *m. pl.*
Insel l'île *f.* → 2/3
Instrument l'instrument *m.* → 1/2
Intellektuelle/r l'intello *fam. ou:* l'intellectuel/le
intelligent intelligent/e *adj.*
interessant intéressant/e *adj.*
interessieren (jdn) intéresser qn
international international/e *adj.* → supp/2
Interview l'interview *f.*
irgendeine Marke Untel ou Machin → 5/2
irgendetwas n'importe quoi! → 5/3
Ist etwas nicht in Ordnung? Ça ne va pas?

J
ja oui; **Ja, bitte?** *am Telefon* Allô!
Jacke la veste → 5/A
Jäger/in le/la chasseur/-euse → rév/1
Jahr l'an *m.*
Jahrhundert le siècle → supp/3;
Januar janvier *m.*
Jeans le jean → 5/A
jede/r *chaque* → 6/1 Ex; tous/toutes *m. pl.* / *f. pl.* → 6/1;
jedenfalls enfin → 1/1
jedermann tout le monde → 4/2
jemand quelqu'un → 2/A
jetzt maintenant *adv.*
jonglieren jongler → 3/2
Journalist/in le/la journaliste → 6/1
Judo le judo → 4/3
Jugendliche/r l'ado *m./f. fam. ou:* l'adolescent/e → 5/3; le/la jeune → 1/3
Juli juillet *m.*
jung jeune *m./f. adj.* → 1/3
Junge le garçon; le type *fam.*
Juni juin *m.*

K
Kaffee le café
Kajak le kayak → 3/A
kalt froid/e *adj.*; **es ist kalt** il fait froid → 1/1
kaltblütig froidement *adv.* → rév/3
Kamerad/in le/la camarade → 4/2
Kantine la cantine
kaputtmachen casser → 4/1
kariert(es Hemd) (la chemise) à carreaux → 5/A
karolingisch carolingien/ne *adj.* → supp/3
Karte la carte → 1/2
Kartoffel la pomme de terre
Karton le carton
Käse le fromage → supp/2
Kassette la cassette
Kasten la boîte → supp/2
Katastrophe la catastrophe
Kater/Katze le/la chat/te
Kathedrale la cathédrale → 2/1
kaufen (etw.) acheter qc
kein ne ... pas de; **kein ... mehr** ne ... plus de; **keine Zeit haben** ne pas avoir le temps
kennen (jdn/etw.) connaître qn/qc → 3/2;**kennen lernen (jdn)** faire la connaissance de qn → 3/2
Kerl le type
Kilo le kilo
Kind l'enfant *m./f.*; **kleines Kind** le bébé
Kinderfrau la nourrice → rév/2
Kindheit l'enfance *f.* → 6/3
Kino le cinéma *ou:* le ciné *fam.*
Kirche l'église *f.* → supp/3
Klamotten les fringues *f. pl. fam.* → 5/2
Klarinette la clarinette
Klasse la classe
Klassenarbeit l'interro *fam. ou:* l'interrogation *f.*
Klassenkamerad/in le/la camarade → 4/2
Klassenraum la salle de classe
Klavier le piano → 1/2
kleben (etw.) coller qc
Klebstoff la colle
Kleid la robe → 5/A
Kleidung les vêtements *m. pl.* → 5/A
klein petit/e *adj.*; **Kleine/r** le/la petit/e → 4/1
klingeln sonner; **Es klingelt.** On sonne. → 2/2
Knete/Kohle *umg. Geld* le fric *fam.* → 5/3
Koch/Köchin le/la cuisinier/-ière
kochen faire la cuisine → rév/2
Kochrezept la recette → 3/1
Koffer la valise → 2/2
kommen arriver, venir
König/in le roi / la reine → supp/2
können (etw.) pouvoir qc + *inf.*; **man könnte** on pourrait → 1/1
Kontakt le contact → 2/3
Konzert le concert → 2/3
Kopf la tête
kosten coûter
kosten (etw.) goûter qc → supp/2

köstlich délicieux/-euse *m./f. adj.* → supp/2
kramen (in etw.) fouiller dans qc → 5/1
krank malade *m./f. adj.* → 2/3
Krankenhaus l'hôpital *m.*
Kreuzung le carrefour → 3/2
Krieg la guerre → supp/3; ***Krieg führen*** faire la guerre → supp/3; ***in den Krieg ziehen*** partir en guerre → supp/3
kritisieren (jdn/etw.) critiquer qn/qc → 4/3
Küche la cuisine
Kuchen le gâteau / les gâteaux
Kuckuck! Coucou!
Kugelschreiber le stylo
Kuh la vache → supp/2
Künstler/in l'artiste *m./f.* → 5/1
Kunststoff le plastique → 6/2
Kürbis la citrouille → 4/3 Ex
kurz court/e *adj.* → 5/2
Kuss la bise; **Küsschen** la bise, le bisou *fam.* → 1/2
Küste la côte → 6/A
Kuttelwurst l'andouillette *f.*

L

lachen rigoler *fam.* → 5/2; rire → 6/3
lächerlich ridicule *m./f. adj.* → 3/2
Lager le camp → 4/3
Lampe la lampe
Land la campagne; le pays → 6/2
Landstraße la route → 3/3
lang long/longue *adj.* → 5/2; longuement *adv.* → rév/3; **lange** longtemps *adv.* → 4/3
lassen (etw.) laisser qc → 2/3: **Ach, lass doch!** Laisse tomber!
laufen marcher → 2/1
laut bruyant/e *adj.* → supp/4, supp/5
leben exister → supp/3
Leben la vie; **ins Leben rufen (etw.)** lancer qc → 4/2
legen (etw.) mettre qc
Legende la légende
Lehrer/in le/la moniteur/-trice → supp/5; le/la prof *fam. ou:* le professeur
Leichtathletik l'athlétisme *m.* → 3/A
leider malheureusement *adv.* → supp/5
Leinwand l'écran → 6/1
Lektion la leçon
lernen travailler; **lernen (etw.)** apprendre qc
lesen (etw.) lire qc → 1/2
letzte/r/s dernier/-ière *adj.* → 5/2
Leute les gens *m. pl.*
liebe/r cher/chère *m/f.;* ***Liebe Grüße!*** Grosses bises! → supp/5
lieben (jdn/etw.) aimer qn/qc; **sehr lieben (jdn/etw.)** adorer qn/qc
lieber plutôt *adv.* → 6/1; **lieber Gott** le Bon Dieu; **lieber mögen (etw.)** préférer qc
Lieblings- préféré/e *adj.* → 5/2;
Lieblingsfarbe la couleur préférée → 5/2
Lied la chanson
links à gauche
Liter le litre → supp/2
Löffel la cuillère / la cuiller → 3/2
Los! Allez hop!
loslassen (jdn/etw.) lâcher qn/qc → 4/1
Lösung la solution
Luft l'air *m.* → 6/3
lustig drôle *adj.;* marrant/e *adj.*

M

machen (etw.) faire qc; **aus dem Stegreif machen (etw.)** improviser qc → supp/4
Mädchen la fille
Mai mai *m.*
Mal la fois → 3/2; **zum ersten Mal** pour la première fois → 3/2
Mama maman *f.*
manchmal parfois *adv.* → 5/3; quelquefois *adv.* → 6/3
Mangel le défaut
Mango la mangue → 3/1
Mann l'homme *m.;* le type *fam.*
Mannequin le mannequin → 5/3
Mannschaft l'équipe *f.* → 2/2
Mappe le dossier
Marke la marque → 5/2
Markt le marché
Markthändler/in le/la marchand/e
März mars *m.*
Mathe les maths *f. pl.*
Maus la souris
Meer la mer → 1/1
Meerschweinchen le cochon d'Inde
Mehl la farine
Meinung l'avis *m.* → 3/3; **deiner Meinung nach** à ton avis → 3/3; **seine Meinung sagen** donner son avis
Meister/in le/la champion/ne → 1/A
Menge la quantité → 6/1; ***eine ganze Menge von etw.*** pas mal de qc → supp/1; **eine Menge von** un tas de; **welche Menge von etw.** combien de qc → 3/1
Mensch – Natur – Umwelt *Unterrichtsfach* les SVT *f. pl.*
Menschen les hommes *m. pl.* → rév/1
Merkbuch l'agenda *m.*
Messe la messe → rév/1
Messer le couteau / les couteaux → rév/1
Milch le lait → 3/1
minus moins *adv.*
Minute la minute
mit avec *prép.*
mitbringen (etw.) apporter qc → 4/3
Mittag midi *m.*
Mittelalter le Moyen-Âge → 3/1
Mitternacht minuit *m.*
Mittwoch mercredi *m.*
Mode la mode → 5/1
Model le mannequin → 5/3
modisch à la mode → 5/2; **modisch sein** être tendance → 5/2
Mofa la mobylette → 3/3
mögen (etw./jdn) aimer qc/qn; **du möchtest** tu voudrais → 3/2
möglich possible *m./f. adj.* → 2/3
Möhre la carotte
Moment le moment
Monat le mois → 5/3
Monopoly-Spiel le monopoly → supp/4
Monster le monstre
Montag lundi *m.*
morgen demain *adv.*; **Morgen** le matin; **Bis morgen!** À demain; **Guten Morgen!** Bonjour!
Mountainbike le VTT → 3/A
müde fatigué/e *adj.* → 2/1
müssen devoir → 2/3; **wir müssen** il faut *(+ verbe)* → 1/1
Muschel le coquillage → 6/A
Museum le musée
Musik la musique
Musikschule le conservatoire
Muskel le muscle
müssen devoir → 2/3; falloir → 1/1
Mut le courage → supp/1; **guten Mutes sein** avoir le moral
mutig courageux/-euse *adj.* → 4/1
Mutter la mère
Mutti maman *f.*

N
Na und? Et alors?
nach *zeitlich* après *prép.;* **nach Hause gehen** rentrer
Nachbar/in le/la voisin/e
Nachmittag, nachmittags l'après-midi *m./f.*
Nachricht le message; **Nachrichten** les actualités *f. pl.* → 6/1
Nacht la nuit → 6/3; **nachts** la nuit → 6/3
nahe bei près de *prép.*
Name le nom → 1/A
natürlich bien sûr *adv.*
nebenan à côté → supp/4
nehmen (etw.) prendre qc
nein non
nett gentil/le *adj.* → 3/1; sympa *fam. ou:* sympathique *m./f. adj.* → 6/2
Netz le filet → 3/2
neu nouveau/nouvel *m.* / nouvelle *f.* / nouveaux *m. pl.* / nouvelles *f. pl. adj.* → 5/1
nicht ne ... pas; **nicht mehr** ne ... plus ...; **nicht schlecht** pas mal; **nicht wahr?** hein?
nichts ne ... rien → 4/2; **nichts mehr** plus rien → 5/1
nie ne ... jamais → 4/2
niedergeschlagen déprimé/e *adj.* → 2/2
niedlich joli/e *adj.* → 4/3; mignon/ne *adj.* → 4/1
niemals ne ... jamais → 4/2
niemand ne ... personne → 4/2
noch encore *adv.;* **noch einmal einsteigen** *in ein Verkehrsmittel* remonter → 2/2; **noch einmal fragen (nach etw.)** redemander qc → 3/2; **noch einmal hinuntergehen** redescendre → 2/2
noch mehr encore plus → 5/2
noch nicht ne pas ... encore → 6/1
normal normal/e *adj.* → 2/1
Note la note → 5/3
notieren (etw.) noter qc
November novembre *m.*
Nummer le numéro; **eine Nummer wählen** faire un numéro → 2/2
nur seulement *adv.* → supp/3
nützen (etw.) servir à qc → 4/3
nützlich utile *m./f. adj.* → 4/3

O
O je! Oh, là, là!
ob si → 1/2
Obst les fruits *m. pl.*
oder ou
offiziell officiel/le *adj.* → supp/3
öffnen (etw.) ouvrir qc → 4/2
oft souvent *adv.*
ohne sans *prép.* → 3/1
Ohr l'oreille *f.* → 4/3
Oktober octobre *m.*
Ölpest la marée noire → 6/A
Oma, Omi (la) mamie → supp/2, supp/4; mémé *f.*
Opa, Opi (le) papi → 6/3; pépé *m.*
Operation l'opération *f.* → 4/2
Opfer la victime → 4/3
Orange l'orange *f.*
ordentlich comme il faut → 1/1
Organisation l'organisation *f.* → 6/1
Ort l'endroit *m.* → 3/2
Overall la combinaison → 6/2

P
Papier le papier → 2/2
Paprikaschote le poivron
Paradies le paradis → rév/1
Pariser parisien/ne *adj.* → 3/A
Park le parc
Party la fête → 5/3 Ex
Pater le père → rév/1
Pause la récréation
perfekt parfait/e *adj.* → supp/5
Person la personne → 3/3
Personalausweis la carte d'identité → 2/2
Pfannkuchen la crêpe → 6/3
Pferd le cheval / les chevaux *pl.* → supp/3
Pfirsich la pêche
phantastisch fantastique *m./f. adj.* → 2/3
Pilot/in l'aviateur/-trice *m./f.*
Plakat l'affiche *f.*
Plan le plan
Plastik le plastique → 6/2; **aus Plastik** en plastique → 6/2
Platz la place
Polizei la police → 4/1 Ex
Polizeidienststelle le commissariat → 2/2
Polizist le policier
Pommes frites les frites *f. pl.*
Post(amt) la poste
praktisch pratique *m./f. adj.* → 5/2
praktizieren (etw.) pratiquer qc → 1/2
Preis le prix
Problem le problème
Programm le programme → 1/1
Provinz la province → supp/4
Prospekt le prospectus → 6/A Ex
protestieren protester → 6/2
Pulli le pull *ou:* le pull-over → 5/A
pünktlich kommen/sein être à l'heure → 4/2
putzen faire le ménage → 5/3

Q
Qualität la qualité → 5/2
Quantität la quantité → 6/1

R
Radio la radio → 3/1; **im Radio senden/spielen (etw.)** passer qc (à la radio) → 3/1
Rallye le rallye → 1/1
raten (etw.) deviner qc
Rathaus la mairie → 6/3
reagieren (auf etw.) réagir à qc → 4/3
Reaktion la réaction → 4/3
realistisch réaliste *m./f. adj.* → 1/A
Recht haben avoir raison → 4/2
rechts à droite
reden (von etw./jdm) parler de qc/qn
Referat l'exposé *m.* → 3/1
Regal l'étagère *f.*
Regenmantel l'imper *fam. ou:* l'imperméable *m.* → 5/2
Region la région → 6/2
regnen pleuvoir → 1/1; **es regnet** il pleut → 1/1
Reh le chevreuil → rév/1
reich riche *m./f. adj.* → 5/3
Reiche/r le/la riche → supp/3
reinigen (etw.) nettoyer qc → 6/2
Reise le voyage → 1/A
reiten monter à cheval → supp/3
Restaurant le restaurant
retten (jdn/etw.) sauver qn/qc → 6/2
Revolte la révolte → rév/1
Revolution la révolution → rév/1
richtig juste *m./f. adj.*
riechen (etw.) sentir qc → 6/3
Rock la jupe → 5/A
rollen rouler → 3/3
Roman le roman → 2/A
rosa rose *m./f. adj.* → 5/A
rot rouge *m./f. adj.* → 5/A
Rücken le dos → 3/2
Runde le tour

S

Sache la chose → 2/1; le truc *fam.;* **Sachen** les affaires *f. pl.* → 4/2
sagen (jdm etw.) dire qc à qn
Sahne la crème
Samstag samedi *m.*
Sand le sable → 6/A
Sänger/in le/la chanteur/-euse → 1 A
säubern (etw.) nettoyer qc → 6/2
Saxophon le saxophone → 1/2 Ex
schade dommage → 3/2
schälen (etw.) peler qc → 3/1
Schaufenster la vitrine
schenken (jdm etw.) offrir qc à qn → 4/2
schick chic *m./f. adj.* → 5/2
schicken (etw.) envoyer qc → supp/1
Schicksal le sort → rév/3
Schildkröte la tortue
Schirmmütze la casquette → 5/A
schlafen dormir → 1/2
Schlafzimmer la chambre
schlagen (jdn/etw.) frapper qn/qc → 4/2
Schlagzeug la batterie → 1/2 Ex
schlecht mal *adv.* → 1/2; nul/le *adj.*
schließen (etw.) fermer qc
schließlich enfin *adv.*
schlimm grave *m./f. adj.* → 4/1
Schloss le château / les châteaux → 2/A
Schmerzen haben avoir mal → 4/1
schmutzig sale *m./f. adj.* → 6/2
Schnee la neige → rév/1
schnell vite *adv.*
Schokocroissant le pain au chocolat
Schokoladentrüffel (Pralinen) les truffes au chocolat *f. pl.*
schon déjà *adv.;* **schon wieder!** encore *adv.*
schön beau/bel *m.* / beaux *m. pl.* / belle *f.* / belles *f. pl. adj.* → 5/1; **Es ist schönes Wetter.** Il fait beau. → 1/2; **Es war schönes Wetter.** Il a fait beau. → 2/3
Schrank l'armoire *f.*
schreiben écrire → 1/1; **unsauber schreiben** écrire comme un chat → 1/1
schreien crier → 4/1
schriftlich par écrit → supp/3
Schriftsteller l'écrivain *m.*
schrottreif pourri/e *adj. fam.* → 6/1
schubsen (jdn) bousculer qn
Schuh la chaussure → 5/A; ***Schuhe*** les godasses *f. pl. fam.* → 5/3 Ex
Schulbibliothek le CDI
Schuld la faute
Schulden les dettes *f. pl.*
Schule l'école *f.*
Schüler/in l'élève *m./f.*
Schulleiter/in le/la principal/e → 4/2
Schuluniform l'uniforme *m.* → 5/2
Schutz la protection → 3/3
Schwäche für jdn/etw. un faible pour qn/qc → supp/4
schwarz noir/e *adj.* → 5/A
Schweizer suisse *m./f. adj.* → supp/1
Schwester la sœur
schwierig difficile *m./f. adj.* → rév/1
schwierig dur/e *adj.* → 1/2
Schwimmbad la piscine
schwimmen nager → 1/A; ***Schwimmen*** la natation → 3/A Ex
Sechste (Klasse) la sixième
See le lac → supp/1
Segel/n la voile → 3/A
Segelboot le voilier → rév/1
sehen (jdn/etw.) voir qn/qc → 2/1; **noch einmal / wieder sehen (jmd)** revoir qn → 2/3
sehr très *adv.;* **sehr glücklich sein** être heureux/-euse comme tout → 2/2; **zu sehr** trop *adv.*
Seide la soie
sein être
seit depuis *prép.* → 3/2
Seite la page
Sekretär/in le/la secrétaire
Sekretariat le secrétariat
selbe (der/die/das) (le/la) même *m./f. adj.* → 4/A
selbst même *adv.*
selbstverständlich bien sûr *adv.*
Sendung l'émission *f.* → 3/1
September septembre *m.*
setzen (etw.) mettre qc
sich anstrengen faire un effort
sich ausmalen (etw.) s'imaginer qc → rév/2
sich bewegen bouger → 2/3
sich interessieren für (jdn/etw.) s'intéresser à qn/qc → 6/2
sich kümmern um (jdn/etw.) s'occuper de qn/qc → 6/2
sich lustig machen rigoler *fam.* → 5/2
sich nähern (jdm/etw.) s'approcher de qn/qc → rév/1
sich schützen se protéger → 6/2
sich trauen (etw.) oser qc → 4/2
sich verabreden (mit jdm) donner un rendez-vous à qn → 3/2
sich verspäten être en retard
sich verständigen se comprendre → 6/2
(sich) verstecken (se) cacher → 6/3
sicher sûr/e *adj.* → 1/2; ***sicherlich*** sûrement *adv.* → supp/5
Siebte (Klasse) la cinquième
singen (etw.) chanter qc
Skateboard le skate
Ski le ski → 3/A
Sklave/Sklavin l'esclave *m./f.* → rév/1
Sklaverei l'esclavage *m.* → rév/1
Skorpion le scorpion → 1/A
so si → 4/1
sofort tout de suite → 2/2
sogar même *adv.*
Sohn le fils
solidarisch solidaire *m./f. adj.* → 4/A
Sommer l'été *m.* → supp/1, supp/4
Sonne le soleil → 1/A
Sonnenbrille les lunettes de soleil → 5/A
Sonntag dimanche *m.*
sonst sinon *adv.* → 3/2
Souvenir le souvenir → 2/1
Sparen l'épargne *f.* → 5/3 Ex
sparsam économe *m./f. adj.* → 5/3
spaßig marrant/e *adj.*
spät tard *adv.;* **Wie spät ist es?** Il est quelle heure?; **zu spät kommen** être en retard
spazieren gehen se promener → 6/3
Spaziergang la balade → supp/4, supp/5; la promenade
Speisesaal la cantine
Spezialität la spécialité → supp/2
Spiel le match → 2/2
spielen jouer; **spielen (ein Instrument)** jouer de qc → 1/2; **spielen (ein Spiel)** jouer à qc → 1/2
Sport le sport; **Sport treiben** faire du sport → 3/A
Sprache la langue → 1/A; **die Sprache verschlagen (jdm)** perdre sa langue → 2/1
sprechen parler; **sprechen (mit jdm)** parler à qn; **sprechen (über etw./jdn)** parler de qc/qn
Spur la trace → rév/2
Stadion le stade → 3/A

ANNEXE

Stadt la ville
Stangenweißbrot la baguette
stark fort/e *adj.*; **eine starke Persönlichkeit haben** avoir du caractère → 3/1
stehlen (etw.) voler qc → 4/1
Stein le caillou
stellen (etw.) mettre qc, poser qc; **eine Frage stellen** poser une question
Stimmt's? C'est ça?
stören (jdn) déranger qn → 2/2
Strand la plage → 6/A
Strandkorb la cabine de bain → 6/A
Straße la rue
Straßenbahn le tram *fam. ou:* le tramway → 2/1
Streber/in l'intello *fam. ou:* l'intellectuel/l'intellectuelle *m./f. fam.*
streng sévère *m./f. adj.* → 2/3
Strumpfhose le collant → 5/2
Stück la pièce; le morceau / les morceaux → supp/2
Stuhl la chaise
Stunde l'heure *f.*
Stundenkilometer le km/h → 3/3
stundenlang pendant des heures → 3/2
Stundenplan l'emploi du temps *m.*
Sturm la tempête → 6/3
suchen (etw.) chercher qc
Süden le sud → 6/1
super génial/e *adj.*; super *adj.*
Supermarkt le supermarché
Suppe la soupe → 6/2
Surfbrett la planche → supp/5
Surfen le surf → 3/A
Surflehrer/in le/la moniteur/-trice → supp/5
süß mignon/ne *adj.* → 4/1
Sweatshirt le sweat → 5/1
Symbol le signe → 4/3
Sympathie la sympathie → 6/2
sympathisch sympa *fam. ou:* sympathique *m./f. adj.* → 6/2

T
Tablett le plateau / les plateaux → rév/3
Tafel le tableau / les tableaux → 1/1; **Tafel (Schokolade)** la tablette
Tag le jour; la journée → 6/2; **den ganzen Tag** toute la journée → 6/2; **eines Tages** un jour
Tagebuch le journal / les journaux → 5/3
Tantchen tatie *f.*
Tante la tante
Tanz(en) la danse
tanzen danser → 3/2 Ex
Tasche le sac; **Tasche** *an der Kleidung* la poche → 5/3
Taschengeld l'argent de poche *m.* → 5/3
Taschenkalender l'agenda *m.*
taub sourd/e *adj.* → supp/5
tauschen (etw. gegen etw.) échanger qc (contre qc) → 5/1
Tausend le millier → 6/2
Tausende von des milliers de → 6/2
Team l'équipe *f.* → 2/2
Teddybär l'ours en peluche *m.*
Teil la partie → supp/3
Teilnehmer/in le/la participant/e → supp/5
Telefon le téléphone
telefonieren téléphoner
Telefonzelle la cabine (téléphonique) → 2/1
Teller l'assiette *f.*
Tennis le tennis → 1/2 Ex
Terrasse la terrasse
Test le test → 3/1
teuer cher/chère *adj.*
Text le texte → supp/3; ***Text eines Liedes*** les paroles *f. pl.* → 4/A
Textinterpretation l'explication de texte *f.*
Theater le théâtre
Tier l'animal *m.* / les animaux *pl.*
Tisch la table; **den Tisch decken** mettre le couvert → 3/2
Tischtennis le tennis de table → 1/2
Tochter la fille
Tod la mort → 6/1
toll formidable *m./f. adj.* → 5/1; génial/e *adj.*; ***Das ist toll!*** C'est le pied → supp/4
Tomate la tomate
Tonne la tonne
Topf le pot
tot mort/e *adj.* → 6/2
toter Winkel l'angle mort *m.* → 3/3
Tour le tour; la balade → supp/4, supp/5
Tourist/in le/la touriste → 6/3
tragen (etw.) porter qc → 3/3
Trapez le trapèze → 3/2
träumen rêver
traurig triste *m./f. adj.*
Treffen le rendez-vous → 3/2
treffen (jdn) retrouver qn/qc; **noch einmal / wieder treffen (jdn)** retrouver qn → 1/3
Treppe l'escalier *m.* → supp/4
trinken (etw.) boire qc → rév/2
Trompete la trompette
Tschüss! Salut! *fam.*
T-Shirt le tee-shirt → 5/A
Tube le tube
tun (etw.) faire qc; **tun (jdm etw.)** faire qc à qn → 4/1; **tun können (etw.)** pouvoir qc / + *inf.*; **tun wollen (etw.)** vouloir qc / + *inf.*
Tür la porte
Turnhalle le gymnase
Turnschuhe les baskets *f. pl.* → 5/A
Typ le type

U
überall partout *adv.* → 2/2
überglücklich sein être heureux/-euse comme tout → 2/2
überholen (jdn) doubler qn → 3/3
überlegen réfléchir → 4/3
überqueren (etw.) traverser qc → 3/2
übertreiben (etw.) exagérer qc → 4/2
übrigens au fait → 6/3; d'ailleurs *adv.* → rév/1
Übung l'exercice *m.*
Ufer le quai
Uhr l'horloge *f.*; *zur Angabe der Uhrzeit* l'heure *f.*; **Um wie viel Uhr?** À quelle heure?
um ein Nichts pour un oui ou pour un non; ***um Gnade bitten für jdn*** demander la grâce de qn → rév/3
um ... zu + *Inf.* pour + *inf.* → 1/1
umherfahren circuler → 6/1
unaufgeräumt sein être en désordre → 5/1
und et
Unglück le malheur → rév/2
unglücklich malheureux/-euse *adj.* → 4/1
Uniform l'uniforme *m.* → 5/2
unnütz inutile *m./f. adj.* → 4/3
Unordnung le désordre → 5/1
unter sous *prép.*
Unterrichtsfach la matière → 5/3 Ex
Unterrichtsstunde le cours
unterwegs sein bouger → 2/3

V
Vater le père
verabredet sein (mit jdm) avoir rendez-vous avec qn → 3/2
Verabredung le rendez-vous → 3/2
verändern (etw.) changer (de) qc → 6/3
verärgert sein être fâché/e → 5/1
verboten interdit/e *adj.* → 3/3

verbringen (etw.) *hier zeitlich* passer qc → 2/3
verdienen (Geld) gagner → 2/A
verdorben pourri/e *adj. fam.* → 6/1
vergehen passer
vergessen (etw.) oublier qc → 2/A; **Das kannst du vergessen!** C'est pas le pied. → 2/3; **Vergiss es!** Laisse tomber!
Vergnügen le plaisir → 3/1
Verkäufer/in le/la vendeur/-euse
Verkehrsstau l'embouteillage *m.* → 1/3
verletzt sein être blessé/e → 4/1
verlieren (jdn/etw.) perdre qn/qc → 2/1; **den Verstand verlieren** perdre la tête → 5/1
verraten (jdn) dénoncer qn → 4/2
Verschmutzung la pollution → 6/1
Verspätung le retard
verstehen (etw.) comprendre qc
verstopft sein être bloqué/e → 1/3
versuchen (etw.) essayer qc → 5/3
verteilen (etw.) distribuer qc → 5/3
verzichten (auf etw.) renoncer à qc → 5/3
Verzweiflung le désespoir → 6/1 Ex
Videokassette la cassette vidéo
viel beaucoup de; **Viele Grüße!** *in einem Brief* amicalement *adv.* → supp/5; **vieles** beaucoup de choses → 2/1
vielleicht peut-être *adv.* → 4/3
Viertel le quart; le quartier
Viertelstunde le quart d'heure
Vogel l'oiseau *m.* / les oiseaux → 6/1
von de; **von ... bis** *zeitlich* de ... à → 1/2
vor *räumlich* devant *prép.; zeitlich* avant *prép.*
vorbereiten (etw.) préparer qc
Vorbild sein für jdn donner l'exemple à qn → 4/3
Vordergrund le premier-plan → 3/2 Ex
vorgehen (vor etw./jdm) passer avant qc → 3/1
vorhanden sein exister → supp/3
voriger/-e/-s dernier/-ière *adj.* → 5/2
vornehm chic *m./f. adj.* → 5/2
Vorrang haben (vor etw./jdm) passer avant qc → 3/1
vorschlagen (jdm etw.) proposer qc à qn → 1/1
vorsichtig prudent/e *adj.* → 5/3;
Vorstellung le spectacle
Vortrag l'exposé *m.* → 3/1

W

Wagen la voiture → 1/3
während pendant *adv.*
Wahrheit la vérité
Wald la forêt → supp/1
wann quand
warm chaud/e *adj.*
warten auf (jdn/etw.) attendre qn/qc
warum pourquoi
was quoi → 5/3; **Was bedeutet das?** Qu'est-ce que ça veut dire?
waschen (etw.) laver qc → 5/3
Wasser l'eau *f.*
Webseite le site → 6/2
Wecker le réveil
Weg le chemin → 3/2
wegen pour; à cause de → 4/1
weggehen/-fahren partir
wehtun avoir mal → 4/1; **wehtun (jdm)** faire mal à qn → 4/1
weil parce que; car → 4/3
weinen pleurer
weiß blanc/blanche *adj.* → 5/A
weit loin *adv.;* large *m./f. adj.* → 3/3
weitergehen/-machen continuer
welcher/-e/-s quel/le → 3/1
Welle la vague → 6/A
Wellenreiten le surf → 3/A
Wellensittich la perruche
Welt le monde → 4/2
weniger moins *adv.* **weniger als** moins que → 5/2 **am wenigsten** le moins → 5/3; **Wenigstens etwas.** C'est déjà ça. → 2/2
wenn *zeitlich* quand; si → supp/5
Werbung la pub *fam. ou:* la publicité → 5/2
werden devenir → 6/2; **wieder jd/etw. werden** redevenir qn/qc → 6/2;
werfen (etw.) jeter qc → 5/3
westlich occidental/e *adj.* → supp/3
wichtig important/e *adj.* → 5/2
wie comme; **wie** comment; **wie es sich gehört** comme il faut → 1/1; **wie früher** comme avant → 6/2; **Wie geht es dir?** Comment vas-tu? → 2/1; **Wie geht's?** Ça va?; **Wie heißt du?** Tu t'appelles comment?; **wie Hund und Katze** comme chien et chat
wie viel combien
wiegen peser
Wilde/r le/la sauvage → rév/1
Wind le vent → 6/1
Winter l'hiver *m.* → 6/3
wissen (etw.) savoir qc → 3/2
Wissenschaftler/in le/la savant/e
wo où
Woche la semaine
Wochenende le week-end → 2/3
wohin où
wohnen habiter
Wohnung l'appartement *m.*
Wohnzimmer la salle de séjour
wollen (etw.) vouloir qc + *inf.*
Wort le mot → 4/3
Wörterbuch le dictionnaire → 1/2
wovon de quoi → 6/1
wozu pour quoi faire? → 1/1
wühlen (in etw.) fouiller dans qc → 5/1
wundervoll magnifique *m./f. adj.* → 6/A
wütend furieux/-euse *adj.* → rév/3; ***wütend werden*** se mettre en colère → rév/3

Z

zahlreich nombreux/-euse *adj.* → 4/3
Zahn la dent → 4/1
Zeichen le signe → 4/3
Zeichnen/Zeichnung le dessin
zeigen (jdm etw.) montrer qc à qn; **Zeig her!** Fais voir! → 4/1
Zeit le temps; **Zeit haben** avoir le temps → 3/1; ***Zeit, in der die Schüler ihre Hausaufgaben unter Aufsicht anfertigen*** les études dirigées *f. pl.; **die ganze Zeit*** tout le temps → supp/5; **Es ist Zeit!** C'est l'heure.; **zur Zeit** en ce moment
Zeitalter l'époque *f.* → supp/3
Zeitschrift le magazine
Zeitung le journal / les journaux *pl.* → 5/3
Zelle la cabine (téléphonique) → 2/1
Zelten le camping → supp/1; ***zelten*** faire du camping → supp/1
Zeltplatz le camping → supp/1
Zentrum le centre → 2/1
Zettel le papier → 2/2
Zeugnis le bulletin
ziemlich assez
Zimmer la chambre
zirkulieren circuler → 6/1
Zirkus le cirque
Zitrone le citron → 3/1

zögern hésiter → 4/1
zu trop *adv.; zu* **(einer Person)** chez; **zu Abend essen** être à table → 2/2; **zu früh kommen** être en avance; **zu Fuß** à pied; **zu Hause** à la maison; **zu spät kommen** être en retard; **zu viel / zu sehr** trop *adv.*
zubereiten (etw.) préparer qc
Zucker le sucre → 3/1
zuerst d'abord *adv.*
zufrieden content/e *adj.*
Zug le train → 1/3
zuhören (jdm) écouter qn/qc
Zuhörer/in l'auditeur/-trice → 6/3
zum ersten Mal pour la première fois → 3/2
zumindest au moins *adv.* → rév/1
Zunge la langue → 1/A
zurückgehen/-kehren retourner → 2/2
zurückkommen revenir → 2/3
zusammen ensemble
zusammenhalten être solidaire → 4/A
zusammenpassen aller ensemble → 5/2
zweisprachig bilingue *m./f. adj.* → supp/2
Zwiebel l'oignon *m.*
zwischen entre *prép.;* **zwischen ... und** de ... à ...
zwölf Uhr (12.00 Uhr) midi *m.*

Hier kannst du überprüfen, ob du die englischen Vokabeln richtig in dein dreisprachiges Vokabelheft eingetragen hast:

Unité 1: name; address; language; realist; sign; scorpion; champion; guitar; exchange; program; just; excursion; to propose; effort; rallye; Atlantic Ocean; festival; cool; letter; character; dictionary; to practice; instrument; accordion; piano; table tennis; card; article; sure; tennis; dominoes *pl.;* basketball; saxophone; violin; flute; group; train; blond
Unité 2: date; tram; cathedral; centre; souvenir; to return; identity card; dessert; paper; match; possible; severe; contact; weekend; concert; island; fantastic; to invite; progress; expression
Unité 3: ski; athletics *pl.;* acrobatics *pl.;* pleasure; sugar; gram; radio; test; character; discipline; to turn; trapeze; attention; ridiculous; road; large; kilometre; danger; protection; person; dangerous
Unité 4: violence; to hesitate; courageous; pharmacy; police; to accept; to exaggerate; to offer; principal; operation; to react; reaction; to serve; egoistic(al); aggressor; to act; to respect; sign; victim; to choose; camp; example; to criticize; aggressive
Unité 5: colour; T-shirt; blue; pullover; rose; to colour; sweatshirt; to exchange; artist; important; to depend; publicity; comfortable; long; practical; quality; uniform; pocket; prudent; to pay; to distribute; journal; chance; rich; contrary
Unité 6: coast; rock; horizon; petrol; to circulate; quantity; journalist; pollution; organisation; to be concerned; region; to protect; plastic; to cover; soup; site; to protest; sympathy; tempest; tourist; air; to change
Unité supplémentaire: camping; forest; river; lake; swiss; courage; international; lake; mountain; inhabitant; bilingual; speciality; delicious; litre; frontier; to exist; to occupy; epoch; to communicate; text; official; the Bible; mountain; lake; participant
Unité Révision: cotton; paradise; to approach; slave; liberty; to punish; trace; to imagine; to pray; to refuse; to insist; furious; to risk

Solutions

Le test des connaissances, p. 9
1. Reihe (von links nach rechts): 1. Salut/Bonjour – Au revoir; 2. je suis, tu es, il/elle/on est, nous sommes, vous êtes, ils sont; j'ai, tu as, il/elle/on a, nous avons, vous avez, ils/elles ont; 3. J'aime les chats, les chiens, le cinéma, la danse, les rollers, le skate, les films d'horreur, les films vidéo, les bédés, les livres ...; 4. deux heures et demie, dix heures moins le quart, cinq heures vingt, quatre heures moins vingt; 5. Ça ne m'intéresse pas.
2. Reihe: 6. lundi, mardi, mercredi, jeudi, vendredi, samedi, dimanche; 7. je vais répondre, tu vas répondre, il/elle/on va répondre, nous allons répondre, vous allez répondre, ils/elles vont répondre; 8. la Saône ou le Rhône; 9. je range, je fais mes devoirs, je travaille, je joue (sur mon ordinateur), je téléphone, je regarde la télé, j'écoute des CD; 10. Je vais au cinéma. Julia va à la gare. Nous allons à l'école.
3. Reihe: 11. vingt-quatre, quatre-vingt-six, treize, soixante-quinze, soixante-cinq, quatre-vingt-dix-sept; 12. le chat, le poisson, le chien, la souris, l'éléphant; 13. le poivron, le concombre, la banane, la tomate, le raisin, l'oignon, la pêche, la pomme de terre, l'abricot, l'orange; 14. je veux, tu veux, il/elle/on veut, nous voulons, vous voulez, ils/elles veulent; 15. Paul cherche ses disquettes. Il les trouve sur ses étagères.
4. Reihe: 16. le poète; 17. le professeur, la secrétaire, le/la documentaliste, les élèves; 18. français, allemand, musique, maths, anglais, gym, dessin, histoire, géographie, S.V.T.; 19. être en avance; 20. Léa est grande. Léo est petit.
5. Reihe: 21. des livres, des cassettes, des disquettes, des cédéroms, des cassettes vidéo, des magazines; 22. Combien est-ce que le livre coûte? / Il coûte combien, le livre? Le livre, il coûte combien?; 23. à gauche; 24. J'achète une tablette de chocolat, un pot de crème.; 25. Ça va? / Ça ne va pas?

Unité 3, exercice 7b, p. 54
1. une souris d'ordinateur: 120–150 g; 2. une souris (animal): 10–30 g; 3. un cochon d'Inde: 600 g – 1 kilo 200 g; 4. dix CD: 150 g; 5. votre livre du français 517–644 g; 6. une perruche: 30–45 g

Unité 4, Entracte, Solutions du quiz de la p. 79
1 C courir très vite / 2 A déranger quelqu'un / 3 B ne pas aimer travailler (être paresseux) / 4 A demander la solution d'une devinette / 5 A ne pas pouvoir finir son repas / 6 B être enroué / 7 C ne pas aimer quelqu'un / 8 B être de mauvaise humeur

Unité 6, exercice 5, p. 99
le chewing-gum (1869), l'ordinateur (1946), le coca (1886), l'appareil photo (1878), le walkman (1979), l'euro (2002), le téléviseur (1929), le livre de poche (1953), les jeans (1850), les rollers (1980), le portable (1979), le CD (1979)

Bildquellen

© AFP, S. 71 (links); AFP: © Hache, S. 100 (Mitte rechts)– © AKG images Berlin, S. 61 (oben rechts), S. 111 (oben Mitte), S. 130 – Azurever © Joncheray, S. 34 (2) – © CDT Landes / DN, S. 106 (Mitte) – CRTB (Comité régional du tourisme de Bretagne): © Gratien, S. 96, S. 111 (oben links, Mitte) – Cliché Ville de Nantes – Musée du château des Ducs de Bretagne: © Jean, S. 34 (unten links), S. 38 (oben Mitte) – Corbis: © Yann Arthus-Bertrand, S. 121; © Dewitt Jones, S. 45 (6); © Fuste Raga, S. 116 (oben); © Klune, S. 113 (2. von oben); © Tom & Bee Ann McCarthy, S. 44 (4); © Morton Beebe, S. 116 (unten) ; © Ross, S. 111 (unten rechts); Royalty-Free, S. 45 (5, 7), S. 49; © Waterlow, S. 193 (rechts) – © Cornelsen, S. 19 (unten rechts), S. 23 (oben links), S. 42, S. 47; Cordier, S. 8, S. 10 (1–4), S. 11, S. 12 (oben rechts), S. 15, S. 17 (Mitte rechts), S.18, S. 19, S. 20 (1–7), S. 28, S. 30 (oben links), S. 31, S. 32, S. 34 (1, 4), S. 35, S. 37, S. 40 (oben links), S. 46, S. 47–48, S. 59 (oben links), S. 68, S. 93, S. 94, Corel Library, S. 76 (2./3./7. v. links n. rechts) S. 112; Freytag, S. 47–48; Héloury, S. 118; Kämpf, S. 99 (Mitte 2. von rechts); Hoene, S. 59 (oben links), S. 94; Krauke, S. 23 (oben rechts), S. 40 (oben links), S. 47–48, S. 99 (Mitte rechts); Loncà, S. 99, S. 108 (oben); Ortiz, S. 76 (1. v. links n. rechts); Schulz, S. 53, S. 59 (oben rechts), S. 120; Westphal, S. 47–48 – S. 34 (unten rechts) – © Diathem, S. 34 (5) – Explorer: © Grandadam, S. 40 (oben rechts); © Salou, S. 12 (unten links); © Thouvenin, S. 12 (Mitte links), S. 28 (unten rechts) – FCE-telecom, S. 77 (2. Reihe: 1.) – Fotex: © Jahns, S. 113 (Mitte) – Francedias, S. 113 (1. von oben) – © Guillaume Team Brest, S. 107, S. 110 (1. und 3. Reihe) – Hoa-Qui: © Kervella, S. 110–111 (unten); © Morand-Grahame, S. 111 (oben rechts); © Roy, S. 128 (Mitte links) – Image Bank: © Justice, S. 108; © Sickles Photo, S. 99 (Mitte, 2. von links); © Sparky, S. 99 (unten rechts) – © Groiselle, S. 27 (4. Reihe links) – illuscope: © Viennaslide, S. 113 (unten) – © Jean, S. 34 (3), S. 40 (oben Mitte) – Jerrican: © Galia, S. 122 (links) © Sittler, S. 142 – © Joncheray, Valéry, S. 104 (unten rechts) – laif: © Hahn, S. 120 (unten rechts); © Kruell, S. 77 (2. Reihe: 3.); Laif/AVECC – REA: © Vincent, S. 51 (unten); laif/REA, S. 193 (Mitte) – Les Blongios, La nature en chantiers, S. 114 – © Lieberenz, S. 127 (oben) – © Mailhot, S. 62 – Ministère des Affaires Étrangères, Images de France, édition 2003, S. 135 (unten Mitte) – Mauritius: S. 15 (rechts unten), S. 20 (8), S. 30 (oben Mitte), S. 34 (oben links); S. 76 (4./5./6. v. links n. rechts, unten links), S. 77 (1. Reihe: Mitte, 2. Reihe: 2., 4.), S. 107 (unten links), S. 135 (oben und unten rechts); Mauritius/age: S. 116 (unten Mitte); S. 120 (unten links); © Greenberg, S. 77 (2. Reihe: 5.); © Kabes, S. 113 (4. von oben); © Kord, S. 128 (oben rechts) – Océanopolis © Joyeux, S. 111 – OTNA (Office de Tourisme de Nantes Atlantiques): © Delaporte, S. 27 (2. Reihe rechts); © Sarazin, S. 27 (1. Reihe rechts, 4. Reihe Mitte und 4. Reihe rechts) – Office de Tourisme Neuchâtelois, S, 116 (oben Mitte) – plainpicture: © Kuttig, S. 77 (1. Reihe: rechts) – picture-alliance, S. 117 (oben) – Pleynet: S. 34 (oben rechts), S. 65, S. 76 (unten Mitte), S. 107 (unten rechts) – Rapho: S. 117 (unten links); © Buscail, S. 44 (3); © Franey, S. 77 (1. Reihe: links); © Sappa, S. 44 (1) – © Ronca, S. 127 – Train du Chocolat: www.mob.ch, S. 117 (unten Mitte) – Sipa Press: © Angles (8. v. links n. rechts); © Marine Nationale, S. 97; © Pitamitz, S. 193 (links); © Stichelbaut, S. 110 (4. Reihe) – Stock Food: © Howarth, S. 99 (Mitte 3. von links); © Leser, S. 110 (2. Reihe) – Stock Image: © Torino, S. 122 (rechts) – Studio X/ Gamma: © Quidu Noel, S. 44 (2) – Superbild: 135 (unten links) – Ullstein: © Reuters AG, S. 98 – Vintage: © Juettner, S. 27 (5. Reihe rechts) – Wallis, Photothèque: © Senolf, S. 27 (3. Reihe rechts)

Nicht alle Copyrightinhaber konnten ermittelt werden; deren Urheberrechte werden hiermit vorsorglich und ausdrücklich anerkannt.